성서와 역사의식

성서와 역사의식

― 김찬국의 평화 · 인권 사상과 예언자 신학

김찬국 **지음**
김찬국기념사업회 **엮음**

동연

책 을 펴 내 며

김찬국 교수님의 10주기를 기리기 위해 2019년 설립된 <김찬국기념사업회>는 그동안 출판 사업과 장학 사업, 추모 사업을 꾸준하게 시행해 왔다. 10주기를 맞이해서 추모 음악회를 개최하고 평전『민중인권실천신학자 김찬국』(천사무엘 저) 출판기념회와 추모 예배를 드리는 한편 장학 기금을 모아서 학기마다 재학생 중 2명을 선발하여 장학금을 수여해 왔다. 더불어 제자들이 중심이 되어 본격적인 학술 연구논문『구약 민중신학자 김찬국의 신학과 사상』을 펴내기도 했다.

이듬해인 2020년 6월 10일 민주항쟁 33주년 기념식에서 김찬국 교수님은 대통령으로부터 한국의 민주주의 발전에 기여한 공로로 국민훈장 모란장을 수여했다. 문재인 대통령은 "오늘 우리의 민주주의가 이만큼 오기까지 많은 분들의 헌신과 희생이 있었다"라며 김찬국 교수님을 비롯, 전태일 열사의 어머니 고 이소선 여사, 이한열 열사의 어머니 배은심 여사, 박종철 열사의 아버지 고 박정기 선생 등 민주주의 발전에 기여한 공로자 12명에 대한 훈포장을 직접 수여했다. 정부가 민주주의 발전 공로자에 대해 서훈한 것은 헌정 사상 처음 있는 일이었다. 그러니만큼 이는 김찬국 교수님과 그 가족은 물론이거니와 모교인 연세대학교와 많은 친지 제자들에게도 크나큰 영광이 아닐 수 없다. 뿐만 아니라 <김찬국기념사업회> 역시 가슴 뿌듯한 자부심을 느낀다.

하지만 코로나19 팬데믹으로 이를 경축하는 모임을 가질 수 없는 상황에서 <김찬국기념사업회>는 아쉬운 마음을 달래기 위해 교수님의 삶과 학문의 세계를 제대로 조명할 수 있는 저서 『성서와 역사의식』을 펴내게 되었다. 이 책을 통해서 우리는 구약학자로서 김찬국 교수님의 생전 연구 업적과 제3세계의 신학 동향, 인권과 평화와 역사의식에 대한 사상을 두루 살필 수 있다. 나아가 군부 독재의 탄압에 맞서 투옥과 해직의 극한적 희생과 고난을 마다하지 않고, 사회적으로 소외되고 억압받는 이들의 편에서 거침없이 행동하면서 몸소 실천한 교수님의 예언자적 삶의 배경을 엿볼 수 있게 되었다.

온화하고 인자하면서도 단호하고 강직하신 선생님, 언제 어디서나 희망과 사랑이 넘치고 거룩한 성품을 후세에 남기신 우리 시대의 예언자 김찬국 교수님의 언행일치하는 학문과 삶이 모쪼록 분단 시대 민족과 사회가 안고 있는 여러 절실한 문제들을 해결해 나가는데 나침반이 되기를 빌어 마지 않는다.

김찬국기념사업회 위원장

최민화

재 출 간 에 부 쳐

역사의식이란 과거와 현재와 미래가 어떻게 서로 연관되어 있는지를 생각하고 이해하는 능력이다. 이를 위해 비판적 사고, 정보에 대한 평가, 다른 사람들의 행동에 대한 윤리적 판단 등이 필요하다. 인간은 이러한 역사의식을 통해 인류와 타인과 자신의 경험을 이해하고 판단하면서 앞으로 어떻게 생각하고 행동해야 하는지를 결정한다. 따라서 어두움에서 더 밝은 시대로, 즉 인류의 평화와 행복이 더 증진되는 미래로 가기 위해서는 올바른 역사의식이 있어야 하고, 그런 의식을 가진 사람들이 점점 더 많아져야 한다. 인류에게 희망을 주는 역사는 하루아침에 이루어지거나 하늘에서 갑자기 내려오는 것이 아니라, 올바른 역사의식을 가지고 행동하는 사람들의 피와 땀과 눈물, 희생과 헌신 그리고 끊임없는 저항과 도전 등을 통해 구현되어 왔기 때문이다.

역사의식을 필요로 하는 이 시대에 소원 김찬국이 남긴 글들은 우리에게 귀한 유산이다. 이 글들은 성서가 추구하는 역사의식이 무엇인지를 제시한다. 즉, 고대 이스라엘의 역사를 하나님의 관점에서 재해석하면서 올바른 역사의 방향이 무엇인지를 가르치고자 했던 구약성서 저자들과 정치, 종교, 사회 등의 문제를 비판하면서 하나님의 정의와 공의를 외쳤던 예언자들이 가졌던 역사의식은 무엇이고, 오늘날 우리는 그들에게서 무엇을 배워야 하는지를 제시한다. 이 글들이 오늘날에도 소중하게 느껴지는 이유는 구약성서의 역사의식을 반영한 삶을 살았던 그의 몸부림이 투영되어 있기 때문이다. 즉, 그가 연구하고 가르쳤던 구약성서의 예언자들처럼, 그도 독재와 불의를 비판하고 사회정의와 인권을 외치면서 저항하다가 투옥되고 해직되고 사찰을 받는 등 학문을 실천하는 삶을 살았기 때문이다. 그렇지만 이 글들에 나오는 표현들은 매우 절제되어 있고 평온하며 일반인들도 쉽게 읽을 수 있을 만큼 평이하다.

이 책은 소원이 쓴 책들의 일부를 엮은 것으로 총 3부로 구성되어 있다. "제1부: 제3세계와 성서 해석"에서는 1980년대 한국과 같은 제3세계에서 성서를 어떻게 해석해야 하는지를 다루었다. 독재정치의 억압으로 인해 민중의 정치적, 경제적 자유가 억압받는 상황에서 제3세계 성서 해석은 민중의 자유와 해방의 시각에서 성서를 읽어야 한다는 것이다. 즉, 성서에 나오는 출애굽 사건, 예수의 복음 사역 등에서 보는 바와 같이 고통당하는 민중의 아픔에 동참하시고 자유와 해방을 주시기 위해 일하시는 하나님의 뜻에 초점을 맞추어야 한다는 것이다. 이것은 제3세계 성서 해석이 추구하는 역사의식이 무엇이어야 하는가를 가르쳐주는 것이기도 하다.

"제2부: 예언과 정치"에서는 구약성서에 나오는 고대 이스라엘의 역사와 그 내용을 살펴보면서 구약성서가 추구하는 역사의식을 탐구한다. 즉, 제국들의 틈바구니에서 구약성서를 통해 이스라엘 민족이 이어가고자 했던 역사의식 그리고 불의한 정치에 맞섰던 예언자들이 목숨을 걸고 지키고자 했던 하나님의 정의와 공의 등을 제시한다. 특히 기원전 8세기 예언자들인 아모스, 호세아, 이사야 등은 제국 열강들이 포효하는 와중에서도 불의를 일삼으면서 민중을 착취했던 지배자들을 비판하면서 인권과 정의의 중요성을 외쳤는데, 이는 역사의식에 있어서 가장 중요한 것이 무엇인지를 보여준다.

"제3부: 성서와 역사의식"에서는 오늘날 우리가 개념화하는데 필요한 주제들, 예를 들면 평화, 자유주의, 인권, 죄, 대중문화 등의 성서적 의미를 탐구하면서 그것들이 우리에게 어떤 의미가 있는지를 제시한다. 이것은 올바른 역사의식을 갖기 위해 필요한 주요 주제들에 대한 성서의 가르침을 찾아보는데 유용하다. 제2부의 내용에서 고대 이스라엘의 역사라는 시간의 흐름 속에서 역사의식을 추구하는 방법을 배울 수 있다면, 제3부는 역사의식을 형성하는데 필요한 주요 개념들에 대한 성서의 가르침과 적용을 배울 수 있다.

이 책의 내용은 1970년대와 1980년대 우리 사회가 민주화를 위해 투쟁하고 저항하던 시대에 쓰였기 때문에 오늘날의 독자들은 어느 정도 거리감을 느낄 수 있다. 그러나 성서가 가르치는 인권, 사회정의, 자유, 해방 등은 시·공간을 뛰어넘어 어느 사회, 어느 시대에서나 역사의식을 형성하는데 필요한 개념들이다. 이를 바탕으로 오늘날 우리 사회가 필요로 하는 새로운 주제나 개념들, 예를 들면, 환경, 다문화, 디지털문화, 포스트코로나 시대의 뉴노멀, 메타버스 등을 사고한다면, 더 나은 사회를 위해 필요한 역사의식 형성에 도움이 될 것이다.

김찬국기념사업회 편집위원장/한남대 구약학 교수
천사무엘

차례

일러두기

1. 이 책은 김찬국 선생의 생전의 저서 세 권(『성서와 현실』, 『예언과 정치』, 『성서와 역사의식』)을 한데 모아 편집한 책이다.
2. 이 책에서 인용한 성서는 저자가 생전 많이 사용하였던 공동번역 성서를 기본으로 했다. 다만 이따금 본문에서 다른 판본을 사용한 경우에만 별도로 표기하였다.
3. 원저자의 글을 그대로 싣는 것을 원칙으로 했지만 야웨, 바벨론, 이집트, 페르시아, 갈멜산, 몰트만, 판넨베르크 등의 용어를 현재 통용되는 단어로 고쳐 썼다.

| 제1부 |

제3세계와 성서 해석

1부는 김찬국 지음, 『성서와 현실』(서울: 대한기독교서회, 1992) 6장 열한 번째 글 "제3세계와 성서해석"을 전제한 것이다.

머 리 글 *

오늘은 저에게 퍽 의미가 있는 날입니다. 왜냐하면 12년 전 오늘
(1974년 5월 7일) 학교 학장실에 있다가 어떤 기관원이 와서 잠깐 가자
고 해서 시간을 얼마 내면 되느냐고 물어보니까, 한 시간이면 된다고
하여 따라나섰다가 그만 열 달이 되어서 나왔기 때문입니다. 그 뒤에
10년 만에 학교에 돌아와서 오늘 공동학회인 기독교학회 주최로 강연
을 하게 되니 새로운 감격을 느낍니다.

우리나라의 소위 해방신학이라든가 민중신학이라는 것은 성서와
신학을 공부하는 교수들이나 혹은 기독교인 교수들이 어려움을 당하
고 억압을 받아본 경험에서 새로운 성서 해석과 신학적 성찰을 하게
된 데에서 비롯된 것이라는 점을 이 시간에 다시 한번 생각해 봅니다.

저는 오늘 이 강연의 순서를 네 가지로 나누어서 전개하겠습니다.
첫째로는 제3세계 신학 동향의 배경을 잠깐 말씀드리고, 그 다음에는
제3세계 통치자들의 왜곡된 성서관을 다루어보고, 셋째로 제3세계
신학의 성서 해석 문제, 마지막으로 제3세계 신학과 사회학적 성서 해
석 등으로 나누어서 다루고 끝을 맺으려고 합니다.

---

* 이 글의 출처인 『성서와 현실』 책은 총 여덟 개의 장으로 구성되어 있으며, 그중 이 글은
6장 열한 번째 글이다. 이 글은 저자가 시국사건으로 오랜 시간 영어의 생활을 하고 난
후 열린 한국기독교학회에서 주제강연을 맡아 행한 강연록이다. 지은이 김찬국은 한국
기독교학회 제5대 회장(재임기간: 1981~1983)을 역임한 바 있다.

제3세계 신학 등장의 배경

1. 정치신학의 등장

대개 1920년대와 그 이후의 신학은 서유럽의 칼 바르트나 폴 틸리히의 신정통신학을 따랐었고, 온 세계 신학이 그것을 소개하고 따라갔습니다. 그때만 하더라도 서구 신학이 그 사람들에게 상당한 영향을 주었고, 제2차 세계대전 전이나 혹은 후에도 위기 관리를 위해서 이와 같은 변증법적 신학, 신정통신학이 영향을 끼쳤습니다. 제2차 대전이 끝난 1945년에서 1960년 사이에 상당히 많은 신생 국가들이 탄생했습니다. 하지만 이 국가들 거의 강압, 독재정치(tyranny)를 해나가기 때문에 정치권력만을 유지하기 위해서 국민을 억압하는 사태가 발생했습니다. 이에 따라 교회는 과거의 백인 신학에 의해서는 오늘의 억압적 상황에서 허덕이고 있는 소위 제3세계의 사회, 교회, 신학의 문제에 대해서 답을 주기가 어렵고 힘들게 되었다는 것을 느끼게 되었습니다. 이렇게 해서 1960년대에 들어서면서부터 소위 정치신학(political theology)이라는 것이 등장하게 된 것입니다.

정치신학은 정의와 자유를 보존하고 회복하기 위해서 새로운 영성 훈련과 정치적 관여의 길을 열어야 한다고 주장합니다. 이런 정치신학의 방향은 희망의 신학, 혁명의 신학, 발전 신학, 해방신학, 흑인 신학, 여성 신학 또는 민중신학 등의 여러 가지 신학으로 나타나게 되었습니다. 그래서 과거에 남을 억압해 본 경험만을 가지고 신학을 했던 소위 백인 중심의 신학자들이 억압을 많이 받은 사람들에게 영향을 주지 못하게 된 반면에 제3세계에서 시작된 정치신학과 해방신학은 억압받는 사람의 입장에서 새로운 신학의 전망을 가지게 된 것입니다.

2. 제3세계의 문제와 신학의 태동

제3세계 신학자들은 소위 교회 연합적 신학협의회(Ecumenical Association)를 만들어 국제적인 신학자들의 학문적 토론으로 제3세계의 신학적 과제를 다루기 시작했습니다. 1981년 8월 14일부터 29일 사이에 인도 뉴델리에서 제5차 제3세계 신학자대회를 열었는데, 여기에 27개 국가, 50명의 신학자들이 참석해서 논문들을 발표했습니다. 그 논문들을 모아서 책을 출판했는데, 그것이 『제3세계가 일어난다』[1]로 1983년에 발행되어 나왔습니다.

여기에 보면 우선 제3세계의 공통적인 현상은 빈곤과 억압, 이 두 가지라는 것입니다. 대중들이 해방을 위해서 신음하고 자유를 갈망하고 부르짖는 것이 하늘에 다다랐다는 것입니다. 마치 모세에게서처럼 하나님은 해방자가 되시는 것입니다(출 3:7-9). 그래서 백성들의 고뇌를 아시고 그들을 구원하시려고 오신 '하나님이 해방자이시다'라는 하나님 이해를 가지고 하나님께 부르짖는 그 소리가 제3세계에

---

1 Fabena, V., Torres, M. M. S. ed., *Irruption of the Third World : Challenge to Theology*, New York: Orbis Books, 1983.

서 일어나게 된 것입니다. 이 탄압과 투쟁을 통해서 하나님은 역사 속에서 행동하시는 구원의 하나님으로 계시되었습니다. 이와 같은 제3세계의 탄압적 경험이 신학의 자료로 제시되어 제3세계의 신학이 나타나게 된 것입니다.

제3세계에서 가난한 자와 억압받는 자, 자신들은 경험적 성찰을 글로 표현하기 시작했습니다. 이렇게 해서 비록 비조직적이고 비전문적이지만 데오프락시스(Theo-Praxis), 즉 하나님을 믿는 정통 신앙의 실천을 해나가는 데에 기여해야 한다고 나서게 된 것입니다. 이 정통 신앙의 실천은 가난한 자들이 겪는 투쟁과 종교적 경험을 주로 해석해 내는 데에 프락시스라고 하는 신앙 실천을 하는 일을 추진해 나가면서 그런 결과로 제3세계 신학 형성에 풍성한 자료가 나오게 된 것입니다. 가난한 사람들이 참으로 일어나면 일어날수록 그들의 신관과 하나님 표현이 오늘의 세계에서 하나님을 고백하고 표현하는 데에 있어서 가장 의미 있는 선 경험, 하나님께 대한 고백을 표현하고 있는 것입니다.

아시아적인 전망에서 경험한 신학적 반성이 새롭게 일어났습니다. 우리는 과거 100년 동안 아시아 지역에서도 토착화신학 문제를 가지고 신학적 논란을 해왔습니다. 그러나 이 지역의 나라들이 억압으로 인한 강제와 독재체제로 들어감으로 말미암아 가난한 자들과 억압받는 사람들이 많이 일어나게 된 것입니다. 그래서 신학도 새 상황에 대해서 답을 주어야 하게 되었습니다. 과거의 신학 스타일과 방법으로서는 오늘의 제3세계의 어려운 사회 실정에 대해서 답을 주기가 어렵다는 것입니다.

이 빈곤 조건들을 들어본다고 하면, 그것은 완전히 불의한 정부의 구조가 첫째이고, 그 다음에는 경제의 악한 제도, 다시 말하면 못 가진 사람은 착취만 당하게 되는 나쁜 경제 제도 등이 빈곤을 가져오게 되는 중요한 원인이 되었다는 것입니다. 라틴아메리카의 탄압받고 있는 사람들의 해방을 위한 신학의 건설을 위해서 '오늘날 성서라는 것이 무엇'이며, '어떻게 성서를 바르게 해석해야 되는가' 하는 데에 대해서 해답을 주지 않을 수가 없게 되었습니다.

제3세계 통치자들의 왜곡된 성서관(국가 신학)

남아프리카공화국에는 지금도 인종 분리 정책에 대해서 끝까지 싸우고 있는 종교인, 신학자들이 많이 있는데, 그중에 최근 많이 알려져 있는 신학자 보삭(Allan Boesak)이 "교회에 도전"[1]이라는 글을 발표하였습니다. 이것은 '남아프리카에서의 정치적인 위기를 신학적으로 어떻게 풀이해야 하는가'라는 내용으로 1985년 1월에 발표되었습니다.

1. 국가 신학(state theology)

이 글에 보면 소위 국가 신학이라는 제목이 나오는데, 이 국가 신학에서는 인종차별과 분리, 자본주의, 전제주의 등을 신학적으로 정당화해 나간다는 것입니다. 자기들의 정치적 목적을 위해서 성서 본문과 신학적 개념을 오용하고 있는 것입니다. 그래서 이 남아프리카의 경우를 보면, 로마서 13장 1-7절을 왜곡해서 해석하고 있습니다.

누구나 자기를 지배하는 권위에 복종해야 합니다. 하나님께서 주시지 않는 권위는 하나도 없고, 세상의 모든 권위는 다 하나님께서 세워 주신 것이기

---

1 Boesak, Allan, "Challenge to the Church(The Kairos Document): A Theological Comment on the Political Crisis in South Africa," 1985년 1월, 유인물.

때문입니다. 그러므로 이 권위를 거역하면 하나님께서 세워 주신 것을 거스르는 자가 되고 거스르는 자들은 심판을 받게 됩니다(로마서 13:1-2).

이 구절을 가지고 제3세계의 독재 국가들과 특히 남아프리카에서 인종차별과 분리 정책을 하는 20퍼센트의 백인 정권이 80퍼센트의 흑인 국민에게 국가에 대한 절대적 복종을 강요하는 국가 신학을 형성한 것입니다.

우리나라에서도 1972년 10월에 유신체제가 수립되어 유신독재가 시작되었는데, 그때 첫 국무총리로 있었던 김종필 씨가 이 로마서 13장 1-7절을 가지고 유신체제를 하나님이 주신 권위라 해서 이것을 그대로 지지하라는 방향으로 말을 했다고 하는 것을 들었습니다. 이 로마서 13장 1-7절을 인용하여 독재 정권이 정한 법과 질서를 지켜야 한다고 강요하는 것이었습니다. 법과 질서에 대해서도 정부가 정한 법과 질서는 그것이 설령 악한 것이라 해도 그것을 지켜나가려 하는 것이었습니다.

그리고 이 국가 신학에 대해서 반대하는 사람들 혹은 부정하는 사람들을 남아프리카 상황에서는 공산당으로 몰았습니다. 그러니까 우리나라 상황에서도 해방 후 오늘날에 이르기까지 이와 유사한 경험을 많이 보게 되었습니다. 그리고 이 구절에 대한 해석에서 남아프리카 백인 정부는 하나님의 이름으로 되었기 때문에 맹목적으로 국민은 굴종해야 한다고 주장했습니다. 그래서 법과 질서는 정권을 유지하기 위해서 그 법이 악법이지만 탄압을 위해서 질서를 유지하는 데에 사용한다는 것입니다. 이 남아프리카에서 공산당이라고 협박을 하는 경우도 보면 이런 정권 부정이라든가 반체제를 하게 되면 그 사람들을 무신론자라고 해서 공산주의자로 몰려고 하는 경향이 있다는 것입니다.

2. 교회 신학(church theology)

남아프리카에서 말하는 교회 신학이라는 것이 있는데, 이것도 백인들 교회 혹은 백인 교회에 협력하는 흑인 교회들이 중심이 되어 지배자들의 교회관에 협조하고 지배자, 통치자와 화해를 해야 한다고 말합니다. 이는 교회의 어용화를 유도합니다. 그렇게 해서 흑·백인 쌍방의 이야기를 공평하게 다 들어야 하는데, 강자인 지배자의 회개 없이 약자에게만 타협과 화해를 요구하는 것입니다. 사회 구조악의 변화 없이, 정치적 악의 개선 없이 일방적 화해만 강요한다는 것입니다. 또 정치와 종교의 분리 정책을 내세워 교회의 비판의 소리를 탄압하려는 것입니다.

그렇기 때문에 오늘날 우리의 상황과 비교해 볼 때도 교회 신학이라는 점에서 경우에 따라서는 정부에서는 반체제로 나서서 떠들면 폭력이라고 주장합니다. 그런데 이 교회 신학에 동조하는 사람들은 정부편에 서서 그런 폭력 행위는 하지 말라고 하며, 정부와 빠른 화해를 주장하는 방향으로 나아가는 것입니다. 이렇게 볼 때 이런 백인 지배를 정당화하는 교회의 신앙, 영성은 성서적 기초가 없다고 보는 것입니다.

3. 왜곡된 성서관에 대한 비판

성서의 본문은 그 배경으로서 역사적, 지리적, 사회적, 종교적, 문화적인 여러 가지 상황과 맥락(컨텍스트)에서 해석되어야 합니다. 더욱이 이 본문이 나오게 된 그 맥락은 본문의 앞, 뒤를 다 보면서 그 뜻을 찾아내야 하고, 또 성서 전체를 통해서 그 뜻을 캐내고 전체의 맥락에서 성서를 해석해야 하는 것이 원칙인 것입니다. 그러므로 로마서 13장에 있는 말은 바울이 처했던 당시의 상황이 어떠했는가를 알아보아야 하는 것입니다.

이 로마서는 로마에 있는 특별한 기독교 공동체에게 쓴 편지입니다. 그때 그런 환경에서 국가와의 특별한 관계를 가졌던 기독교 공동체를 포함해서 이들을 상대로 쓴 편지인 것입니다. 그래서 로마서 13장 1-7절[2]은 이런 특별한 상황의 산물인 것입니다. 그때 로마인들은 혁명인들이 아니었고, 국가, 정부를 전복하려 하지도 않았고, 또 정부,

---

2 [1]누구나 자기를 지배하는 권위에 복종해야 합니다. 하느님께서 주시지 않은 권위는 하나도 없고 세상의 모든 권위는 다 하느님께서 세워 주신 것이기 때문입니다. [2]그러므로 권위를 거역하면 하느님께서 세워 주신 것을 거스르는 자가 되고 거스르는 사람들은 심판을 받게 됩니다. [3]통치자들은 악을 행하는 자에게나 두려운 존재이지 선을 행하는 사람들에게는 두려울 것이 없습니다. 통치자를 두려워하지 않으려거든 선을 행하십시오. 그러면 그에게서 칭찬을 받을 것입니다. [4]통치자는 결국 여러분의 이익을 위해서 일하는 하느님의 심부름꾼입니다. 그러나 여러분이 잘못을 저지를 때에는 두려워해야 합니다. 그는 공연히 칼을 차고 있는 것이 아닙니다. 그는 하느님의 심부름꾼으로서 악을 행하는 자들에게 하느님의 벌을 대신 주는 사람입니다. [5]그러므로 하느님의 벌이 무서워서뿐만 아니라 자기 양심을 따르기 위해서도 권위에 복종해야 합니다. [6]여러분이 여러가지 세금을 내는 것도 이 때문입니다. 통치자들은 그와 같은 직무들을 수행하도록 하느님의 임명을 받은 일꾼들입니다. [7]그러므로 여러분은 그들에게 해야 할 의무를 다하십시오. 국세를 바쳐야 할 사람에게는 국세를 바치고 관세를 바쳐야 할 사람에게는 관세를 바치고 두려워해야 할 사람은 두려워하고 존경해야 할 사람은 존경하십시오(로마서 13:1-7).

정권의 교체를 요구하지도 않았습니다. 또한 국가나 정부가 불의하게 탄압을 하게 되면 어떤 조치를 취할 것인가에 대해서도 아무런 말을 하고 있지 않았던 것입니다.

그래서 로마서 13장 1-7절의 해석을 이 구절 자체만을 보고 읽을 때 모든 권력은 하나님께서 주신 것이니 그 정권이 독재라 하더라도 복종을 해야 한다는 논리로 받아들여서는 안 되고, 이 13장의 앞부분과 뒷부분을 연결해서 보면 그 뜻이 그런 뜻이 아님을 발견하게 됩니다. 로마서 12장 9절에 보면 "사랑은 거짓이 없나니 악을 미워하고 꾸준히 선한 일을 하십시오", 또 12장 6절에 "오만한 생각을 버리고 천한 사람들과 사귀십시오", 17절에 보면 "아무에게도 악으로 갚지 말고 모든 사람이 다 좋게 여기는 일을 하도록 하십시오. 모든 사람은 평화롭게 지내십시오" 등의 말이 나오고 있습니다. 그리고 로마서 14장 10절에 보면 "우리가 어떻게 형제를 심판할 수 있으며, 또 멸시할 수 있겠습니까? 우리는 다 하나님의 심판대 앞에 설 사람이 아닙니까?"라는 말이 나와 있습니다. 요한계시록 13장에 보면 로마제국이 악마의 종으로 묘사되어 있습니다. 그래서 악마의 종, 로마제국을 하나님이 그냥 두시지 않을 것이라는 기대가 나와 있고, 그런 날이 얼마 되지 않아 올 것이라는 지적이 나오고 있습니다.

4. 예언자적 행동 신학으로

로마서 13장 1-7절을 자기 정권 유지를 위한 국가 신학에 유리하게 해석하는 것은 잘못된 해석이고, 우리는 이를 성서 전체의 맥락에서 바르게 해석해야 할 책임을 가지게 되는 것입니다. 그래서 남아프리카의 신학에서는 결국 완전히 예언자적인 행동 신학[3]을 세울 수밖에 없다는 것입니다. 여기에서는 다만 흑인, 백인 두 인종들의 대립으로 보지 않고, 억압자와 억압받는 자의 관계, 정의와 불의 사이의 관계, 대립, 갈등으로 보아서 성서는 어떤 갈등에 대한 답을 가지고 있다는 것입니다. 그래서 출애굽기 3장 7-9절[4]에 있는 말씀에 근거해서 하나님은 억압받는 자의 해방자라는 답을 내세우게 되는 것입니다. 모세와 이집트의 바로 왕이 화해를 했다는 말이 없습니다. 아주 끝까지 대결하다가 마지막에 바로가 항복을 하고서 모세가 출애굽을 했습니다. 그 백성을 탄압한 죄에 대해서 타협을 할 수가 없다는 것입니다. 시편 103편 6절[5]에도 보면 억압당하는 자의 편에서 하나님을 노래하고 있는 것입니다. 그렇기 때문에 이 성서적인 관점에서 보면 탄압, 억압을 하는 정부는 도덕적 정통성을 가지고 있지 않다는 것입니다. 신학적으로 볼 때 완전히 불법이라는 것입니다.

이 말이 앞서 말한 신학자 보삭의 결론인 것입니다. 그래서 남아프리카에서는 시민불복종(civil disobedience)—이 말이 최근의 필리핀 사태에서도 많이 활용이 된 줄 압니다만—으로 강권, 탄압 정치에 대해서 대결해야 한다는 신학 사상을 보삭이라는 남아프리카 신학자가 내

---

3 Fully Prophetic-Pastoral Theology(예언적이면서 목회적인 신학)로 발전해야 한다는 뜻이다.
4 야훼께서 계속 말씀하셨다. '나는 내 백성이 에집트에서 고생하는 것을 똑똑히 보았고 억압을 받으며 괴로와 울부짖는 소리를 들었다. 그들이 얼마나 고생하는지 나는 잘 알고 있다. 나 이제 내려 가서 그들을 에집트인들의 손아귀에서 빼내어 그 땅에서 이끌고 젖과 꿀이 흐르는 아름답고 넓은 땅, 가나안족과 헷족과 아모리족과 브리즈족과 히위족과 여부스족이 사는 땅으로 데려 가고자 한다. 지금도 이스라엘 백성의 아우성 소리가 들려 온다. 또한 에집트인들이 그들을 못살게 구는 모습도 보인다'(출 3:7-9).
5 야훼께서는 정의를 펴시고 모든 억눌린 자들의 권리를 찾아 주신다(시 103:6).

세웠습니다. 그래서 우리는 제3세계의 통치자들이 자기들의 정권 유지를 위해서 체제를 승인하도록 하기 위해서 성서를 잘못 오용한 데 대해서 바로잡아야 한다는 생각을 하게 되는 것입니다. 이를 위해 교회는 항상 자체 갱신, 곧 예언자적 실천 행동으로 나아가야 할 것입니다.

제3세계 신학의 성서 해석 문제

1. 해방신학의 성서 해석[1]

과거의 성서 해석 방법은 역사적-문학적 비평과 양식사적 비평 연구를 해왔습니다. 그런데 서유럽 세계에서는 이 역사적으로 경험한 축적된 성서 본문에서 역사적, 문헌적 의미를 찾으려고 노력을 했습니다. 다시 말하면 그 성서 본문의 배경을 알아서 그 뜻과 신학적 의미를 찾으려고 했습니다. 그러나 제3세계 신학의 목적을 위해서는 이런 접근 방법이 불완전하다고 하는 것입니다. 왜냐하면 성서는 본문이 주어진 상황 아래에서 읽혀야 하는데, 이 성서 본문은 '뒤로 거슬러 올라가는 맥락'(context backward), 다시 말하면 과거지향적 맥락을 찾아 그 역사적 상황을 찾아보려고 하는 것으로, 제3세계 신학에서는 지나간 옛날의 역사적 상황만을 들추어내는 것으로 만족해서는 안 되고, '미래지향적인 맥락'(context forward)을 가지고 성서를 보아야 한다고 했습니다. 이 말은 다른 말로 하면 성서 본문을 누가, 어디서, 어떻게 말했는가에 대한 기록입니다. 그러나 독자는 그 말씀을 가지고 현재뿐만 아니라 미래를 위해서 새로운 의미 있는 교훈과 말씀을 찾으

---

1 Cruatto, J. Severino, "Biblical Hermeneutics in the Theologies of Liberation," *Irruption of the Third World*, 140-168.

려고 하는 것입니다. 그렇기 때문에 미래지향적 맥락으로 앞을 내다보면서 그 상황과 자리(場)를 찾는다는 점에서 우리는 지금 우리가 선택한 이 성서 구절을 오늘 우리의 현실과 역사적인 미래라고 하는 전망에서 어떤 뜻이 더 필요한가를 생각해 보면서 성서의 의미를 찾아야 한다는 것입니다.

성서의 기원은 인간 해방의 과정(liberation process)을 가지고 있습니다. 다른 말로 하면 구약성서나 신약성서 전체를 통해서 하나님은 해방과 구원의 신(神)으로 고백되어 있습니다. 하나님은 자유를 주시는 신(神)과 동일시되어 있습니다. 출애굽기 14장 31절[2]에 그런 글이 나옵니다. 그래서 이집트에서 탈출해 나온 첫 출애굽 사건을 기억하는 일은 과거지향적 맥락(context backward)이지만, 이 출애굽 구원 사건은 하나의 역사 전망, 발전에서 아주 기초가 되는 사건으로 기억되어야 한다는 것입니다. 그렇기 때문에 우리가 이 '출애굽'이라는 말을 쓰면, 그것은 옛날에 모세가 이집트에서 탈출한 사건으로만 받아들일 것이 아니라, 이 '출애굽', '출애굽운동'은 하나님의 해방 사건으로 바로 오늘 여기에, 우리의 현실에서 자유를 가로막고 탄압하는 모든 것들로부터 우리를 어떻게 해방시키고 출애굽운동을 해나가야 할 것인가라는 점에서 하나의 사회 역사적인 실천을 위한 의미와 영감을 우리가 캐내어야 한다고 말하고 있습니다.

구약성서 이사야서 40-55장을 바벨론 포로기의 제2이사야의 작품으로 보는데, 거기에는 이미 두 번째 출애굽에 관한 전망이 나오고 있습니다. 그것은 제2의 출애굽(new Exodus)운동입니다. 그렇기 때문에

---

2 이스라엘 사람들은 야훼께서 그 큰 팔을 펴시어 에집트인들을 치시는 것을 보고 야훼를 두려워하며 야훼와 그의 종 모세를 믿게 되었다(출 14:31).

바벨론 포로라고 하는 새로운 억압받는 상황에서 모세의 출애굽을 기억만 하는 것이 아니라, 그 사건을 재해석하여 새로운 독립운동, 자유운동인 출애굽운동으로서 지향해 나가는 그런 해석, 그런 신앙고백이 필요하다고 하는 것입니다.

이렇게 해서 억압받는 자의 경험에서 성서를 볼 때, 성서는 매우 큰 유익을 줍니다. 신명기 6장 20-24절[3]이나 26장 5-9절[4]도 결국 이스라엘의 해방 경험의 뜻을 고백하고 있는 것입니다. 그래서 제3세계 신학의 성서 해석학 문제에서 마지막으로 '상황의 재현화'(recontextualization)가 중요합니다. 출애굽 사건을 예로 들어 설명해 본다면, 이 사건은 모세 때에 일어난 것이지만 이것이 바벨론 포로 기간의 새로운 상황에서 미화하여 새로운 출애굽운동을 재현해야 한다는 점에서 그

---

3 우리 하느님 야훼께 받은 이 훈령과 규정과 법령이 웬것이냐고 훗날 너희 자손이 묻거든, 너희는 너희 자손에게 이렇게 일러 주어라. '우리는 에집트에서 파라오의 종노릇을 한 일이 있었다. 그런데야훼께서 강한 손으로에집트를 내려 치시고 우리를 거기에서 이끌어 내셨다. 야훼께서 크고 두려운 표적과 기적을 에집트에 내려파라오와 그의 온 궁궐을 치시는 것을 우리는 이 눈으로 보았다. 이렇게 우리를 거기에서 이끌어 내신 것은, 우리 선조들에게 주겠다고 맹세하신 땅에 우리를 데려다가 그 땅을 차지하게 하시려는 것이었다. 그러시고는 우리를 언제까지나 오늘처럼 이렇게 복되게 잘 살도록 하시려고 야훼께서는 우리에게 우리 하느님 야훼를 경외하며 이 모든 규정들을 지키라고 분부하신 것이다'(신 6:20-24).

4 너희는 너희 하느님 야훼앞에 아래와 같이 아뢰어야 한다. '제 선조는 떠돌며 사는 아람인이었읍니다. 그는 얼마 안 되는 사람을 거느리고 에집트로 내려 가서 거기에 몸붙여 살았읍니다. 그러나 그는 거기에서 불어나 크고 강대한 민족이 되었읍니다. 그래서 에집트인들은 우리를 억누르고 괴롭혔읍니다. 우리를 사정없이 부렸읍니다. 우리가 우리 선조들의 하느님 야훼께 부르짖었더니, 야훼께서는 우리의 아우성을 들으시고 우리가 억눌려 고생하며 착취당하는 것을 굽어 살피셨읍니다. 그리고 야훼께서는 억센 손으로 치시며 팔을 뻗으시어 온갖 표적과 기적을 행하심으로써 모두 두려워 떨게 하시고는 우리를 에집트에서 구출해 내셨읍니다. 그리하여 우리를 이 곳으로 데려 오시어 젖과 꿀이 흐르는 이 땅을 우리에게 주셨읍니다'(신 26:5-9).

원래의 뜻을 현재의 상황에서 다시 재현하고, 재해석한다는 것입니다. 예수님의 해방적 예언자적 행동도 고난의 종으로서, 박해받은 예언자로서 죽으신 데에 나타났으며, 또 생명의 승리와 죄와 권세를 이긴 하나님의 정의를 보여 준 부활에 나타나 있습니다. 그러기에 그리스도 사건의 재해석도 억압받는 가난한 자의 해방이라는 구약의 중심적 구원 메시지를 표현하고 있다고 볼 수 있습니다.

우리나라의 경우를 본다고 하더라도 3·1운동 기념 예배를 드려야 한다고 저는 50주년 기념일 때부터 주장하고 실천을 하고 있습니다만, 교회가 3월 1일에 그 기념 예배를 드린다고 할 때 이것은 우리나라에서 이룩한 하나의 출애굽운동 이념입니다. 일제 치하의 억압 상황에서 출애굽운동을 했다는 것이고, 오늘날 상황에서도 우리가 억압을 받고 있다면 성서의 출애굽운동은 재해석이 되어서 재현되어야 한다는 것입니다. 여기에서 결국 제3세계의 생활을 분석하고 그들이 처해 있는 상황에서 억압받고 있는 가난한 사람들의 해방과 정의를 회복해야 한다는 해석을 하는 것입니다.

2. 민중신학의 성서 해석

한국의 민중신학의 성서 해석에 대해서는 제가 세밀하게 언급하지는 않겠습니다. 우리나라의 이 민중신학도 정치신학의 하나로서 민중을 재발견해야 한다는 관점에서 안병무 박사께서 "마가복음에 나타난 예수와 민중"[5]이라는 글을 썼습니다. 거기에 나와 있는 민중

---

5 안병무, "Jesus and Minjung in the Gospel of Mark," *Minjung Theology*, CTC-CCA, 1981.

이라는 오클로스(ὄχλος; 마 4:2 5)라는 말이 죄인들을 말하고 억눌림 받는 사람들, 사회에서 버림받고 주변에서만 빙빙 도는 사람들이라고 할 수 있는 갈릴리의 민중이라고 말했는데, 결국은 마가복음 2장 17절에서 말한 "내가 의인을 부르러 온 것이 아니라 죄인을 부르러 왔다"는 내용도 역시 예수님이 자기를 따르는 민중, 억압을 받고 소외되어 있는 그런 사람의 구원을 위해서 말씀한 것이라고 해석하고 있습니다. 그래서 안병무 박사는 편집사적인 관점에서 '군중'(λαός; 마 27:25)과 '민중'(ὄχλος; 마 4:25)을 비교해서 민중의 재발견을 시도한 것입니다. 돌아가신 서남동 교수께서『민중신학의 탐구』(1983)를 저술하였는데, 여기서 민중신학의 성서적 전거라 해서 민중을 억압받는 약자로 규정하고 결국 억압 자체에 문제가 있기 때문에 억압을 하고 있는 사회 경제사적 입장에서 성서를 해석해 가지고 이 억압받고 있는 민중을 어떻게 해방시켜야 되겠는가라는 점을 신학적으로 전개한 것입니다.

제3세계 신학과 사회학적 성서 해석

성서해석학에서는 이미 1920년대의 성서의 양식사적 연구를 통해서 성서 본문이 가지고 있는 삶의 자리를 분석해 내었고, 1950년대에 들어와서 편집사적인 연구 시도를 통해서 성서를 쓴 사람들의 삶의 자리, 상황, 컨텍스트를 연구해 왔습니다. 여기에서 자연히 사회학적인 개념에 관심을 가지게 되었지만, 1970년 중반부터 사회학을 동원해서 삶의 맥락, 배경, 삶의 자리, 상황을 연구해야 한다는 요청이 새로 일어나게 된 것입니다. 그래서 어떻게 왜 그런 정황들이 성서 기록을 낳게 했는가를 규명할 필요가 있다고 하는 것입니다.

과거의 성서 해석으로서는 하나의 통시적(diachronic)인 성서 해석으로만 보았는데, 이 사회학적인 해석을 시도해서 공시적(synchronic)인 성서 해석과 전망을 가질 수 있게 되었다는 것입니다. 이 "공시적"이라는 말의 뜻은 그때, 거기에 기록된 말씀이 어떻게, 왜 서술되었는가 하는 점을 사회학적인 관점에서 해석하여 "오늘날 지금 이 자리에 우리에게 그것을 어떻게 적용해야 하는가"라는 점에서 '공시적'이라는 말을 쓰게 되는 것입니다. 그래서 "정치, 경제적인 상황에서 일어나는 구조적인 모순에서 인간의 자유와 정의, 인권이 어떻게 손상, 박탈, 유린되어 가고 있는가" 하는 것을 우리가 성서 안에서 찾아야 하고, 오늘날 우리의 상황에서 찾아서 성서의 말씀을 오늘날 우리에게

재해석해야 한다는 것입니다. 사회정의로서의 자유의 회복을 위한
운동이 해방 운동이라고 보는 것입니다.

제가 오늘 여기서 사회학적 성서 해석을 시도하는 사람들의 여러
가지 견해를 소개하는 것은 생략하겠습니다. 다만 구약학자인 멘덴
홀, 고트발트의 사회학적 해석 시도를 보면, 구약의 가나안 정복이 과
거에는 군사적인 정복론, 평화적인 이주론 등으로 되어 있는데, 이들
은 혁명적으로 정복했다는 주장을 했습니다. 그러면 누가 혁명을 했
는가에 대해서 두 사람의 견해가 일치하는 것은 역시 억압을 받고 소
외 되었던 농민들이 이스라엘 사람들이 가나안을 점령하기 전에 이미
가나안을 정복했다고 하는 주장을 내세우고 있습니다.

고트발트가 편집한 『성서와 해방』(*The Bible and Liberation*)[1]이라는
논문집이 있는데, 여러 사람의 글이 실려 있습니다. 여기에 "성서와
라틴 아메리카의 해방신학"[2]이라는 글이 있는데, 결국 네 가지 주제
가 해방신학에 나타난 새로운 성서 해석을 유도하는 데에 기초가 된
다고 말했습니다.

그 네 가지 주제는 하나님은 해방자라는 기초에서 출애굽을 읽어
야 한다는 것이고, 하나님은 행동하는 신앙을 우리에게 요구한다는
것이고, 예수의 해방운동은 하나님 나라의 건설을 지향하는 것이며,
예수가 겪은 갈등은 정치적 차원에 해당된다는 것 등입니다. 이 중에
서 제일 많이 활용되는 것이 출애굽 사건인데, 이것은 정치신학에서

---

1 Gottwald, N. K. ed., *The Bible and Liberation: Political and Social Hermeneutics*,
  New York: Orbis Books, 1983.

2 McGovern, A. F., "The Bible and Latin American Liberation Theology," *The Bible and
  Liberation*, 461.

바르게 해석되어야 한다고 말하고 있습니다. "출애굽과 예수님의 십자가는 하나의 모델적인 기억이 되어야 한다. 그 이유는 이 출애굽과 예수님의 십자가는 다만 규범을 주기 위한 기억으로 간직해서는 안 되는 것이고, 영감과 해방의 원천으로서 기억하고 해석해야 하는 것이기 때문이다"[3]라고 보는 것입니다.

저는 이 강연을 마치면서 1986년 4월 25일자로 나온 『해방신학의 재조명』[4]이라는 책을 소개합니다. 한신대학의 고재식 교수가 편저한 것으로, 여기에 제3세계를 중심한 해방신학에 대한 논의와 평가가 잘 나타나 있습니다. 그리고 제3세계 신학의 신학적 방법론도 제시되어 있는데, 이 신학하는 방법이 바로 수립되어야만 신학의 내용도 바르게 된다는 것이 해방신학자들의 주장인 것입니다. 그래서 남아메리카의 세군도, 보니노, 구티에레즈 등[5]의 해방신학의 경향은 "지식은 행동함으로 드러난다. 믿는다는 것은 실천하는 것이다"라는 방향으로 나가고 있습니다.

제3세계 신학자들이 자주 읽고 많이 인용하는 성서 구절은 출애굽기 3장 8절,[6] 6장 6절[7] 등의 노예 해방 운동에 관한 것으로, 불법적이고

---

3 Fiersa, A., "Exodus and Interpretation in Political Theologies," *The Bible and Liberation*, 473.

4 고재식 편저, 『해방신학의 재조명』 (서울: 사계절, 1986).

5 Segundo, J. L., *The Liberation of Theology*. 1976; Bonino, J. M. *Doing Theology in a Revolutionary Situation*. 1975; Gutierrez, G. *A Theology of Liberation*, 성렴 역, 『해방신학』 (분도출판사, 1977).

6 나 이제 내려 가서 그들을 에집트인들의 손아귀에서 빼내어 그 땅에서 이끌고 젖과 꿀이 흐르는 아름답고 넓은 땅, 가나안족과 헷족과 아모리족과 브리즈족과 히위족과 여부스족이 사는 땅으로 데려 가고자 한다(출 3:8).

7 그러니 너는 이스라엘 백성에게 나의 말을 전하여라. '나는 야훼다. 내가 너희를 에집트인들의 종살이에서 빼내고 그 고역에서 건져 내리라. 나의 팔을 펴서 무서운 심판을 내려

폭군인 유다의 여호야김(609~598 B.C.)이 가난한 자와 고아를 짓밟고 일을 시키고도 노임을 주지 않는 사실에 대해서 예레미야가 그에게 충고한 말인 예레미야 22장 13-16절[8]이며 그리고 구약의 예언자들의 말들입니다. 신약에서는 마태복음 25장 31-46절의 최후의 만찬의 기록에서 "형제 중 가장 보잘것없는 사람 하나에게 해 준 것이 바로 나에게 해준 것이다"라는 가장 작은 자에게 해 준 하나님의 배려를 강조하고 있는 말이 있고, 누가복음 1장 46-55절의 마리아의 노래를 보면 "권세 있는 자들은 그 자리에서 내려서야 한다. 약한 사람을 도와야 한다"는 구절이 나옵니다. 또 누가복음 4장 16-30절에는 주님의 은총의 해에 대한 선포가 나와 있는데(사 61:1-2 인용), 이것은 세계교회협의회(WCC)가 제일 좋아하는 구절입니다. 예수께서 나사렛에서 설교할 때 맨 처음 성서를 펼쳐서 읽은 곳이 바로 이사야 61장 1-2절[9]의 말씀이었는데, 이것으로 첫 설교를 하셨습니다. 그 내용은 인권, 해방, 자유선언, 대사면, 복음 선포로 되어 있습니다. 그래서 이것도 많이 인용합니다. 그래서 어떤 학자는 이것을 "나사렛선언문"(Nazarite Manifesto)

너희를 구해 내리라(출 6:6).

8 부정한 수법으로 제 집을 짓고 사취한 돈으로 제 누각을 짓는 이 몹쓸 놈아! 동족에게 일을 시키고, 품값을 주지 않다니! '집을 널찍이 지어야지, 누각을 시원하게 꾸며야지' 하며, 창살문은 최고급 송백나무로 내고 요란하게 단청까지 칠하였다만, 누구에게 질세라 송백나무를 쓰면 그것으로 왕노릇 다 하는 것 같으냐? 너의 아비는 법과 정의를 펴면서도 먹고 마실 것 아쉽지 않게 잘 살지 않았느냐? 가난한 자의 인권을 세워 주면서도 잘 살기만 하지 않았느냐? 그것이 바로 나를 안다는 것이다. 내가 똑똑히 말한다(렘 22:13-16).

9 주야훼의 영을 내려 주시며 야훼께서 나에게 기름을 부어 주시고 나를 보내시며 이르셨다. '억눌린 자들에게 복음을 전하여라. 찢긴 마음을 싸매 주고, 포로들에게 해방을 알려라. 옥에 갇힌 자들에게 자유를 선포하여라. 야훼께서 우리를 반겨 주실 해, 우리 하느님께서 원수갚으실 날이 이르렀다고 선포하여라. 슬퍼하는 모든 사람을 위로하여라'(사 61:1-2).

이라는 말로 부릅니다.

마지막으로 앞으로 제3세계 신학에 대한 연구가 더 많이 진전되어 나가기를 바라면서, 우리나라에서 성서에 대한 사회학적 연구 시도가 더 발전되어 나가야 되겠다고 생각합니다. 또 남미, 아시아, 제3세계 신학을 더 번역하고 소개할 책임을 가지고 있으며, 한걸음 더 나아가서 한국적인 상황에서 제3세계에서 보여준 성서 해석을 어떻게 해석해야 되겠는가 하는 점을 앞으로 연구해 나가야 할 것입니다.

| 제 2 부 |

예언과 정치

2부는 김찬국 지음, 『예언과 정치』(서울: 정우사, 1978)를 전제한 것이다.

머 리 글

　구약성서의 예언자들, 그들은 현실을 외면한 방관자로서 경건에
만 치우친 도피주의자들이 아니었다. 항상 하나님과 올바른 관계에
서 경건을 찾는 신앙의 사람으로서 예민한 시대 감각을 가진 역사적
전망을 가진 선구자들이었다.

　정치 권력에 빠지기 쉬운 교만은 하나님의 주권을 무시하고 민중
의 소리를 억압하는 구조악으로 타락한다. 이스라엘 사회가 그런 오
류에 빠질 때 예언자들은 감시자와 비판자가 되어 용감하게 하나님의
소리와 민중의 소리를 대변한 행동가들이었다.

　여기에서 다른 예언자들의 모습은 고대 중동 세계의 국제역학적
긴장 속에서, 또 기원전 8세기를 전후한 국내 정치와 사회의 부조리
속에서 예언자들이 어떻게 반응하고 무엇을 말하려고 했는가를 보여
주려고 한 것이다. 예언자들 전부를 소개하지는 못했고, 그들의 사상
을 신학적으로 정리하려 한 것도 아니다. 다만 국제·국내의 정치적
소용돌이 속에서 예언자들이 어떻게 시대의 사람으로 민감하고 용감
하게 반응했는가에 초점을 맞추었다.

　오늘 우리의 역사적 부조리 현실 속에서도 구약 예언자들의 소리
에 귀를 기울여 내일의 전망을 바르게 찾아야 하겠다.

1978년 6월 김찬국

1 장
이스라엘 민족의 역사 이해

역사의 기록과 풀이

구약성서에 나타난 이스라엘(히브리) 민족의 역사와 역사에 대한 이해와 해석을 문제 삼는다는 것은 상당히 광범위한 문제이다. 이스라엘 민족이 역사 무대에서 멸종하지 않고 살아남기 위하여 어떤 태도로 역사에 임했는가 하는 것이 중요한 관심사이다. 미지의 내일에 생을 맡기며 미래에 도전하는 결단과 숙명적이고도 절망적인 역사의 상황 속에서도 민족의 삶과 구원을 위해서 탈출구를 찾는 용기가 어디에서 비롯되었는가 하는 질문은 이스라엘 민족의 역사의식의 형성 과정을 문제 삼음으로써 해답을 얻을 수 있다. 이스라엘 민족이 절망적인 역사의 궁지에서 희망의 돌파구를 어떻게 찾고 개척했는가를 알아보려는 것이다.

구약성서는 이스라엘 민족의 역사를 중심 삼아 여러 문학 기록이 첨가되어 있다. 모세오경(창세기, 출애굽기, 레위기, 민수기, 신명기)도 따지고 보면 천지창조 때부터 가나안에 들어가기까지의 역사를 기록하고 있다. 이 오경의 자료가 되는 네 가지 문서들인 「야웨문서」(J), 「엘로힘문서」(E), 「신명기법전」(D), 「제사법전」(P)이 예부터 전해 내려

온 구전으로 전달된 조상 이야기들을 비로소 문서화하여 과거 이야기들과 사건들을 묶어 역사를 서술하고 있다.

최초의 역사가인 「야웨문서」는 대개 기원전 10세기경인 솔로몬 왕 이후부터 기록되기 시작했는데 결국 이스라엘 왕국이 세워진 다음부터 역사 기록 활동이 시작되었음을 보여준다. 오경의 자료들을 편집한 기자들인 신명기적 편집자(550 B.C.)나 최종 편집자인 제사법전적 편집자(430 B.C.)도 역시 역사가로서 자기 선배들의 역사 기록들을 자기 나름의 입장에서 편집하여 모세오경을 완성하였다.

여호수아서, 사사기, 사무엘서, 열왕기 등 역사 기록들은 모세 이후 여호수아와 사사들의 활동과 왕국 설립, 통일 왕국, 분열 왕국 등의 구체적인 역사적 사건들을 기록하고 있으며, 특히 이런 역사 기록들은 신명기 정신에 입각한 역사가가 자기의 종교적 관점에서 국내 정치와 국제 정치 문제와 그 밖의 국민 생활 문제를 다루고 있다.

한편 예언서들도 예언자들의 활동과 그들의 교훈을 기록한 것이지만, 예언자 자신들이 문서예언자로서 자기들이 당면한 역사적 현실 속에서 하나님으로부터 받은 계시와 현실 문제에 대한 통찰과 교훈을 기록으로 남겨 놓았다. 기원전 8세기 예언자들인 아모스, 호세아, 이사야를 위시해서 포로기 전 예언자인 예레미야, 포로기의 에스겔, 포로기 말의 제2이사야 등은 철저한 야웨(여호와) 신앙에 근거해서 자기 나라의 과거와 현재와 미래를 연결시켜 보면서 역사를 해석할 줄 알았고, 미래를 위한 전망을 당대 사람들에게 보여주려고 노력한 역사 해석자들이기도 하였다.

이런 점에서 구약성서의 상당한 부분은 역사를 기록하고 있으며, 역사의식을 가진 성서 기자들이 자기들의 야웨 하나님 중심의 신앙을 근거로 하여 이스라엘 민족의 조상 이야기를 이상화하였고, 더욱이 역사적 사건들을 다룬 것이 아닌 태고사(창세기 1~11장)를 엮어냄으로써 천지창조 때부터 노아 홍수에 이르기까지의 이야기를 신화와 설화 등 이야기로 표현하여 아브라함부터 시작하는 조상 이야기 앞에 역사의 서론으로 두었다. 태고사에는 창조 신화를 비롯한 에덴 낙원 신화, 카인과 아벨 설화, 노아 홍수 설화, 바벨탑 이야기 등이 포함되어 있는데, 이런 태고사 이야기들은 주로 발생학적 기원과 시초에 관한 관심에 기울어져 있다.

구약성서의 역사 기록들은 오늘날 우리가 생각하는바 과학적 근거를 가진, 객관성을 가진 기록들은 아니다. 이스라엘 왕국의 왕실 중심의 실록(實錄)들은 확실한 역사적 사실들을 기록하고 있지만, 모세 오경의 역사 기록들은 사실(史實)로서의 사실(fact)들을 정확히 기록한 것이라기보다는 성서 기자들이 자기들이 본 천지 우주관, 인간관, 역사 전망, 죄관, 윤리관을 가지고 신앙 고백적으로 해석한 해석된 사건(event)들을 주로 다루고 있다. 아브라함의 가나안으로의 이주를 비롯한 이삭, 야곱의 조상 이야기와 이집트로의 이동(요셉 이야기)과 이집트 거주, 모세로 인한 출애굽과 가나안으로의 이동 등의 이야기들도 역사가들인 성서 기자들의 야웨종교 신앙의 관점에서 이해되고 해석된 사건들인 것이다.

이스라엘 민족의 개인이나 집단의 생활과 사건들을 나열하는 사건의 나열로서의 역사를 서술한 것이 아니고, 국민 각자의 생활과 국가 전체의 공동체가 하나님과 어떤 관계를 가졌었느냐 하는 관점에서 역사를 보고 이해하려고 하였다. 이스라엘 민족사를 세계사 속에서 보려는 종합적 전망도 가지고 있으면서, 야웨종교의 핵심에 비추어서 과거와 현재를 이해하고 미래를 전망하려고 하였다.

시작과 종말을 연결시켜 보는 역사 이해와 해석이 성서 기자들 특히 예언자들의 태도이다. 즉, **종말론적 전망**을 가지고 역사를 볼 줄 아는 눈을 성서 기자들이 가지고 있었다. 창조와 구원, 시작과 종점을 연결시켜서 개인의 생과 민족의 방향을 모색하도록 하고 과거와 미래를 연결시킬 때 **오늘** 현재를 바로 볼 수 있게 한다는 것이다. 여기에서 필수적으로 기억과 기대라는 전망에서 과거의 전승을 계승하며 전통의 재발견과 함께 미래에의 발전과 구원을 기대하도록 한 것이다.

출애굽 사건의 역사적 고백

이스라엘 사람의 옛 기억 전승이 신앙고백으로 이해되어 예배 때마다 반복된 한 공식이 있다. 신명기 26장 5-9절이다.

> 너희는 너희 하느님 야훼 앞에 아래와 같이 아뢰어야 한다. "제 선조는 떠돌며 사는 아람인이었습니다. 그는 얼마 안 되는 사람을 거느리고 에집트로 내려 가서 거기에 몸붙여 살았습니다. 그러나 그는 거기에서 불어나 크고 강대한 민족이 되었습니다. 그래서 에집트인들은 우리를 억누르고 괴롭혔습니다. 우리를 사정없이 부렸습니다. 우리가 우리 선조들의 하느님 야훼께 부르짖었더니, 야훼께서는 우리의 아우성을 들으시고 우리가 억눌려 고생하며 착취당하는 것을 굽어 살피셨습니다. 그리고 야훼께서는 억센 손으로 치시며 팔을 뻗으시어 온갖 표적과 기적을 행하심으로써 모두 두려워 떨게 하시고는 우리를 에집트에서 구출해 버셨습니다. 그리하여 우리를 이곳으로 데려 오시어 젖과 꿀이 흐르는 이 땅을 우리에게 주셨습니다."

이 안에 이스라엘인의 역사 이해가 간추려져 있다. 출애굽의 구원이 하나님의 결정적인 행동임이 강조되어 있다. 탄압과 고난에서부터 하나님의 능력을 힘입어 해방이 되고 구원받았다는 과거 회고를 믿음으로 고백하고 있다. 이스라엘의 과거 이해는 하나님이 이스라엘을 선택하여 노예 상태에서부터 구원하고 하나님이 조상에게 약속한 약속의 땅으로 인도했다는 역사 이해로 나타나 있다.

이스라엘 민족의 탄생은 출애굽 사건을 기점과 출발점으로 삼는다. 출애굽 사건의 의미를 언급하기 전에 이스라엘의 조상들인 족장들의 가나안으로의 이동을 먼저 해석할 필요가 있다.

유목민족으로 유리하면서 이동하고 사는 민족이 본래 이스라엘의 조상들이었다. 하나님이 아브라함에게 "너는 너의 본토 친척 아비집을 떠나 내가 네게 지시할 땅으로 가라. 내가 너로 큰 민족을 이루고 네게 복을 주어 네 이름을 창대케 하리니 너는 복의 근원이 될지라"(창 12:1-2)라고 한 명령과 약속은 이스라엘 민족의 조상에게만 해당된 명령과 약속이 아니었고, 그 자손 대대로 전해진 민족 지상 명령이 될 수밖에 없었다. 조상 때부터 운명적으로 이동해 가면서 살 수밖에 없었고 정착과 안정을 위해서 하나님께 의지하고 간구하고 축복의 약속을 기대하면서 사는 삶의 자세를 지니게 되었다.

이동하면서 목축을 하고 살았던 조상들의 하나님은 미래, 즉 앞에서 인도하는 하나님으로 이해되었다. 앞에서 이끌어주는 하나님이 그의 백성을 미래에도 도전하고 살도록 하는 길을 보여주었다. 갈대아 우르를 떠나 미지의 세계인 가나안 땅으로 가라고 한 하나님의 명령에 아브라함이 복종한 것은, 이스라엘인들이 조상 적부터 미지의 미래로 자신들을 내맡기고 도전함으로써 하나님의 약속의 성취를 바라며 용감하게 전진해 나가기 위함이었다. 아브라함을 믿음의 조상으로 고백하는 이유가 외동아들 이삭을 바치라는 명령에 복종한 데에도 있었지만, 전진하는 역사의 미래에 대해서 숙명론적으로 받아들이지 않고, 도리어 도전적으로 대응하는 용감한 믿음의 결단을 함으로써 첫 출발을 하고 전진할 모험적 신앙 태도에도 중요한 이유가 있다고 본다.

믿었던 하나님의 약속은 당장에 가나안에서 성취되지 않았다. 그들을 기다리고 있던 운명도 또다시 이집트로의 이주였고, 이집트에서 누린 일시적인 안정도 잠정적이었다. 이집트인으로부터 받은 탄압과 노역에 굴종하는 장기간의 암흑기를 통과할 수밖에 없었다. 모세를 영도자로 한 이스라엘 민족의 출애굽의 역사적 과업의 출발도 하나님으로 말미암아 시작되었다. 자유와 독립을 향한 탈출구를 찾는 일이 모세의 선택으로 시작되었다. 출애굽을 가로막는 갈대 바다가 이스라엘 민족의 역사적 전진을 막는 장애물이 되었지만, 진퇴양난의 궁지에서도 기지적으로 돌파구를 만들어내는 하나님의 기적적 행동이 나타났었다.

출애굽 이야기는 이스라엘 민족에게 기적적인 사건으로 다루어져 있지만 실제로 출애굽이 하나님의 역사 개입과 구원 사건임이 믿음으로 고백되어 있는 것이다. 이스라엘 민족사의 기점을 출애굽으로 잡고, 야웨 하나님의 특별한 선택으로 이스라엘이 야웨의 백성이 되고, 시내산에서 모세를 통하여 계약을 체결함으로써 계약 민족, 선택받은 백성이 되었다는 점을 이해하는 일이 구약 역사 이해를 위하여 필수적인 요인이 되는 것이다.

민족의 자유와 독립을 향한 이스라엘 민족의 정치적 관심과 민족의 창조와 구원을 향한 종교적 관심이 출애굽의 구원사적 의미의 재강조를 통해서 성취되는 것으로 이해하였다. 모세를 계승한 여호수아의 가나안 정복, 사울, 다윗을 기점으로 한 이스라엘 왕국의 출발과 안정, 솔로몬 이후의 남북분열, 강대국들인 이집트, 아시리아, 바벨론에 의한 간섭과 침략, 예루살렘의 멸망, 바벨론 포로 등 역사적 흥망성쇠의 소용돌이 속에서도 출애굽에 나타난 야웨 하나님의 구원 행위를 동경하고, 시내산에서 맺은 계약을 기억하고 구체적으로 예배 의식을 통해서 기억하는 작업이 예언자들과 제사장들을 통해서 이어져 나갔다.

> 우리 하느님 야훼께서는 호렙에서 우리와 계약을 맺어 주셨다. 야훼께서 그 계약을 우리 선조들과 맺으신 줄 아느냐? 아니다. 우리와 맺으신 것이다. 오늘 여기 살아 있는 우리 하나하나와 맺으신 것이다(신 5:2-3).

모세 때 성취된 옛 하나님의 구원행위와 모세를 통해서 계약을 맺은 그 계약 정신을 **오늘날 여기**에서 기억하고 해석하는 일이 역사 이해를 위해서 필수적인 조건으로 제시되었다. 미래에 성취할 하나님의 궁극적 구원을 위해서 과거에 성취되었던 하나님의 구원 행위를 기억하고 **오늘 여기**의 상황에서 재해석해 나가는 일이, 다시는 자유를 잃지 않고 젖과 꿀이 흐르는 독립된 땅을 창조하기 위한 결의를 다짐해 나가는 데에 꼭 필요한 일이었던 것이다.

제의(祭儀)와 역사의식

이스라엘 민족은 고대 중동 세계와의 밀접한 문화적, 종교적 교류와 영향 속에서 민족의 주체 의식을 기르고 보호 육성하고 이어 나가는 데에 무한한 노력을 기울여 왔다. 가나안 풍토는 농사를 짓고 사는 농경 문화권이었는데, 유목 경제생활을 하던 이스라엘 민족이 가나안 농경사회에 들어가서 정착하고 살 수밖에 없었기 때문에, 자연히 농경 생활 기술과 종교의식을 직접, 간접으로 채용할 수밖에 없었다.

농사를 짓고 사는 농경사회에서는 춘하추동의 계절에 따라 자연 질서에 순응하여 농사를 짓고 살게 된다. 그러므로 시간 의식도 해마다 되풀이되는데 계절의 변동에 따라 주기적인 것으로 생각하게 되어, 시간은 돌고 도는 것으로 생각하고 있었던 것이다. 씨를 뿌릴 때가 있고 거둘 때가 있는 것과 같이 농사 계절에 따라 가나안 사람들이 섬긴 농사 종교의 신인 바알신에게 농사의 풍작을 위해서 제사를 드리곤 하였다. 가나안 종교에서는 가나안 신화가 있어서 신들이 농사의 풍작을 위해서 간섭하는 것으로 믿고 있었다.

이런 종교 풍토에 들어간 이스라엘 민족은 가나안의 농사 절기에 따른 축제 의식을 따르면서도 야웨종교적 독자성을 지켜나가려고 노력하였다. 이스라엘 민족이 가나안에 정착하여 가나안 부족을 정복하면서 농사를 짓고 살게 되면서부터 자기 민족이 과거를 기억해야 할 역사적 사건인 출애굽 사건의 기념을 무교절 혹은 유월절이라고 하여, 누룩 없는 떡을 먹으면서 자유와 해방을 기념했던 것이다(출 23:15). 유월절과 함께 광야 생활을 기념하기 위한 장막절과 칠칠절을 지키기도 하였다.

그러니 이스라엘 사람들은 가나안의 자연 종교인 농사 종교의식을 수용하면서도 자기들 민족이 기념해야 할 하나님의 구원 사건을 기념하는 축제 의식으로 바꾸고 말았다. 이것을 다른 말로 하면, 이스라엘 민족이 가나안의 축제 의식에 동화되지 아니하고, 가나안의 농사 절기를 이스라엘인들의 역사적 사건 기억과 연결시켜서 신앙의 표현으로 해마다 역사화하였다고 할 수 있다.

　　야웨(여호와)종교는 역사에 기반을 두고 있다. 야웨 하나님이 이스라엘 공동체를 건설한 역사적 행위를 주도하였다. 출애굽을 기념한다는 일은 비록 해마다 되풀이되는 것이지만, 하나님의 구원 행위를 기념한다는 일은 하나의 역사의식을 길러주는 작업이다. 미래의 역사 진전과 발전을 위한 기대를 위해서 과거를 오늘에 기억, 기념하고 내일에 가서는 자유를 빼앗기는 일이 절대로 없도록 다짐하는 역사의식을 강조하고 강화하는 계기가 된다.

　　예배 의식을 통한 과거의 기억은 과거의 출발점으로 복고하는 것이 아니다. 최초의 사건에 나타난 의미를 현재에 재생시켜서 재해석하려는 데에 예배, 축제 의식의 목적이 있다. 이스라엘 공동체의 탄생이 하나님의 구원 행위인 출애굽으로 이루어졌는데, 이 옛 출애굽전승을 기억하고 기념한다는 것은 미래에 있어야 할 제2의 출애굽, 제3의 출애굽을 기대하는 데에 목적이 있는 것이다. 그러므로 이스라엘 백성의 시간 의식 혹은 역사의식은 주기적 반복이 아니라, 과거와 미래가 직선으로 연결되는 직선적인 것으로 이해되었던 것이다. 즉, 처음과 끝을, 시작과 종말을, 창조와 구원을 연결시켜서 최초에 일어난 하나님의 창조 행위가 종말에 가서도 구원이라는 창조 행위로 나타나야 한다고 보았다.

창조주 하나님이 이스라엘을 속죄하고 역사 속에서 구원의 하나
님으로 구원을 이룩해주기를 기원하는 일이 예배 의식을 통해서 계속
되어 나갔다. 사실 시편들이 예배 의식에 사용된 이유는 시편이 포함
하고 있는 창조주 하나님이 역사의 주인이 되어 이 세상에 구원을 가
져오려고 이스라엘을 **하나님의 기업**으로 선택하였음을 고백하고 있
기 때문이다.

> 당신의 백성을 건지시고 당신의 유산을 축복하소서. 언제까지나 메고 다니
> 며 보살피소서(시 28:9).

> 야훼께서 당신 겨레로 뽑으시고 몸소 그들의 하느님이 되어 주신 민족은
> 복되다(시 33:12).

하나님이 이스라엘을 아브라함을 통해서 선택하고 출애굽으로
선택했다는 신앙고백이 오랫동안 계속되어 온 예배 의식을 통해서 전
승되어 내려갔다. 하나님이 역사 속에 개입해 들어와서 활동한 활동
이 이스라엘의 선택이었던 것이다. 하나님의 선택을 받은 민족과 개
인은 어떤 역경과 고난 속에서도 구원을 위한 사명에 헌신할 수 있게
된다.

예언자들의 역사 풀이

이스라엘 역사에 있어서 민족의 역사와 함께 역사의 방향을 바로
잡아보려고 노력한 사람들이 예언자들이었다. 특히 기원전 8세기 아

모스부터 기원전 6세기 제2이사야에 이르기까지 창조적 예언자들은 자기 민족이 정치적 위기와 종교적, 윤리적 위기에 처해 있을 때, 역사의 주이신 야웨 하나님의 말씀을 대변한 대변자로서 위기를 극복하고 역사의 전진에 있어서 바른 방향으로 정의의 사회 실현을 바라는 방향으로 인도하려고 힘썼다.

아모스, 호세아, 이사야, 예레미야, 제2이사야 등 예언자들은 우선 자기들의 민족적, 종교적 주체성을 수립하기 위해서 모세의 전승인 출애굽전승을 이어받고 재강조하는 전승의 계승자들이었다. 다시 말하면 선택전승을 이어받았다. 이스라엘 예언자들의 역사 이해를 위해서는 그들의 조상 때부터 내려온 야웨종교의 선택 사상을 철저히 상속받고 있음에 주목할 필요가 있다. 선택전승이란 곧 출애굽전승과 다윗전승과 시온전승이다. 출애굽전승은 구약 역사를 구원사적으로 이해하는데 필수적인 기점이 된다. 다윗전승은 다윗이 예루살렘을 선정하여 국토를 통일하고 선정을 베푼 점에서 다윗을 높이 평가하고 다윗 시대를 동경하는 나머지 다윗과 같은 왕의 출현을 다윗의 후손에게 더 기대해보려고 한 것이다. 시온전승은 예루살렘은 하나님이 계신 곳이고 이스라엘 민족의 마음의 고향이기 때문에 흩어진 백성들의 시온으로의 복귀를 늘 염원했던 점에서 시온을 동경한 것이다.

모세를 선택함으로써 이스라엘을 선택하고, 다윗을 선택함으로써 왕국을 견고하게 하고, 예루살렘을 선택함으로써 야웨의 예배 처소를 선정한 이런 선택전승을 이어받은 예언자들은, 국내의 정치적, 사회적, 도덕적 위기를 당하거나 구체적으로 강국들 틈에 끼어서 국가 존망의 위기를 만나거나 할 때, 첫 출애굽을 회상하면서 모세의 유일신관인 야웨 하나님께로 돌아가기를 호소하고 회개하기를 독촉하였다. 다윗 왕국의 재건을 염원하기도 하였고, 성전을 재건하기도 하였다.

그래서 예언자들의 역사 해석은 철저하게 하나님 중심의 신앙에 근거를 두고 있었다. 역사는 하나님의 표준에서 해석되어야 한다는 생각에 일치하고 있었다. 이사야가 아하스왕에게 강력히 요구한 권유의 말은 이러하였다.

너희가 굳게 믿지 아니하면 결코 굳건히 서지 못하리라(사 7:9b).

백성들의 죄에 대해서는 이렇게 말하였다.

…마음을 돌려 진정하는 것이 구원받는 길이다. 고요히 믿고 의지하는 것이 힘을 얻는 길이다…(사 30:15).

국민을 다스리는 왕 아하스가 하나님께 의지하는 신앙에 의하지 않고 불법으로 국민을 다스리고 강대국인 아시리아에 의존하려 했던 처사를 보고 이사야가 하나님을 믿는 신앙을 가지면 나라가 바로 견고하게 설 수 있다고 권하였던 것이다.

심판 예언자이었던 아모스, 호세아, 이사야, 예레미야는 이스라엘 사회의 부정을 보고 고발한 양심의 주역들이었다. 창조자인 거룩한 야웨 하나님이 심판자가 됨을 강조하면서 이스라엘이 저지른 죄악과 부근 나라들이 저지른 죄악이 다 하나님의 심판을 받는다고 아모스와 이사야가 선언했던 것이다. 구약 역사가 인간의 죄악으로 인한 하나님의 심판을 보여주는 하나님의 심판사를 보여주기도 하지만, 심판의 강조와 함께 회개를 통해서 용서받는 것도 함께 강조하고 있다.

어서 야훼께로 돌아 가자! 그분은 우리를 잡아 찢으시지만 아물게 해 주시고, 우리를 치시지만 싸매 주신다(호 6:1).

이스라엘아, 너희 하느님 야훼께 돌아 오너라(호 14:2a).

호세아는 하나님께로 돌아가는 회개를 주장하였다. 회개함으로써 하나님의 용서와 속죄를 받을 수 있다고 보았다. 정치인이나 지도자나 종교인이나 국민이 다 하나님 앞에서 겸손히 인간의 교만을 깨뜨릴 때 인간 자신의 개혁과 갱신을 기대할 수 있다고 보았다.

심판 예언자들의 역사관은 하나님의 심판으로 이스라엘이 멸망에까지 이르는 것으로 단정했지만 하나님께로 돌아가는 회개하는 의로운 소수자를 통해서 완전한 멸망에서 구제되어 속죄를 받고 구원을 누릴 수 있는 희망의 탈출구가 있게 됨을 보여주었다.

악을 미워하고 선을 사랑하여라. 성문 앞에서 법을 세워라. 그래야, 만군의 하느님 야훼께서 일부 살아 남은 요셉 가문을 불쌍히 보아 주시리라(암 5:15).

아모스는 냉혹한 심판 예언을 했었지만, 소수의 남은 자로 희망적인 미래를 설계할 수 있음을 보여주었다. 이사야도 "그 날에, 이스라엘의 남은 자와 야곱 가문의 생존자는… 이스라엘의 거룩하신 하나님 야훼를 진심으로 의지하리라"(사 10:20)란 말로써 남은 창조적 소수자에 의하여 역사는 새로운 미래를 기대할 수 있음을 보여주고 있다.

바벨론 포로기 말기에 예언한 제2이사야는 포로기라고 하는 암흑기에서 옛 출애굽을 기억하면서 새 출애굽의 탈출구를 찾도록 기대를 걸게 하면서 하나님의 새로운 역사 개입을 선포하였다.

보라, 내가 새 일을 행하리니 이제 나타낼 것이라. 정녕히 내가 광야에 길과 사막에 강을 내리니(사 43:19, 개역개정).

하나님의 역사 개입은 처음 창조 때에 있었던 것처럼 마지막 구원의 때에도 개입한다(사 44:6). 이런 하나님의 주권 행사가 나타날 때, 이스라엘 역사에는 구원을 향한 돌파구와 탈출구가 뚫릴 것임을 분명히 보여주었다.

바빌론에서 빠져 나오너라. 갈대아 사람들을 뿌리치고 도망쳐라. 기쁜 소식을 전하여라, 선포하여라. 세상 끝까지 퍼뜨려라. "야훼께서 당신의 종야곱을 구원하신다"(사 48:20).

2 장
고대 중동 세계의 국제 정치

국제 긴장 속의 이스라엘

오늘의 민족사는 세계사에 비추어서 이해하지 않으면 아니 되게 끔 되었다. 오늘의 한국의 역사는 세계사 속의 세계 역사의 일면이 되고 있다. 세계 어느 한구석과 모퉁이에서 일어나는 사건이나 국제적 충돌은 그 지역에만 국한되지 않기 때문에 결코 국지적 문제를 우리와 거리가 멀다고, 떨어져 있다고 방관할 수 없는 현실에 처해 있다. 그만큼 우리는 국제 정치의 다양한 움직임 속에서 한국의 위치를 다시 찾게 되고, 한국의 평화와 안정이 곧 국제간 평화와 안전에 직결되어 있는 미묘한 관계를 예민하게 인식하고 있다.

그러므로 국제 정치는 항상 제일 큰 문제로 등장하고 국제 간 문제 해결의 전망이 세계의 관심의 초점이 되는 것을 알 수 있다. 권력을 잡은 정치인은 곧 국제 간의 세력 균형 속에서 세계평화를 저울질하는 국제 정치인으로서 식견과 전망을 가지지 않으면 안 되며, 국가의 책임자들의 국제 정치 정책 수립이 세계의 운명을 좌우하게끔 되었다. 여기에서 종교도 신학도 정치문제에 관해서 발언을 요청받고 있기 때문에 정치인들에 대한 종교인들의 발언만 아니라 종교인들에 대한 정치인들의 자세가 문제시되지 않을 수 없다.

필자는 구약성서에 나타난 고대 근동 세계의 국제 정치 속에서 이스라엘 민족이 처했던 실정과 국제 정치 관계 속에서 하나님과 왕 사이를, 국민과 왕 사이를 연결시키면서 직접 정치 무대에 등장했던 예언자들의 움직임을 살펴보기로 하겠다. 이스라엘 예언자들에 관한 연구로 예언 종교를 연구하기 위한 종교사적인 면에서도 알아볼 수 있지만, 국제 정치·사회면에서 예언자들을 관찰해보는 것도 오늘의 시점에서도 필요하다고 본다. 그래서 정치에 관한 예언자들의 예언과 국제정세의 판단에 따른 정치적 예언을 중심 삼아 다루어보겠다.

엔도바 뉴톤신학교의 고트발트 교수는 이스라엘의 예언과 고대 근동의 국제관계를 다룬 『이 땅의 모든 나라들』(1964)이란 책[1]을 써서 이스라엘 초창기 역사부터 바벨론 포로로부터의 귀환(538 B.C.)까지의 국제관계에 대한 예언자들의 암시를 찾아보고, 국제관계와 긴밀히 관계된 제목인 종교적 세계들의 이스라엘의 사명, 종말론, 세계평화 등의 문제들을 다루었다. 특히 예언자 이사야를 중점적으로 다루었는데 여기에서도 고트발트의 연구 경향을 따라 소개해보겠다.

이스라엘 예언자들의 예언은 늘 정치적 음모와 반역의 긴장된 분위기 속에서 예언된 것인데 아시리아 제국과 신흥 바벨론 제국과 이집트 왕국이 서로 고대 중동(근동) 지역의 맹주가 되려는 정치적 야망으로 인한 침략과 토벌 작전의 틈바구니에 끼어 기구한 운명을 누릴 수밖에 없었던 팔레스타인의 이스라엘 풍토는 종교적이 될 수밖에 없었고, 예언자들도 국제 정치 동향에 필연코 민감할 수밖에 없었다.

---

1 Gottwald, N. K., *All the Kingdoms of the Earth: Israelite Prophecy and International Relations in the Ancient Near East* (New York: Harper & Row, 1964)

고대 중동 세계의 정복자로 군림했던 이집트 왕국이나 신흥 아시리아 제국이나 신흥 바벨론 제국이나 페르시아제국 등은 시리아와 팔레스타인 영토를 손아귀에 넣을 때만 근동 세계의 맹주가 될 수 있었다. 이런 동서의 냉전과 열전, 즉 동쪽의 아시리아, 바벨론, 페르시아와 서쪽의 이집트 사이의 냉전과 열전 속에서 이스라엘은 양쪽 국제간 세력 균형의 완충지대나 중립지역도 아니었고 직접 양 세력의 갈등과 침략과 정복에 굴종하거나 유린당하거나 멸망당하거나 하는 수동적 생존을 겨우 유지하게 되었다. 그런 강대국의 세력 다툼 속에서 비록 정치적 독립은 위협과 멸망을 당했지만, 이스라엘인의 종교적 갈망과 전통 유지 의욕은 결코 말살되지 않고 살아날 수 있었던 것은 예언자들의 위대한 종교적 지도와 영향이 있었기 때문이다.

우선 고대 중동 지역의 국제 관계의 동향을 살펴보겠다.

고대 중동 역사 무대에 이스라엘인이 등장하기는 비교적 후의 일이었다. 본래 기원전 300년경부터 아라비아 사막에서 발생했다고 보는 셈족의 이동에 따라 아카디아인과 아모리인이 메소포타미아 지역으로 퍼지고, 기원전 2,000년 경에는 아모리인이 가나안으로 퍼짐에 따라 이스라엘인의 조상도 가나안에 퍼지기 시작했었다. 아브라함 시대(1750 B.C.)부터 모세의 출애굽(1250 B.C.)까지 팔레스타인 지역은 이집트의 세력하에 있었다.

이스라엘인이 가나안에 정착하면서(1250 B.C.)부터 이스라엘 왕국이 설립되고(1020 B.C.), 다윗 왕국이(990~961 B.C.) 비로소 이스라엘의 정치적 안정과 남북의 통일을 가져왔다. 이때 아시리아제국이(1100~612 B.C.) 메소포타미아 상부 지역에서 확고한 기반을 구축하여 800 B.C. 경부터는 이스라엘의 북쪽의 시리아까지 지배하고 이스라엘에

압력을 넣기 시작하였다. 솔로몬이 죽은 후(922 B.C.) 이스라엘이 남북으로 분열되었다가 북왕국 이스라엘이 마침내 721 B.C.에 아시리아에 의해서 멸망했으며 아시리아 세력은 이집트에까지 미쳤다. 그러나 신흥 바벨론이 일어나서 아시리아를 정복함으로써(612 B.C.) 고대 중동 세계는 바벨론제국(612~539 B.C.)의 지배하에 들어갔는데 이때 이집트는 아시리아를 도우려고 남왕국 유다를 굴복시켜 유다 땅을 통과하여 북상해 갔다가 갈게미스 전쟁에서 바벨론에 패배하고 말았는데, 609~605 B.C. 사이에 일시 유다는 이집트의 지배하에 들어갔다.

유다 왕국은 친이집트파의 선동으로 바벨론과의 협상을 유지하지 못하다가 538 B.C.에 바벨론의 느부갓네살대왕의 남침에 의해서 예루살렘은 멸망하고 유다 왕국도 종말을 보게 되었으며 수많은 지도자들이 바벨론에 포로로 잡혀갔었다. 이렇게 해서 이스라엘의 정치 독립은 완전히 고대 중동 세계에서 말살되고 새로 등장한 페르시아왕국(539~331 B.C.)이 바벨론을 정복하고 이집트까지 세력하에 집어넣게 되었다.

이러한 강대국들의 국제 세력 확장은 이집트든 아시리아, 바벨론, 페르시아이든 다 이스라엘 민족의 영토인 팔레스타인을 정복함으로써 고대 중동 세계의 장악을 시도하였다. 이스라엘의 예언자들은 이런 대격동의 국제 세력의 이동과정에서 자기 백성들을 경계하고 훈계하고 정치 지도자들과 왕들에게 권고하고 올바른 판단을 제공하여 주었다.

중동 세계 국제 정치의 특징

고대 중동 세계의 국제관계에서 드러난 특징은 다음과 같다.

1. 대외정책 수행을 위해서 전쟁을 수단으로 삼아 조약의 불이행이나 맹목적 조약 이행에 위협을 가한다. 여기에는 침략과 도발 행위, 암살, 맹약 파기, 추방과 학대, 투옥 등 가혹한 행동들이 국제간 긴장을 조성한다.

2. 여러 가지 목적을 달성하기 위하여 국제간 맹약을 맺었다. 상호 불가침조약, 공동방위, 포로 대우 등 여러 가지 목적이 이행되었다.

3. 국제 외교관계 수립을 위해서 왕실 사이에 결혼이 있었다. 이집트 왕이 미탄니 왕국의 왕녀를 데려왔지만, 이집트 왕녀를 미탄니왕에게는 결코 주지 않았던 일도 있었는데 이집트가 상위에 있었기 때문이라고 한다. 왕실끼리의 결혼은 많이 있었다.

4. 고대 중동 제국들은 정복한 지역에다 주로 왕의 신하나 행정관을 군대와 함께 보내어 처리하게 하였다. 군대의 장기 주둔이 어려우면 주기적으로 군대를 파견하여 정복을 계속하는 경우가 있었다.

5. 조약문에 의해서 피정복자 쪽에서 정복자에게 정규적으로 조공을 바치기도 했고, 단순한 통상관계로 유리한 조건을 내세우는 경우도 있고, 반란으로 인한 배상 같은 것은 조공을 바치는 것보다 더 무겁게 매기는 경우가 있었다.

6. 정복자는 피정복자의 백성들의 일부를 포로로 잡아와서 본국의 생산 작업과 노역에 동원해 쓰는 일이 있었다.

7. 제국 안에서 가끔 반역과 왕위찬탈이 있었는데 고대 중동 세계에서는 국력이 약해졌을 때의 왕위의 계승이 절대로 순조롭게 이루어

진 적이 없었다.

8. 국제간 세력 균형에 차질이 생기게 되면 곧 세력 균형을 잡기 위한 재조정이 일어났다. 아시리아가 바벨론에 의해서 망하게 될 때 이집트가 아시리아를 도우려 했었고 그때 바벨론도 메디인과 연합하여 아시리아를 패망시켰다.

9. 시리아와 팔레스타인을 장악할 때만 강대국가들이 정복자로서 최고의 지위를 차지했었다.

10. 희랍의 알렉산더왕이 등장하기 전에는 고대 중동 세계를 희랍 문명화하는 것과 같은 셈족 문화화, 아리안족 문화화, 이집트화 같은 문화정책을 식별할 수 없다. 고대 중동 세계 사람들의 인간 이해는 문화적 정치적 이해 관계보다도 우주적 세계인으로서 이해했었다. 희랍의 알렉산더가 처음으로 중동 세계에서 인간을 문화적 실제로 보고 희랍문화 정책을 고대 중동 지역에 실시했었다.

3 장
초기 이스라엘의 정치와 예언

사울왕과 사무엘

이상의 국제 관계의 동태와 특징을 배경으로 하고 이제 기원전 9세기 초기 이스라엘의 정치적 예언에 관해서 알아보겠다.

이스라엘 종교의 예언은 사회적 현상과 꼭 마찬가지로 정치적인 것으로 일어났다. 예언자는 국가의 모든 문제의 정책 결정에서 통치자들의 자문에 응하기도 하고 권고하기도 하였는데 신중한 정책 심의 끝에 지도에 나섰다. 예언은 원래 제비를 뽑아 신탁(神託)을 받아내거나 강신술(降神術)을 알아내는 신의 신탁 같은 것이었는데 후에 이런 초보적인 예언 현상을 탈피하여 더 발전한 예언 종교가 되었다.

이스라엘 밖의 다른 지역, 예를 들면 기원전 18세기의 마리, 10세기의 비블로스, 8세기의 시리아 등 여러 곳에서 발견된 옛 도시국가들에 예언자의 기능도 **신의 사람** 예언자가 왕에게 메시지를 전달하거나 적대 국가들과 싸워 이긴다고 말하거나 신에게 제사를 어떻게 드려야 한다는 것 등을 권고하는 것으로 알려져 있다. 기원전 8세기 함맛이란 나라의 자길왕은 베엘샤마인이라는 신이 선지자와 점쟁이를 통해서 자기에게 말하고 왕을 도와주고 보호하겠다고 말했다고 한다.

이런 것으로 보아서 왕들이 예언을 창안해낸 것이 아니었고 예언이 원래 초창기에는 어떤 사람에게 일어난 무당적 행동이었음을 알 수 있다. 왕들이 왕들의 정치 행동을 지배했던 종교적 집단들이나 종교인들과 필연적으로 좋은 관계를 맺지 않을 수 없어서 왕들은 궁전 안에다가 선지자들을 끌어들여 정책을 세우거나 자기들의 운명에 관심을 가지거나 할 때 선지자들의 해석과 도움을 받아들였다. 그래서 왕들은 정책 결정을 할 때도 그런 종교인 집단들인 선지자나 점치는 사람들로부터 도움을 받았기 때문에 그들을 보호하고 우대하여 주었었다.

이스라엘의 통일왕국이 사울을 첫째 왕으로 하여 1020 B.C.에 탄생하자 정치 지도자들 주변에는 예언자들을 요구하는 새로운 상황이 생겨났다. 사울이 왕이 되기는 선지자 사무엘의 직접적인 후견이 있었기 때문인데 하나님의 주도적인 천거와 사무엘의 적극적인 지지로 왕이 되었다(삼상 9:16)고 초기 전승이 전하고 있다. 사실 사울의 위치는 사사(士師) 시대에서 왕국 시대로 넘어가는 중간 단계의 지도자(히브리어로 나기드라고 함)라고 할 수 있는데 하나님이 선지자 사무엘을 통해서 사울을 지도자로 선택한 목적은 블레셋의 침략에서 이스라엘을 구원하려고 하는 데 있었고, 전쟁 승리의 방법은 사울이 집단적인 예언운동에 참여함으로써 군사적 힘을 기르는 데 있었다.

선지자의 무리의 한 사람으로서 혹은 선지자의 아들 중의 한 사람으로서 사울에게도 하나님의 신이 크게 임하여 사울도 예언을 하였다고 사무엘상 9장 5~16절 사이에 기록되어 있는데 선지자의 무리가 음악과 춤으로써 흥분과 열광상태에 빠졌다가 신탁을 받는 초기 예언 현상이 나타나 있다(삼상 9:5). 이스라엘 예언의 초창기 예언에 이런 집단적 열광주의가 있었던 것은 예언 종교의 시초의 일면을 보여주는 것이나, 어쨌든 사울도 하나님의 영을 받은 것으로 보아(삼상 11:16) 지도자로 예언을 하는 일과 군사적인 용맹의 힘을 얻는 일이 동일한 일이었음이 드러난다. 사울의 전투적 용맹과 그 전과는 야베스 길르앗을 구원한 전쟁 이야기에 나타나 있다(삼상 11:7-11).

이스라엘 왕국의 탄생이 종교지도자인 선견자 사무엘에 의해서 이루어졌다는 것은 퍽 의의가 있는 일이다. 종교지도자가 정치 지도자를 추천해서 직접 왕을 삼는 의식을 베풀었다고 하는데 이스라엘 종교사에서 선지자 사무엘의 위치가 더 주도적인 것을 보여주며, 그가 블레셋의 압력과 침략을 막으려면 왕을 세워 독립 정부를 조직하여 강력한 단결된 힘을 발휘해야 한다는 정치적 정세 판단과 또 그가 예언자 무리의 두목으로서 집단 예언운동을 일으켜 가나안에 들어가서 가나안적인 종교에 영향을 받기 쉬운 백성들에게 정신적 독립과 자극을 주려는 종교운동이 이스라엘이 첫 독립을 하는 독립 정신 속에 나타나 있다. 정치적 독립과 종교적 독립이 동반하려면 사울 같은 힘이 센 자와 하나님의 영을 받는 자를 선택하지 않을 수 없었다.

사울은 물론 선지자는 아니었다. 국민의 지도자로 하나님의 사람 사무엘의 지도와 고문을 처음에 잘 받아 자기도 예언 운동에 가담하여 육체적인 힘도 기르고 정신적인 통찰력도 하나님의 영을 받음으로써 길렀다는 것은 성서 인물의 지도자상의 좋은 일면을 보여준다. 이것을 다른 말로 하면 카리스마를 받은 지도자를 의미한다. 하나님의 은사를 받았다는 의미로 카리스마적 지도자라고 하면 사람들도 그러했고 사무엘도 카리스마를 받은 선지자이었으며 사울도 카리스마적 지도자로 볼 수 있다. 정치 지도자의 단일 독재적인 성격을 띤 소위 독재정치가를 의미하는 것이 아니라 국민의 지도자가 되려면 하나님을 알고 하나님을 보는 체험, 즉 신비적인 차원에서 하나님과 대화하는 가운데 어떤 용기와 지혜와 방향 제시를 받는 면에서 카리스마를 받은 지도자를 생각한다.

사울의 기반이 닦여지고 군사 지도력도 인정을 받은 다음에는 사무엘의 지도와 고문을 무시하고 듣지 않게 되었다.

> 사무엘이 다시 사울을 꾸짖었다. "그대는 어리석은 짓을 하였소. 어찌하여 그대의 하느님 야훼께서 버리신 분부를 지키지 않았소? 지키기만 했더라면 야훼께서 이스라엘을 다스릴 그대의 왕조를 길이길이 세워 주실 터인데, 이제 그대의 대는 더 이어 가지 못할 것이오. 그대가 야훼의 분부를 지키지 않았으니, 야훼께서는 당신의 마음에 드는 사람을 다시 찾아 당신의 백성을 다스릴 수령으로 세우실 것이오"(삼상 13:13-14).

사울의 생활 태도에 변화가 생겼다. 처음에는 선지자 사무엘과의 대화와 자문받는 길을 열어놓고 국사를 다스렸지만, 사울이 블레셋과의 전쟁에서 승리하고 백성들로부터 인정을 받은 다음부터는 단독적인 판단으로 일을 하고 사무엘의 말을 듣지 않았다. 그 결과는 사울의 말년에 가서 사울에게 하나님께서 꿈으로도 우림(Urim, 빛, 계시)으로도 선지자로도 대답하지 않게 된 것을(삼상 28:6) 느끼게 되었다. 이것은 결국 사울에게서 영적인 힘과 정신적 능력이 사라진 것을 보여주는 말인데 성경은 인물 묘사에서 이스라엘의 왕이 처음에는 하나님 앞에 혹은 그의 대리자인 예언자 앞에 겸손했었다가 후에 자기 권력이 강화된 다음에 교만에 빠져서 국민의 소리나 하나님의 음성을 듣지 않고 어두워져 버리는 그런 인간성을 보여주고 있다.

사울의 인격은 이제 혼돈에 빠졌다. 선지자와의 대화를 스스로 포기하고 무시한 다음에는 사울의 사생활은 완전히 무질서해지고 말았다. 사무엘이 택해둔 다윗에 대한 강렬한 시기와 질투와 음모 술수는 왕실뿐만 아니라 백성들의 생활까지 혼란 속에 몰아넣고 말았다. 블레셋 군인들이 이 틈을 타서 다시 침략의 손을 뻗쳤다. 사울이 사무엘을 이런 혼란 속에서 다시 찾았지만(삼상 28:12-14) 이미 때는 늦었고, 사무엘은 "야훼께서 이미 너를 떠나 네 원수가 되셨는데 어쩌자고 나에게 묻느냐? 너는 야훼의 말씀을 듣지 않았느냐? 야훼께서는 이미 그대로 하셨다. 이미 이 나라를 네 손에서 빼앗아 동족인 다윗에게 주셨다. 너는 야훼의 말씀을 듣지 않았고 그의 진노를 아말렉에게 쏟지 않았다. 야훼께서 오늘 너에게 이렇게 하시는 것은 그 때문이다"(삼상 28:16-18)라고 답하여 사울을 거절하였다. 하나님의 눈에 벗어난 사람은 선지자의 눈에서도 벗어났으며 국민의 눈에서도 벗어난다. 사무엘에 대한 최종의 갈망과 호소도 이미 때늦은 호소일 수밖에 없었다.

사무엘이 이렇게 말해 주었건만 백성은 여전히 고집을 부렸다. "그렇지 않습니다. 우리는 왕을 모셔야겠습니다. 그래야 우리도 다른 나라처럼 되지 않겠습니까? 우리를 다스려 줄 왕, 전쟁이 일어나면 우리를 이끌고 나가 싸워 줄 왕이 있어야 하지 않겠습니까?"(삼상 8:19-20)

이 말은 왕국 창설에 관한 초기 자료로서 신명기 역사가의 실명인지는 확실치 않지만, 여기에 반영된 국민의 강력한 독립 자주정신이 사무엘에게 전달되고 이 절대적인 국민의 요청에 의해서 사울을 왕으로 선출하고 지지하였던 것이다. 이 요청에 사울이 응할 때의 겸손한 자세는 하나님의 영을 받고 기지와 용맹을 함께 받아 미래에 대한 예언 혹은 전망을 할 수 있는 정치적 식견까지 받은 것으로 해석된다. 사무엘은 그에게 기름 부어 왕의 대관식을 집례하였다. 그러나 사울의 말로(末老)는 비참한 운명을 면치 못했다. 하나님의 말씀에 귀를 기울이지 않고 선견자인 사무엘의 충고와 권고를 외면해버리고 후배인 다윗을 죽여 없애버릴 음모만 일삼다가 비참한 최후의 죽임을 당한 사울 왕의 고사(古史)는 오늘날도 많은 교훈을 남겨준다.

학자들이 선지자 사무엘을 제2의 모세라고까지 부르는 이유는 가나안에 입주 후의 정치적 대격동과 혼란과 무질서를 보고 국제 정치 동향의 바른 판단 끝에 사울을 뽑아 왕으로 삼았고, 예언자들을 모아 종교적, 정신적 운동을 일으켰기 때문이다.

다윗부터 바아사까지

다윗왕과 나단

이스라엘 역사에서 다윗왕의 위치는 후세 역사가에 의해서 늘 높이 좋게 평가되고 있다. 다윗이 왕위에 오르자(1000 B.C.) 그때까지 점령하지 못한 예루살렘을 점령하고 수도로 정하여 정치적 중심지로 삼고 다시 하나님의 법궤(法櫃)를 예루살렘으로 이동시켜 종교적 중심지로 삼았다. 그런 다음에 다윗은 부근의 나라들인 블레셋을 정복하여 경제적으로 지배하고 에돔, 모압, 암몬 등 나라들을 차례로 정복하여 남북을 연결하는 국제 도로를 완전히 장악했을 뿐만 아니라, 그의 가장 뛰어난 승리는 북쪽의 아람(시리아)을 정복한 일이었다.

다윗 때부터 오므리 왕조 때 사이에 예언자들이 직접 정치에 가담했었다. 그 예언자들은 하나님을 대신하여 국가 일에 간섭하는 왕실의 고문들이었다. 늘 왕 옆에서 왕에게 충언과 조언을 하고 미래의 판단을 결정하는 데 도움을 준 일종의 선지자들이었고 정치적 예언자들이었다. 그런 선지자 중에 '갓'이라는 선지자는 다윗이 사울왕을 피하여 모압에 숨어있을 때 모압을 떠나 유다 땅으로 가라고 권한 적이 있었고(삼상 22:5), 왕이 된 다음에 예루살렘에 있는 아라우나란 사람의 타작마당에다가 하나님을 위한 제단을 쌓도록 충고하여 재앙을 면하게 한 일이 있었다(삼하 24:18-25).

다윗왕 주변에 있었던 두 번째 예언자는 나단이었다. 그는 다윗이 하나님의 법궤를 모실 집을 짓는 계획에 처음에는 찬동했다가 후에 하나님의 지시에 따라 반대한 일이 있었다(삼하 7:1-7). 이렇게 선지자들이 제단을 쌓거나 하나님의 전을 짓는 일에 관심을 가졌다고 기록된 것은 사무엘서를 편집한 신명기 역사 편집자가 종교적 제의(祭儀)에 큰 관심을 가지고 있었기 때문에 그런 이야기를 꾸며낸 것이다. 그렇기 때문에 왕실에서 왕에게 지도, 고문하던 선지자들을 한편으로는 제의예언자(祭儀豫言者)라 해석하기도 한다.

다윗왕은 이제 국가를 통일하고 정치 안정을 이룩한 다음에 왕으로서 왕권의 확립되자 여자에 대한 관심이 생겨 신하 장군 우리아 장군을 전쟁터에 내보내어 죽도록 하고 우리아의 아내인 밧세바를 빼앗아 후궁으로 삼은 큰 범죄를 저질렀다. 성경의 역사는 이 다윗의 사건을 크게 다루어 왕권이 처음으로 인권을 짓밟아 우리아를 죽이고 그의 아내를 뺏은 부도덕한 민권 유린의 사건으로 다루었다. 이를 본 선지자 나단이 왕의 비행을 규탄하고 만일에 왕이 회개하면 하나님이 용서할 것이라고 권하였다(삼하 12:1-14). 선지자 나단의 이와 같은 항의는 처음으로 인권옹호를 위한 대변인이었을 뿐만 아니라 왕의 부도덕에 대한 책임 추궁을 감히 감행함으로써 왕의 사과와 회개를 받았던 것이다. 후에 나단은 다윗의 후계자를 둘러싼 왕실 내부의 갈등 속에서 솔로몬을 후계자로 미는 데에 큰 역할을 하였다.

솔로몬 때의 아히야

다윗이 세운 통일왕국의 정치적 안정 속에서 국제 외교를 통한 통상무역으로 경제적 성장을 시도하고 따라서 국가 건설 사업에다 치중하여 성전과 궁전을 짓는 등 문화정책을 쓴 왕이 솔로몬(960~922 B.C.)이다. 솔로몬의 국제 정치는 인근 나라들과 우호 관계를 맺고 무역 교류를 하는 데 치중되었는데 이집트의 왕녀를 데려오고 모압, 암몬, 에돔, 시돈, 헷 등 예속 국가들로부터도 여인을 데려와서 국제 외교관계 수립이라는 이름 아래 호의호식 향락에 빠졌다(왕상 11:1-3). 건축사업을 위해서는 특히 북쪽의 페니키아의 물자와 석공 등 기술 도입을 하여 성전과 궁전을 지었다. 솔로몬이 하나님의 성전을 지었지만, 국제 외교관계 수립이란 명목하에 남의 나라의 여자들을 궁녀와 후궁으로 데려온 일이 구약 역사를 쓴 신명기 역사가의 눈에는 왕의 큰 탈선의 원인으로 보였다. 왕비들이 왕의 마음을 바꾸도록 하여 야웨 하나님을 잊어버리게 하고 자기 나라에서 들여온 신들을 솔로몬으로 하여금 따르도록 하였다(왕상 11:4-13). 여기에서 알 수 있는 것은 솔로몬의 정치는 국제 외교와 국제 정치 무대에서 자기 민족의 주체성을 서서히 망각하고, 남의 정신에 춤추면서 외래적인 사상에 자기도 모르게 완전히 넘어가는 그런 주체성을 상실한 지도자였다는 것이다.

솔로몬왕의 실정(失政)은 남쪽 유다 사람을 편애하고 강제 동원과 지나친 세금 징수를 함으로써 국민의 불평을 샀으며, 끝내는 노동 대신이었던 여로보암으로부터의 반역사건이 일어나게 만들었다. 그렇지 않아도 북쪽의 세겜 혹은 실로 등 성소를 중심으로 한 지파동맹(支派同盟)과 남쪽 헤브론 성소를 중심으로 한 남부 지파동맹 때문에 늘 남북의 대립의식과 분열 의식이 있던 차에 솔로몬의 남인 편애 인사 정책 때문에 북쪽 에브라임 지파 사람들의 감정을 사게 되어 결국 에브라임 종족인 북인 여로보암이 반역을 하게 된다(왕상 11:26-28).

이때 이런 솔로몬의 전제주의적 강제 정치와 호화스런 사치 생활과 이방 종교의 유입을 허용하는 모든 일을 관망하고 감시하고 있던 선지자가 있었다. 이 선지자는 북쪽 실로 성소에 있었던 아히야란 선지자이었다. 아히야는 솔로몬과 직접 관계해 본 적은 없었지만 여로보암을 후원하여 여로보암이 장차 북쪽의 열 지파를 단합시켜 다윗 왕조에서 분리시켜서 따로 왕국을 세우는 전망을 보여주었다(왕상 11:25-13). 아히야가 여로보암이 왕이 되는 전망을 보여주는 말속에 솔로몬이 시돈의 여신과 모압의 신 그모스와 암몬 자손의 신 밀곰을 숭배하여 야웨 하나님을 버린 배신행위를 했다는 설명이 나오는데 이런 아히야의 말은(왕상 11:31-39) 분명히 신명기 역사가의 보충 설명이다. 신명기 역사가가 판단한 중심점은 결국 솔로몬이 야웨를 버리고 우상을 허용하며 다만 후궁들인 외국 여자들만을 만족시켜준 것이 결정적인 범죄행위였고, 이로 인하여 솔로몬은 후대에서 분열의 비극을 볼 것이라는 점이 주장된 것이다.

솔로몬이 죽은 뒤에 북왕국의 왕이 된 여로보암왕(922~901 B.C.)을 지지했던 선지자 아히야는 후에 여로보암이 이스라엘의 성소를 실로에 자리 잡지 않고 단과 벧엘을 성소로 삼게 되자 아히야는 여로보암을 반대하게 되었다. 그 이유는 아마도 지방적인 시기심 때문이었다고 본다.

바아사왕과 선지자 예후

북왕국 이스라엘의 여로보암 왕조는 그의 아들 나답왕이 바아사에게 암살당하자 바아사(900~877 B.C.) 왕조가 이스라엘을 지배하였다. 하나니의 아들 예후는 바아사왕과 말씨름한 것이 안 나타나 있지만 바아사 왕조의 멸망을 예언하였다(왕상 16:1-4). 역대기하 19장 2절에 의하면 같은 선견자 예후가 남왕국의 여호사밧왕(873~849 B.C.)이 길르앗 라못을 공격하는데 북왕국의 아합왕과 짝하는 것을 공박한 기록이 나온다. 이 공박은 북왕국 바아사를 정죄한 지 적어도 28년 후의 일로 본다. 이와 같이 동일한 선견자가 북쪽의 이스라엘 왕이나 남쪽의 유다왕을 정죄해야만 했었는데, 그러나 그의 정죄는 여호사밧의 대외정책을 반대하는 데에 국한되었고 그의 우상 타파 정책에는 찬동하여 호감을 보여주었다.

역대기하 16장 10~11절에 보면 하나니라고 불린 선견자가 남왕국의 아사왕을 정죄한 기사가 있는데 그 이유는 아사왕이 하나님을 의지하지 않고 아람(시리아) 나라와 동맹을 맺어 형제국인 이스라엘의 바아사왕과 대결했기 때문이다. 이런 잘못된 전략 때문에 하나니가 아사왕을 공격하다가 한때 투옥된 적도 있었다(대하 16:10). 여기에 등장한 선견자 하나니도 예후의 아버지가 아니면 예후 자신일 것이라고 본다. 선지자 예후의 생각에는 하나님을 의지하지 않고 외국의 세력에만 의존하려는 정책이 나라가 멸망하는 원인이 된다는 확신이 있었다.

이상에서 다윗, 솔로몬, 바아사 등 왕 주변에 있어 직접, 간접으로 왕의 정책 결정에 영향을 주었던 이스라엘 초기 왕실 예언자들인 선견자들은 일반적인 종교적 교사나 도덕 교사가 아니었고 주로 국가 정책 결정에 야웨종교의 전통을 왕들이 어떻게 잘 지키느냐에 집중적인 관심을 가졌었다. 물론 다윗의 경우처럼 도덕이 국가 초석을 만드는 데에 중요한 관심이었지만 예언자들의 보다 큰 관심은 야웨 하나님의 지도하의 국가였고, 잘 사는 나라의 장래에 있었다. 이들 선견자가 말한 내용이 구체적으로 기록되어 있지 않지만, 하나님께 의지하지 않은 외국과의 동맹은 외국 종교 수용과 성소의 임의 변동 등이 열왕기와 역대기에 기록된 왕실 예언자들의 제1차적 비난과 공격과 정죄의 대상이었고 문제들이었다.

오므리, 예후 왕조 시대의 예언

아합왕과 엘리야의 종교개혁

기원적 876년에 북왕국 이스라엘 왕실에는 내분이 생겨 오므리라는 군인이 군사혁명을 일으켜 정권을 잡아 왕이 되었다. 그래서 오므리의 자손들이 왕이 되어 오므리 왕조를 이끌어 나갔다. 그러나 다시 예후라는 군인에 의해 다시 군사혁명이 일어남으로써 예후 왕조(842~746 B.C.)가 계속 통치하였다. 이 두 왕조의 통치 기간(876~746 B.C.)

에 북왕국의 대표적 예언자로는 엘리야와 엘리사가 있었고, 그밖에 미가야(왕상 22:7-9, 13-23), 시드기야(왕상 22:11-12, 24), 무명의 선지자들(왕상 20:13, 22, 35; 왕하 9:4), 궁전에 있는 집단 예언자(왕하 2:15, 4:38, 6:1)가 있었다고 한다. 물론 이들 예언자는 자기들의 예언을 기록으로 남긴 것이 없기 때문에 문서 이전 예언자들에게 속한다.

오므리는 다윗이 이룩했던 통일왕국 시대의 업적을 자기도 북왕국에서 성취해보려고 북이스라엘의 수도를 사마리아로 옮기고 해안지대에 있는 도시들은 무역 관계를 수립하는 데에 편리하도록 하였다. 그 결과로 그는 페니키아(오늘의 레바논)의 항구도시인 두로의 이도발왕과 동맹을 맺고 이도발의 딸 이세벨을 자기 아들인 아합과 결혼시키기로 서명하였다. 국제 외교관계 수립에 국제간 왕실 결혼까지 성립시켜 피차 덕을 보려는 속셈이었다. 오므리의 손녀, 즉 아합의 딸인 아달야를 남왕국 유다의 여호람왕(849~842 B.C.)과 왕실 간 결혼을 시킴으로써 반세기 간의 남북의 대립과 형제 국가 간의 간격이 좁혀지고 화해를 하게 되었다. 그런데 오므리가 두로의 왕녀를 며느리로 삼으면서까지 두로와 동맹을 맺은 것은 아람(시리아, 혹은 다메섹)의 세력을 견제하려는 의도에서였다.

열왕기상 16장 29-33절은 아합왕(869~850 B.C.)을 큰 변절자로 묘사하고 있다. 아합의 죄는 자기의 선왕들이 저지른 범죄를 훨씬 넘어선 큰 죄를 지은 왕으로 묘사되어 있다. 그 큰 범죄란 자기 아내인 이세벨의 강요에 못 이겨 사마리아에다가 두로의 신인 바알신을 수용해서 제단을 쌓도록 했으며 아세라 목상까지 만들어 우상숭배를 하도록 허가한 일이다. 그래서 아합은 "그 전의 모든 이스라엘 왕보다 심히 이스라엘 하나님 야웨의 노를 격발하였다"(왕상 16:33)는 것이다.

그런데 갈멜산 위에 있는 바알신의 사당은 본래 이스라엘의 성소가 아니고 가나안의 성소였기 때문에 이세벨이 세운 것은 아니었고, 또 실제로 아합왕도 야웨종교를 버리고 바알종교를 이에 대치하려고 하지 않았던 점으로 미루어 보아, 다만 왕실 간의 국제 결혼에 따라 이방 여인 이세벨이 시집올 때 바알신도 가져오니 그 바알을 위한 사당을 왕궁 안에다 세웠을 따름으로 본다. 아합왕이 의도한 모든 관심은 그의 페니키아 여인 이세벨에게 베푼 외교적 특권을 주려는 것에 지나지 않았다.

그러나 그런 외교적 예의로 바알신의 사당을 궁전 안에 허용한 아합왕의 정책이 왕실 예언자들에게 분노를 일으켰을 것이며, 결국 사마리아에서 바알 숭배를 시인하게 한 아합왕의 정책을 뒤엎으려고 했었다. 이스라엘 왕실의 예언자들이 바알 선지자들을 몰아내려는 폭력적 거사가 이세벨로 하여금 야웨 선지자들을 죽이게 한 도발적 사건이 되었고, 이로 인하여 후에 예언자 엘리야가 갈멜산에서 바알신의 선지자 400인을 죽이게 만든 복수로 번졌다(왕상 18:40). 이때 이세벨은 이스라엘의 야웨 예언자 전체를 추방하려고 하지는 않았고 다만 왕실 예언자들의 추방에만 국한했었다.

이런 이스라엘의 중대한 종교적 정신적 위기에 등장한 선지가가 엘리야이었다. 엘리야는 기원전 850년경의 예언자로서 문서 예언자인 아모스까지에서 가장 훌륭한 예언자였다. 엘리야가 아합왕의 우상 종교 허용 정책에 반대한 것은 야웨 하나님을 섬기는 예언자들 전체를 대표한 울분의 발로이었다. 아합왕이 야웨를 버리고 바알신에게 호감을 베푼 일은 아니었다 하더라도 엘리야의 판단으로는 아합의 죄는 실로 용서받을 수 없는 큰 죄이었다. 왜냐하면 아합왕이 야웨와 바알 두 신을 인정하였기 때문이다. 엘리야는 아합과 백성들이 두 신들 사이에서 머뭇머뭇하고 있는 것을 꾸짖었다(왕상 18:21). 바알신이 우상이기 때문에 견책과 정죄를 받아야 한다기보다도 바알종교가 야웨종교(여호와종교)를 분열시키고 타협을 시키기 때문에, 마땅히 바알종교는 타도되어야만 했었다. 이스라엘에는 유일한 야웨 하나님만이 숭배되어야 했기 때문에 야웨만이 주권을 위협하는 어떠한 우상숭배나 다신교적 종교의 용납은 결코 허용될 수 없다는 강력한 태도가 엘리야의 태도였다. 심지어는 무력과 폭력을 동원해서라도 바알 선지자들을 없애야 한다는 생각이 엘리야의 확신이었다.

엘리야에 관한 전승이 어느 정도 확실한 것인지는 단정하기 어렵지만 이세벨의 복수를 피하여 호렙산으로 도피했던 엘리야에게 하나님께서 준 사명이 세 가지가 있었다. 첫째로 다메섹에 가서 하사엘을 아람왕으로 세울 것과 둘째로 이스라엘에서 예후를 왕으로 세울 것과 셋째로 예언자의 후계자로 엘리사를 택할 것 등이었다(왕상 19:15-18). 그런데 이 세 가지 지시 중에서 처음 두 가지는 엘리사에게 넘겨져(왕하 8:7-15, 9:1-10) 있기 때문에 열왕기상 19장 15~18절 기사는 수수께끼로 남는다. 엘리야가 선포한 정치적 발언, 다만 아합왕의 집이 망할 것이란 것뿐이었다. 아합왕에게 품은 엘리야의 적개심은 아합이 바알신 숭배를 사마리아에 도입한 외교 수단과 농민인 나봇이란 사람을 모략하여 죽인 인권유린 사건 때문이었다. 나봇이란 포도원 주인이 좋은 포도원을 가지고 있었는데 이세벨이 이를 보고 왕궁의 별장으로 삼았으면 하고 생각해서 아합왕에게 포도원을 뺏으라고 부추겼다. 아합왕은 백성의 재산을 강탈할 생각은 못 했지만 이세벨이 나서서 사람들을 매수하여 나봇이 야웨 하나님을 모독한 사람이란 죄명을 씌워 죽이게 하고 그의 포도원을 빼앗아 버렸다. 이런 민간인의 재산을 왕권이 강탈한 사건에 대해서(왕상 21:1-16) 예언자 엘리야가 하나님의 지시를 받고 아합왕에게 면회를 청하였다. 아합이 나봇을 억울하게 죽이고 포도원을 빼앗았으니 아합의 집이 망할 것이라고 정죄하였다 (왕상 21:17-26).

이러한 왕권에 의한 인권의 유린과 학살이 이세벨의 생각에서 나온 것임을 보면 이방 여인 이세벨이 섬긴 바알신 종교의 그런 부도덕하고 잔인한 면을 볼 수 있다. 윤리적인 종교인 야웨종교에서는 그런 살인과 강탈이 용납될 수 없었다. 그래서 예언자 엘리야의 대담한 항거운동, 인권옹호를 위한 저항운동이 나단이 다윗에게 저항하고 항의했던 것처럼 일어났다. 그러나 이런 민권 옹호를 위한 저항이나 항거는 왕에게 직접 직언하고 항의를 해서 사과를 받는 것에 그쳤다. 엘리야는 아합의 집을 넘어뜨리고 혁명을 일으키려고 하지 않았다. 다만 아합왕과 이세벨의 최후가 비참하게 심판을 받을 것이란 정죄로 끝나고 있다.

엘리야는 국제문제에 관해서는 어떤 분명한 관심을 갖지 않았다. 그의 유일한 관심은 이스라엘에서 야웨 하나님을 섬기는 종교의 순수성을 수호하는 데 있었기 때문에 이스라엘 왕들이 국제외교란 수단과 목적으로 남의 나라의 신들과 종교를 수입하여 국내에서 허용하는 일을 용납하지 않는 일이었다. 이스라엘의 영토 안에서는 야웨 숭배만을 허락하고 야웨종교의 중흥으로 민족정신의 통일을 기하는 일이 하나님께서 받은 지상 과업으로 생각되었다. 바알 우상숭배는 이스라엘 땅에서 추방되지 않으면 아니 되었다. 어떤 외교적 루트를 통해서도 이스라엘 영토 안에는 이방 종교 신이 밀수되거나 수입이 되어서는 아니 되었다.

엘리야는 그렇다고 해서 이스라엘 왕실의 어떤 계획을 밀고 나가려 하지는 않았다. 왜냐하면 엘리야는 왕실에 속한 예언자가 아니었기 때문이다. 그는 어디까지나 순수한 농촌 출신 예언자로서 자기 나라의 유일한 하나님인 야웨종교가 위협을 받는 긴급한 위기를 당해서 긴급 출동으로 일선에 나타나 싸웠던 것이다. 이러한 엘리야의 종교개혁운동은 이방 종교와의 대립과 이방 종교의 영향을 받기 쉬운 가나안 풍토에서 이스라엘의 모세 종교, 즉 야웨종교의 순수성과 주체성을 재확립하려는 예언운동이었다. 이런 엘리야의 종교개혁운동은 아모스 이후의 윤리적 예언운동의 선봉이 되었고 국제외교 루트를 통해 침투해 들어오는 이방 사상과 외래 사상에 대해서 철저한 정신 무장과 주체 의식을 재강조하였다.

미가야의 수난

예언 역사에서 가장 생생한 삽화의 하나가 엘리야와 동시대의 선지자인 이믈라의 아들 미가야의 이야기이다. 열왕기상 22장에 나오는 미가야의 이야기는 열왕기상 20장과 연결하여 읽어야 하는데 이 기록을 쓴 신명기 역사가의 의도는 아합왕에게 임한 하나님의 징벌이 어떠했는가를 보여주기 때문이다. 아합왕이 시리아와 전쟁을 하는 전쟁 기록에서 전쟁이라는 위기에서 **선지자의 무리**(왕상 20:35)가 한 짓을 분명히 묘사하고 있고 위대한 선지자 미가야를 선지자의 무리와 대조해서 언급하고 있다.

이스라엘의 아합왕이 북방의 시리아의 벤하닷왕에게 도전하여 처음에는 전쟁에 승리하였지만, 이 시리아와의 전쟁은 그동안 이스라엘에게 굴종하고 예속하고 있었던 모압 나라가 이스라엘에게 반기를 드는 기회를 허용하였다. 그런데 인근의 작은 나라들이 이스라엘과 유다의 예속에서 벗어나려 하는 동안 아시리아의 살마나셀 3세(859~823 B.C.)가 기원전 853년에 남침을 감행하여 시리아의 함맛과 다메섹을 공격하는 중대한 사건이 생겼다. 이때 아합은 시리아의 벤하닷과 정치적 군사적 약속을 맺고 시리아를 도와 함맛 지역에 있는 카칼(Qarqar)에서 아시리아 군대를 맞아 싸웠다. 이 카칼 전쟁의 기록은 성경에 나오지 않는다.

3년간 이스라엘과 시리아는 아시리아의 남침을 막기 위해서 서로 싸우지 않고 휴전상태에 있으면서 아시리아에 함께 대항했었는데 아시리아가 본국의 문제로 철수하자 이스라엘과 시리아 사이에는 다시 길르앗 라못이라는 국경 도시를 서로 자기 것이라고 주장하는 국경분쟁이 재연되었다. 트랜스요르단 지역에 있는 길르앗 라못이란 도시는 남북을 연결하는 군사상 무역상 거점이었기 때문에 아합은 이를 꼭 소유하려고 했었다. 이때 이스라엘의 아합왕과 유다의 여호사밧왕(873~849 B.C.)은 형제국 간의 우호와 군사원조를 서로 약속하였는데 시리아와의 국경분쟁에서 남왕국 유다는 북왕국 이스라엘과 한편이 될 수밖에 없었다. 여호사밧은 아합이 하자는 대로 따라갈 정도로 저자세를 취하고 있었다.

남왕국 여호사밧왕은 약삭빠르게 시리아와의 전쟁을 결단하기 전에 북왕국 아합왕에게 제의하기를 하나님에게 우선 이번 전쟁의 승패를 물어보자고 하였다. 아합왕은 400명의 선지자를 소집하였다. 이스라엘왕과 유다왕이 앉은 왕좌 앞에 400명의 선지자가 모여 앉았다.

열왕기상 22장 10~12절의 기사는 이들 열광적 선지자들의 예언 모습을 보여주고 있는데 그들 중의 대표격이 되는 그나아나의 아들 시드기야라는 선지자가 **철로 뿔들을** 만들어 상징적인 행동을 하면서 야웨의 말씀이 하바왕이 시리아를 찔러 이긴다고 예언하였다. 그러자 나머지 모든 선지자도 일제히 말하기를 길르앗 라못을 뺏어 승리할 것이라는 길(吉)한 예언을 하였다.

여호사밧왕이 정말 선지자들 전원이 다 그런 길한 예언을 할까 의심하던 차에 미가야란 선지자가 나타나 반대의 의견을 말하였다. 길르앗 라못으로 올라가면 아합왕은 죽을 것이라는 불길한 예언을 하였다. 마치 목자 없는 양같이 지도자 없는 이스라엘 군대들이 산으로 흩어질 것이며 아합왕이 죽을 것이라고 미가야가 담대히 진언하자 아합왕과 대표 선지자 시드기야가 미가야를 그냥 둘 리가 없었다. 미가야가 보기에는 400명의 선지자가 거짓말을 하는 거짓 선지자로 보였다 (왕상 22:22-23). 미가야는 거짓 선지자 시드기야로부터 **뺨을 맞고** 아합왕에 의하여 투옥되었다. **고생의 떡과 고생의 물**로 옥살이를 당하는 억울한 처지가 되었어도 자기가 판단한 하나님의 바른말을 백성들에게 전하는 것을 굽히지 아니했다.

미가야는 자기의 소신을 굽히지 아니하는 타협할 줄 모르는 정치적 극단주의자였다. 400명의 거짓 선지자는 왕에게 예속하여 아부하는 지당(至當) 선지자들이어서 아합왕의 정치적, 군사적 계획에 무조건 찬성하고 좋게만 일러바치는 여당 선지자들이었다. 이런 절대다수의 어용적 지당 선지자들과 대결하고 그들의 감언이설을 물리치고 홀로 대담하고 용감하게 왕 앞에 나아가서 자기의 국제정세 판단에 의하여 아합왕의 독단적 시행착오를 막고 국가 전체를 살리려고 야성

(野聲)을 진언하였다. 그 야당적인 야성은 하나님의 참된 뜻이 어디 있는가를 바르게 알고 하나님의 음성에 귀를 기울인 데에서 나온 것이다. 여당적인 직업적 선지자들과는 달리 미가야의 예언은 정부와 여당의 대다수 결정이 반드시 국가 장래에 발전을 가져온다는 일방통행의 민족주의를 용납하지 않았다. 지당 인사(예스맨)로만 둘러싸인 정부의 장래가 곧 위기에 빠질 것이며, 그런 사람들만의 의견에 사로잡힌 정부가 곧 온 국민을 다시 혼란의 위기로 몰고 갈 것을 미리 짐작한 선지자가 미가야였다. 아합왕은 결국 시리아와 전쟁을 도발하려고 길르앗 라못에 올라가 싸우다가 죽었다. 미가야의 예언이 적중되었던 것이다. 후에 예언자 아모스가 **선지자의 아들**이 아니라고 한 이유도 미가야 때의 거짓 선지자들의 부류에 속하지 않고 미가야 같은 참된 선지자의 전통을 계승 받는 데에 민감했기 때문이다.

엘리사

아합왕이 죽은(850 B.C.) 후에 얼마 안 가서 선지자 엘리야는 그의 역사적 과업과 종교적 권위를 선지자 엘리사에게 이양하였다. 엘리사는 국제문제에 직접 많이 개입했던 예언자이었다. 열왕기하 2~9장과 13장 14~21절에는 엘리사에 관한 이야기가 나오는데 엘리야의 예언 이야기와도 다르고 엘리야적인 예언형식과도 다른 기적(奇蹟) 이야기로 가득 찬 전설들이 실려 있다. 이 기적 이야기들은 기이(奇異)한 이야기들이겠지만 엘리사가 **하나님의 말씀을 가진**(왕하 3:12) 선지자로 확신하고 있다. 예언자들이 기적을 행하거나 열광상태에서 예언하는 현상은 이스라엘 예언에 있어서 기원전 9세기의 초기 예언운동에서 나타났던 예언 질서이었다. 그러나 기원전 8세기부터 나타난 문서예언자인 아모스 이후의 예언에 있어서는 그런 열광주의나 기적 행사 같은 모습이 사라져감을 발견하게 된다.

엘리사에 관한 이야기 등의 정치적 사건들의 배경은 오므리 왕조가 끝나가는 여호람왕(849~842 B.C.) 시대인데 여호람왕 통치 기간에 모압 나라가 이스라엘에 반란을 일으켰다. 모압의 전승비에는 모압의 메사왕이 이스라엘과 싸워 승리했다는 기록이 있는데 이스라엘 측의 기록에 의하면 모압왕이 전쟁에 이기기 위해서 자기 아들을 모압의 신 그모스에게 희생 제사로 바쳤다고 되어 있다(왕하 3:4-27). 그래서 역사를 쓴 사람은 그 희생 제사로 이스라엘에게 큰 분노가 생겼다고 해석하고 있다. 이런 기록에서 드러나는 사실은 야웨 하나님이 모압의 신 그모스에게 졌다는 인상을 주는데, 이는 야웨 하나님이 이방세계까지 다 주관하고 전쟁에서 이기는 하나님이 아님을 보여준다. 그러면 결국 단일신교(單一神敎)적인 흔적이 여기에서 발견하게 된다. 즉, 이스라엘은 야웨신을, 모압은 그모스신을 선택한 단일신교적 신관이 허용되어 있었다면 야웨신이 이방 정복에까지 완전히 손을 뻗지 못했음을 보여준다. 모압왕이 아들을 희생 제사로 바친 이야기는 모압과 이스라엘 전쟁에서 쌍방이 다 전쟁포로들을 제물로 죽인 것을 의미한다고도 한다.

이스라엘의 여호람왕과 유다의 여호사밧왕은 연합군을 편성하여 849 B.C.에 모압을 다시 정복하려고 에돔왕의 군대를 포함시켜서 사해를 따라 남방으로 내려가 시리아를 공격하려고 하였다. 에돔은 당시에 유다에 예속되어 있었다고 본다. 3개국의 연합군이 사해를 보면서도 가축을 먹일 물이 떨어져 곤경에 빠져 있을 때 여호사밧이 진중에서 하나님의 사람을 찾았다. 예언자를 찾아 물이 마른 위기를 극복하려고 예언자를 찾았다. 여기에 엘리사가 나타났다. 엘리사를 왕들이 불러 전쟁의 승패를 하나님에게 물어보게 하였다. 엘리사가 왜 이 연합군에 종군했는가 하는 문제는 전쟁터에 왕과 함께 따라다니는 메소포타미아 왕들의 종군 제사장들과 마찬가지로 일종의 종군 군목과 비슷한 임무를 띠고 따라간 것이 아닌가 하고 추측된다.

그런데 엘리사는 여호람왕을 못마땅하게 생각했었는데 엘리사가 자의로 종군했는지 포로가 되어 끌려갔는지는 몰라도 남왕국의 여호사밧왕이 엘리사에게 예언을 청탁했기 때문에 엘리사가 예언에 응했던 것이다. 엘리사가 여호사밧왕에게 호기심과 우호의 마음을 품었던 이유는 그래도 여호사밧왕이 유다에서 남색(男色)하는 자들을 쫓아내고 야웨종교를 바르게 회복해보려고 노력했던(왕상 22:46) 왕이었을 뿐만 아니라 자기의 왕권보다도 야웨에게 충성하려는 진실성이 보였기 때문이다. 그래서 엘리사는 골짜기에 개천을 파도록 하여 물을 나게 하는 이적을 하나님이 하시는 일로 보여주었고 모압이 연합군에게 패할 것이라고 예언하였다. 이렇게 해서 모압왕은 포위당하였고 도망치지 못하다가 마침내 자기 아들을 희생 제사로 삼아 죽이는 것을 연합군에게 보여주며 모압에서 물러나도록 시도하여 보았다(왕하 3:27).

여호람왕은 시리아(아람)와도 계속 전쟁 상태에 있었다. 시리아가 이스라엘에 도전하려고 계획을 꾸몄을 때 이런 정보를 미리 입수하여 이스라엘 왕에게 알려 주어 위기를 모면케 하였다. 시리아왕은 엘리사란 선지자의 짓임을 알고 엘리사를 잡으라고 명령하였다. 사마리아 북방의 요새지인 도단에 엘리사가 있는 것을 시리아군이 발견하자 그를 체포하려고 하였다. 야웨 하나님이 시리아군 수색대의 눈을 못 보게 하자 엘리사는 그들을 사마리아로 맹인 인도하듯 유인해 왔다. 이스라엘 진지로 유인된 시리아 수색대는 눈을 뜬 다음에 이스라엘군에게 포로가 되었다. 엘리사의 호의로 포로들은 대접을 받고 송환되었다(왕하 6:8-23). 이렇게 시리아의 수색대를 송환시킨 엘리사의 의도는 시리아왕으로 하여금 이스라엘의 하나님이 성전(聖戰)에서 어떻게 권능을 발휘하는가를 보여주기 위함이었고 심리전에서 이득을 얻으려는 심산이었다. 이렇게 선지자 엘리사는 종군해서도 적의 정보를 남보다 더 빨리 포착하여 아군을 유리하게 이끄는 데에도 공헌하였다. 그리고 시리아 왕의 신하 장군 나아만이 이스라엘의 하나님만이 참된 하나님임을 확신하고 엘리사를 만나려고 이스라엘 영토에까지 들어온 적이 있었다(왕하 5장).

그 후에 시리아 왕 벤하닷이 군대를 몰고 와서 사마리아를 포위하였다. 북왕국의 서울인 사마리아가 적군의 포위 때문에 성내에는 식량 기근이 생겨 여호람왕은 항복하느냐 버티어 나가느냐 하는 기로에 서서 선지자 엘리사만을 원망하고 있었다. 여호람은 이 재앙이 야웨에게서 나왔으니 어찌 야웨를 기다리겠느냐(왕하 6:33) 하며 하나님을 원망하였다. 엘리사는 다음날에 사마리아 성문에서 고운 가루와 보리가 고가로 판매될 것이지만 먹지는 못할 것이라고 왕을 달래었다. 그런데 갑자기 시리아군대가 사마리아 포위를 포기하고 다메섹으로 도망쳐버렸다. "이는 하나님께서 시리아 군대로 병거 소리와 말소리와 큰 군대의 소리를 듣게 하였으므로 시리아 사람이 서로 말하기를 이스라엘 왕이 우리를 치려 하여 헷 사람의 왕들과 이집트왕들에게 값을 주고 저희로 우리에게 오게 하였다"(왕하 7:6). 이런 이유 때문이라고 설명이 되어 있다.

이런 갑작스러운 시리아(아람)군의 후퇴는 하나님이 하신 일로 기록되어 있지만 사실 당시의 헷족은 시리아와 적대관계가 아니라 우호관계에 있었는데 시리아와 이스라엘 관계가 흔들리는 틈을 타서 다시 국제관계에 변동이 생긴 것이 아닌가 하고 추측을 해볼 수도 있다. 즉, 북쪽으로부터의 다메섹의 공격이라는 정보에 의하여 시리아군이 사마리아에서 철군한 것으로 짐작이 가나 그 철군의 이유를 증명할 만한 충분한 자료가 없다.

엘리사 이야기에서 가장 이상한 사건 중의 한 가지가 열왕기하 8장 7~15절에 나오는데 엘리사가 시리아의 수도인 다메섹에서 시리아왕 벤하닷의 신하인 하사엘과 회담한 일이다. 벤하닷왕이 심한 병이 들자 하사엘을 엘리사에게 보내어 병에서 회복되도록 특청을 하였다. 엘리사는 예언자적인 환상 속에서 예언하기를 왕의 병은 낫지마는 그는 곧 죽을 것이라고 하였다. 엘리사는 이 하사엘이 시리아의 다음 왕이 되고 이스라엘에 큰 군사적 재난을 가져올 것이라고 예언한 것이었다. 하사엘은 엘리사의 예언에서 어떤 암시를 받고 벤하닷왕에 나가서 왕이 병이 나을 것이라고 안심을 시키고, 다음날 벤하닷을 암살하고 자기가 왕이 되었다.

엘리사가 다메섹에 간 이유는 개인적인 이유 때문인지, 포로로 잡혀간 이스라엘인 포로들을 순방하면서 병을 고쳐주러 간 것인지, 혹은 이스라엘을 위한 군사정보를 얻기 위해서인지 분명히는 알 수 없으나 대개 그런 세 가지 면에서 다메섹에 들어간 이유를 짐작할 수 있다. 그리고 하사엘을 만났을 때 그의 표정은 쩔쩔매는 태도로 보아서 하사엘이 어떤 음모를 꾸밀 것임을 예견한 것 같다. 엘리사가 하사엘에게 벤하닷왕을 죽일 암시를 주었다는 증거가 없다. 엘리사는 다메섹에서 병든 벤하닷왕에 대한 왕실 내의 음모를 들었을 것이다. 그리고 하사엘은 엘리사의 예언에서 자기가 품은 속셈이 엘리야에 의해서 좌절되지 않았음을 보고 음모의 충동을 더 느꼈을 것으로 본다. 그러나 열왕기상 19장 15-16절에 보면 엘리야가 다메섹에 가서 하사엘에게 기름 부어 시리아 왕이 되게 하고, 님시의 아들 예후에게 기름 부어 이스라엘 왕이 되게 하고, 엘리사에게 기름 부어 엘리야를 대신하여 선지자가 되게 하라는 지시를 하나님께로부터 받은 것으로 기록이 되어 있다.

어쨌든 엘리사의 예언은 모든 국내, 국제 정치 문제에 직접 행동인으로서 개입하여 모압, 시리아 등 이방 국가들이 이스라엘과 유다에 대해서 도전과 전쟁을 일으킬 때 그런 정치적 위기를 왕들보다 미리 직감하거나 직접 정보 수집에 나서거나 하여 이스라엘과 유다의 국가 안전에 이바지하고 야웨 하나님의 지시에 충실한 정치가 되도록 노력하였다.

여호람왕에 대한 예후의 정치적 반란은 엘리사에 의해서 배후 조종이 되었다(왕하 9:1-13). 그런데 엘리사는 예후를 사전에 본 적이 있다는 기록도 없다. 선지자 엘리사가 제자 한 사람을 길르앗 라못에 주둔해 있는 이스라엘의 장군 중의 한 사람인 예후를 다음의 왕으로 삼도록 기름을 붓게 하였다. 엘리사가 오므리 왕조를 갈아치워야 되겠다고 생각한 동기는 진술되어 있지 않지만, 예후의 태도가 암시해주는 것은 두로의 여인인 이세벨의 음행과 요술로 인한 강폭한 바알신적인 잔인한 처사로, 평화가 있을 수 없다고(왕하 9:22) 판단했기 때문이었다.

남왕국에 비해서 북왕국 이스라엘에는 정치적 혁명이 여러 번 일어났다. 남왕국의 다윗 왕국은 야웨 하나님이 다윗의 왕계를 지속하도록 약속을 하였기 때문에 왕실에 변동이 없었다. 그러나 북왕국에 정치적 혁명이 자주 일어난 원인의 하나는 오래전부터 내려오던 옛 북부 지파 동맹을 중심으로 한 옛 민주주의적 이상이 남아 있어 하나님의 영이 왕조에는 들어가지 않고 개인 인물에게는 들어가기 때문에 결국 하나님의 영을 받았다는 개인이 혁명을 일으키는 충동을 받기 때문이었다. 그러나 예후의 혁명의 직접적 원인은 오므리 왕조 시대에 생긴 이교주의로 인한 물질관에 의해서 빈부의 차이가 격심해지고 왕권을 배경으로 한 귀족과 상인들의 경제적 독점과 약자에 대한 착취와 강압이 국민의 불만의 원인이었고, 한편 군대 내부에도 왕권 주변에 있는 특권자에 대한 불평과 군인들의 혹사에 대한 불만이 있었다. 이런 사회적 불평과 불만을 선지자 엘리사도 알고 있었기 때문에 정치적 혁명을 주도할 수밖에 없었다.

예후는 선지자 엘리야와 엘리사의 종교 개혁적 이상을 자기가 몸소 계승하여 실천한다고 하여 우선 시리아 왕족을 몰살하고 다음에 바알신을 섬기는 자들을 죽이고(왕하 10:1-27), 심지어는 유다 왕 아하시야의 형제들까지 죽이는 등 너무 과격한 피의 숙청을 단행하였다. 구 세력의 권력구조에 대한 숙청과 함께 새로운 권력구조의 확립이 예후에게 있어서 중요한 관심사였고, 바알신 종교지도자들의 숙청도 실은 새 정권의 확립을 위해서 국민의 지지를 얻기 위한 정치작업도 되었다.

예후가 국내의 문제로 과잉 숙청하는 동안에 인근 국가들, 즉 두로, 유다, 시리아, 모압 등과의 적절한 상호 견제와 협조를 얻는 일을 등한시하였다. 오므리 왕조는 이런 인근 나라와의 세력 균형을 잘 유지했지만, 예후에 이르러서는 팔레스타인에서 이스라엘이 주도권을 잡아야 되겠다고 생각하여 강대국가인 아시리아의 살마나셀 3세에게 완전히 저자세로 굴종하여 조공을 바치어 아시리아의 보호를 받으려고 하였다(841 B.C.). 예후가 이렇게 아시리아에게 굴욕적인 외교를 함으로써 이득을 보려는 심산은 아람(시리아)으로부터의 공격에 대비해서 아시리아와 손잡아 아람을 견제하려고 한 데 있었고 또한 자기의 정치적 야욕을 견지하기 위한 약체 정권의 강화를 위한 데 있었다.

외국 세력과 호교 관계를 맺다가 외국의 이방 종교까지 침범해 들어오는 것을 제일 경계했던 예언자들의 지도에 따라 국내에서 이교 종교를 없애는 데에 선봉을 섰지만 실은 이를 계기로 외국 세력의 도움을 굴욕적으로라도 빌려 정권을 강화하려 한 얕은 수작의 정치인이었다. 예후는 진심으로 야웨의 율법을 지키지 아니했다(왕하 10:31).

4 장
기원전 8세기의 예언과 정치

여로보암 2세의 시대와 배경

영토가 좁은 약소국가로서 이스라엘 남북의 왕국들이 당면하는 국제 정치에 있어서 실재적인 정치적 지배와 국가의 안전을 위해 부득이 취할 수밖에 없는 굴욕적인 저자세를 취하는 왕들과 이스라엘의 종교신앙의 독특성을 계승하고 야웨종교적 기본이념에 입각한 정치와 국제관계 수립을 요구한 예언자들 사이의 대립 긴장 관계는 기원전 9세기 초기 이스라엘 역사에서부터 내려왔다. 왕들과 예언자 사이의 이런 긴장은 기원전 8세기부터 시작하는 위대한 예언자들인 문서예언자들(아모스 이후)이 활동하던 시대에도 계속해 나아갔다. 초기 왕국 시대부터 있었던 정치적 책임과 종교적 의무 사이에 생기는, 정치인들인 왕들 자신들의 갈등이나 왕들과 예언자들과의 갈등에 관한 문제점이 문서예언자로서 최초의 예언자인 아모스 이후에 예언자들의 기록에 더 공개적으로 다루어져 있다.

기원전 9세기와 8세기 초에는 아시리아가 중부 시리아에까지 침투해 들어왔고(745 B.C.), 이후부터는 남부 시리아는 팔레스타인에까지 자주 침략해 내려왔고 8세기 후반부터는 이스라엘이 고대 중동 세계 국제관계의 소용돌이 속에 완전히 휘말려 들어갔다. 티글랏 필레셀 3세(745~727 B.C.), 살마나셀 5세(727~722 B.C.), 살곤 2세(722~705 B.C.) 등의 아시리아 왕들이 계속해서 이스라엘을 침공하여 마침내 북왕국 이스라엘이 722 B.C.에 멸망했고, 남왕국 유다는 아시리아에 예속되다시피 하였다. 이런 혼돈의 환경 속에서 예언자들은 국제정세에 대한 예리한 판단과 현실을 기초로 한 미래를 판단함에 있어서 어떤 경우에는 심판과 멸망을 예언해야만 했었고, 국가 멸망에 따른 민족의 재생을 위한 종말론적 소망을 보여주기도 하였다.

기원전 8세기 초의 북왕국 이스라엘은 예후 왕조의 여로보암 2세(786~746 B.C.)가 남왕국 유다는 웃시야왕(783~742 B.C.)이 다스렸는데 이 두 왕이 남북을 통치하던 때가 거의 동시대였고, 둘이 다 40년간 왕위에 있었다. 이스라엘의 남북왕국 역사에서 이때만큼 정치적 안정에 의한 경제적 성장을 본 적이 전후에 다시 없었다. 여로보암 2세의 통치에 관해서 신명기 역사가는 아주 단조한 공식적 기록으로 인색하게 다루고 있는데(왕하 14:23-29) 이는 신명기 역사가의 눈에 여로보암 2세의 경제 중흥정책이 결과적으로는 부익부, 빈익빈의 사회적 불균형과 공무원과 부자들과 권력층의 극심한 부정부패의 결과를 초래했기 때문에 훌륭한 왕으로 평가할 수 없다고 보았다.

여로보암 2세는 북쪽의 함맛과 시리아의 경계선까지 북부를 영토적으로 확장하고 남쪽 유다까지 침식한 적이 있었다(왕하 14:28). 그래서 민족주의의 중흥을 위해서 경제발전책을 강구하였다. 남왕국의 웃시야왕도 민족적 중흥을 위하여 근대화한 군대를 가지고 군비를 확장하여 요단강 동·서편을 정복하고 블레셋과 남쪽의 네게브까지 정복하여 영토를 확장하였다. 그러나 유다는 북왕국의 여로보암 2세가 죽자 형제 국가인 북왕국의 안전이 흔들리게 되어 그 영향을 받게 되었다.

아모스서와 호세아서는 여로보암 2세의 장기간 집권 기간에 일어난 국제관계와 사회현실을 언급하고 있는데, 아모스와 호세아의 예언을 알기 위해서는 여로보암 2세 당시의 사회상을 다소나마 알아둘 필요가 있다. 사회상 중에서도 특히 국제관계 면에서 본 경제 건설을 어떻게 했는가를 지적할 필요가 있다. 요단강 동편의 트랜스요르단 지역을 지배함으로써 시리아로부터의 무역 통상 도로를 확보하고 아라비아로부터 통상 상업 도로를 확보함으로써 북쪽 해안 도시국가인 페니키아 레바논의 시돈과 두로와 연결하는 통상 도로들을 주관하였다. 원래 이스라엘은 페니키아의 상업경제와 자본주의적 문화와 밀접한 접촉과 교류를 솔로몬 때부터 해 왔었는데 여로보암 2세가 통치하는 기간에 페니키아의 상업적 식민주의 정책과 행동이 지중해 연안 국가들에서 최고도에 달하였다.

여로보암 2세는 아시리아로부터의 위협이 남하하지 않은 시기의 잠정적인 정치적 안정을 이용하고, 페니키아의 상업 무역의 확장정책을 고도로 활용하고 페니키아를 통하는 사방의 국제무역 도로를 관장하여 물물교환에서 중간이득을 취하는 등 상당한 이득을 보았다. 경제적 성장과 번영은 권력 계급과 자본주들의 독점적 혜택을 가져왔고, 수도인 사마리아의 사회상은 경제적 부정이 극심하고 빈부의 계층이 심하게 드러나는 데까지 이르렀다. 도시에 시민의 사회적 구조는 탄압적 구조가 되었고 계단식 착취의 피라밋을 형성하였다. 제일 많은 이득과 착취를 하는 사람이 지배자인 왕실이고, 왕실을 둘러싸고 뇌물을 받는 사람들이며, 다음이 상인들로서 자기들의 이득을 위하여 상업 도덕을 어기고서라도 부당한 이득을 취하는 악덕 모리배요, 이에 따라 모든 이득에서 최저의 대우를 받고 희생을 강요당하는 사람들이 대중인 가난한 시민들이었다(암 2:6, 5:10-13, 8:4-6).

한마디로 말해서 부정부패가 만연하여 양심이 마비되고 사회정의가 완전히 매장되어버린 타락한 사회가 되었다. 사회의 양심인 종교계도 권력에 결탁되어 어용 종교가 되었고, 우상 종교 숭배가 횡행하였다. 이러한 사회적, 도덕적, 정치적, 정신적 위기를 보고 기울어져 가는 타락한 사회 실정을 보고 용기 있게 나서서 사회적, 도덕적 혁신을 부르짖고 나선 기원전 8세기 예언자들이 아모스와 호세아였다. 계속해서 이사야와 미가도 예언자로 등장하였다.

아모스가 본 정치와 사회

예루살렘 남방 수 마일 지점에 있는 농촌 드고아에서 양치고 뽕나무를 기르는 농사꾼이었던(암 7:14) 아모스는 남부 출신이었지만 북왕국에서 예언한 최초의 문서예언자이었다. 여로보암 2세와 웃시야왕이 각기 북왕국, 남왕국을 통치하는 기간에 예언 활동을 한 아모스의 예언 시기를 대체로 주전 750년으로 잡는다. 북왕국의 성소인 벧엘에 나타난 아모스는 "여로보암 2세가 칼에 죽겠고 이스라엘은 멸망할 것이다"라고 담대히 심판 예언을 하자 당황했던 벧엘의 제사장 아마샤가 왕에게 아모스가 반역과 혁명을 일으킬 위험인물이라고 보고하고 남왕국에 나가서 예언하라고 권고했다(암 7:10-13).

아마샤는 아모스를 용돈이나 얻어 쓰면서 좋은 예언이나 하는 직업적 예언자인 줄로 착각하였다. 그래서 유다로 가서 떡이나 먹고 예언하라고 권하였다. 그러나 아모스는 자기는 직업적 예언자(히브리어로 '나비'라 함)도 아니고 그런 예언자의 아들도 아니라고 말하고, 자기의 신분은 양치는 목자요 뽕나무를 배양하는 사람이라고 밝혔다. 아모스는 다만 하나의 농민이었고 평민이었지만, 농촌 출신의 순수성으로 인해 예루살렘이나 사마리아 같은 도시의 부패상을 보고 견딜수가 없어, 하나님의 강압적인 어떤 임무를 띠고 왕과 사회에 대한 경각심을 일으키기 위한 하나님의 말씀을 전달하는 **하나님의 말씀**(암 2:11)이었다.

아모스로부터 시작하는 기원전 8세기 예언자들의 예언 질서는 기원전 9세기의 예언자들의 예언 질서와는 달랐다. 정치문제에 있어서 기원전 9세기 예언자들은 어떤 경우에는 왕실 예언가로서 왕의 자문에 응했고, 때로는 왕을 선정하여 왕을 세우는 데에도 적극적인 관여를 했었지만, 아모스 때부터는 왕실의 내정에 간섭하거나 왕을 세우는 일에 관여하지 않았다. 아모스 이전의 선지자들은 열광적이고 감정적이고 행동적이었지만 아모스 이후부터는 이성적이고 사색적이고 윤리적이고 실존적이었다. 아모스 이전 선지자들은 왕 주변에서 친여당적인 위치에서 정치문제에 간섭하여 역사의 방향을 충언해주었지만, 아모스 이후부터의 예언운동은 야당적인 입장에서 민중의 소리를 대변하거나 민중과 대중의 권익과 복리를 위해서 발언하거나 집권자와 집권층의 부정에 대한 강력한 항의와 경고를 발하는 등 저항운동에 앞장서는 프로테스탄트들이었다.

더군다나 국제 정치문제와 국제정세 동태에 대해서는 야(野)에서 보는 각도에서 대세를 파악하여 왕들에게 권고하며 이스라엘이 취해야 할 바 위치와 자세와 국제관계 수립을 충고하였다. 가짜 예언자들과도 대결하여 그들의 친정부적인 아첨과 환심을 사려는 달콤한 발언에 속아 넘어가지 않도록 정면에서의 비판과 바른말의 건의와 심지어는 불미스러운 심판과 정죄의 예언까지 하는 참된 하나님의 대변자들이 아모스 이후의 문서예언자들이었다. 한편 자기들의 예언을 문서로 기록할 줄 알았고, 자기들까지 전해 내려온 모세전승의 문학적 전승인 야웨문서(J: 850 B.C.)와 엘로힘문서(E: 750 B.C.)를 계승해 받아 모세 종교의 기본 신앙인 야웨 신앙의 철저한 계승자요 옹호자였다.

아모스서를 읽으면서 우리는 당시의 정치적 배경이 어떠했는가를 기억해내야 한다. 앞서 언급한 바와 같이 여로보암 2세의 민족 중흥 정책에 의한 영토 확장과 경제성장이 아모스 시대에 이루어졌는데 이렇게 안정과 성장을 누릴 수 있었던 이유는 시리아가 약화되었고, 아시리아란 강대국이 잠시 국내 문제 때문에 제약을 받아 남침하지 않았기 때문이다. 그러나 아시리아에서 티글랏 필레셀 3세(745~727 B.C.)가 왕위를 뺏어 왕이 된 다음 다시 시리아와 팔레스타인 지역으로 침공하여 내려왔다. 이런 사건들이 호세아에도 잘 묘사되어 있다.

그러나 아모스가 활동하던 시대에 아시리아가 이스라엘을 위협한 일은 아모스에게 있어서 그리 대단한 관심사가 아니었다. 아모스가 심각하게 문제 삼은 것은 아시리아의 제국주의적 야망과 지배욕보다도 사마리아 사람(북왕국 이스라엘 사람)과 남왕국 유다 백성이 정치적 안정과 경제적 윤택에서 오는 지나친 자기만족과 과신 때문에 생겨난 위험이었다. 그리고 야웨 하나님이 국제간의 정치적 분쟁 속에서 활동하시고 이스라엘만 아니라 인근 다른 나라들의 범죄에 대해서도 동일하게 심판으로 응하시는 하나님이심을 보여주고 있다. 아모스는 이스라엘과 다른 중동 나라들과의 관계 묘사에 있어서 이스라엘의 야웨 하나님이 다른 나라에도 간섭하고 활동하는 분으로 보고 **열방 국가들에 대한 야웨의 심판**(암 1:3-2:3)을 먼저 언급하고 있다. 이 심판에 관한 언급은 예배 의식에서 선민 이스라엘을 위협하는 나라들에 대한 저주 형식을 아모스가 취하여 사용하고 있다. 그러나 아모스는 이스라엘 주위의 약소국가들인 시리아, 불레셋, 두로, 암몬, 모압들에 대한 야웨 하나님의 주권 확립과 저들 국가들의 전쟁 도발 행위와 교만에 대한 하나님의 심판을 선언하였지만, 그것으로만 그치지 않고 똑같은 심판이 선민이라고 자처하는 이스라엘에게도 임할 것이라고 예언하였다. 이스라엘에 대한 심판의 이유는 평화와 번영 속에서 저지른 사회악 때문이었다(암 2:6-8).

"내가 땅의 모든 족속 중에 너희만 알았나니"(3:2), 이 말에는 아모스가 모세로부터의 계약전승을 받고 계약신앙에 근거해서 이스라엘만 아니라 모든 나라까지 주관한다는 주권의 확대가 드러나 있다. 아모스가 이름을 들고 있는 시리아, 불레셋, 두로, 암몬, 모압 등 나라들에 대한 언급은 물론 아모스의 국제주의를 보여주는 것이다. 어디까지나 다윗 왕국 때 정복당했던 나라들이었음을 보아서 어디까지나 아모스의 관심은 전적으로 민족주의적인 것이었다. 그러나 아모스의 국제적 전망은 인근 나라들과 다른 나라에 대한 위협과 위기가 더 북쪽에서부터의 남침 때문에 심판을 받는 것으로 나타날 것이라고 전망하였다. "내가 너희를 다메섹 밖으로 사로잡혀가게 하리니"(5:27)란 말에는 이미 아모스가 다만 아시리아란 이름만 듣지 않았을 뿐이지 아시리아를 하나님이 도구로 사용하여 시리아와 팔레스타인이 심판을 당할 것을 내다본 것이다.

아모스가 아시리아를 얼마나 알고 있었겠는가 하는 문제는 아모스의 출현을 745 B.C.경으로 본다면 아시리아 왕 티글랏 필레셀 3세가 정권을 잡은 뒤 정치적 군사적 확장과 재흥을 하려는 움직임을 아모스가 알고 있었을 것이라고 보며 특별히 아시리아가 정복한 지역의 피정복민을 다른 지역과 나라로 이동을 시키는 일종의 강제 이민정책을 아모스가 알고 있었을 것이라고 본다. 그래서 아모스는 티글랏 필레셀 3세의 그런 강제 이민정책을 알고 있었기 때문에 다메섹 밖으로 "사로잡혀 갈 것이라"(exile, 포로)고 말했을 것이다. 피정복민족을 집단적으로 강제 이동을 시키는 목적은 지도자급들을 이송시킴으로써 정복지역을 더 잘 통치하고, 반역할 만한 사람들을 이동시킴으로써 영구한 식민지를 만드는 데에 있었다.

아모스는 물론 이스라엘의 포로민의 일부가 아시리아로 이송될 것이고 피정복된 백성 전체가 다 잡혀갈 것이라고는 보지 않았다(5:3). 그리고 왕이나 고관들이 잡혀감으로써 북왕국의 정권이 망할 것이고 수도 사마리아에 다른 민족이 투입될 것까지는 알아차리지 못한 것 같다. 그러니 직접 아모스의 예언에는 티글랏 필레셀 3세가 정권을 잡았다는 언급은 없지만 아시리아로부터의 새로운 남침과 위협이 임박한 것임을 직감했으리라고 보는 것은 분명하다.

아모스에게 있어서 보다 더 중요한 관심사는 국제 정치의 정치적 타산이 아니라 그의 신학적 견해로서는 이스라엘 자체 내부가 하나님의 뜻을 배반하고 부정부패한 사회가 되었기 때문에 하나님의 진노와 심판이 아시리아를 도구로 사용하여 이스라엘을 칠 것임을 내다본 것이다.

아모스의 주관에는 기본적으로 신학 정치적 전제가 있었다. 즉, 하나님을 배반한 이스라엘은 다른 나라에 의해서 심판을 받을 것이라는 전제인 것이다. 그래서 그는 사회개혁가로서 사회의 부정을 고발하고 돈 많은 상인이나 공무원들의 사회악(6:1-7)과 닳고 닳은 부인들과 법관들과 종교인들의 타락을 폭로하고 정의를 강의 물같이 흘려야 한다고 외쳐 사회정의의 회복을 강력히 주장하였다(5:23-24).

민족국가의 안정과 복리의 표준은 국제 세력 간의 힘의 균형에만 신경을 쓰고 비교만 하는 데 있는 것이 아니라, 도리어 그 국민 자체 내부의 사회적 경제 조건에 달려 있음을 보고 무력 강화로 인근 나라들을 정복시키는 것이 하나님의 뜻이 아니라 급선무는 이스라엘 내부의 도덕의식이 바로 서고 사회정의가 회복될 때 국력이 강화된다는 점을 확신한 것이다. 그래서 이스라엘 백성들의 종교개혁과 도덕 재무장은 사회정의 회복을 호소하는 근본 대책으로 "하나님을 찾으라, 그리하면 살리라"(5:14-15)라는 명제를 내세웠다. 아모스는 조직적인 신학자는 아니었으나 사회정의가 땅에 떨어지면 그 결과는 멸망한다는 자연법칙과 순수한 종교적 세계주의의 기본적 지식과 확신을 가지고 당시에 필요한 사회적 발언을 용감하게 하였다. 침묵으로써 일관하는 현실 도피주의자가 아니라 하나님의 말씀을 바르게 전달하는 용감한 사회적 발언을 함으로써 사회문제와 역사창조에 직접 참여하는 행동인이었다.

호세아의 정치관

아모스와 거의 동시대의 예언자로 북왕국에서 예언한 호세아는 여로보암 2세의 통치 말기와 그가 죽은 746 B.C. 이후에 계속 일어난 왕실 내의 정치적 싸움으로 인한 정치적 불안정시기에 예언 활동을 하였다. 호세아 1~3장에 있는 호세아 최초의 예언은 여로보암 2세가 죽던 해에 분명히 시작되었고 그 왕이 죽은 후 약 10년간 호세아의 활동이 계속된 것으로 본다.

열왕기하 15~17장에 여로보암 2세가 죽은(746 B.C.) 이후부터의 북왕국의 역사가 기록되어 있다. 40년간의 장기 태평세월이 여로보암 2세의 죽음으로 끝나고 나라는 정치적 혼란을 국내적으로, 국제적으로 당하게 되었다. 아시리아의 티글랏 필레셀 3세가 745 B.C.에 왕위에 오른 다음(왕하 15:19에는 아시리아왕 불[Pul]이라고 나옴) 과거 50년간의 아시리아의 무기력 상태에서 탈피하여 이집트에 이르기까지 군사적 세계정복의 야욕을 달성하기 위하여 곧 바벨론을 정복하고 나서 지중해 연안과 시리아, 팔레스타인에까지 진군하여 내려왔다. 그래서 새로 정복한 국가들의 지도자급을 포로로 잡아 오고 각 나라의 민족주의를 말살하여 식민지정책을 폈다.

이스라엘과 유다는 이런 아시리아로 인한 새로운 정치적 사건 속에 휩쓸리지 않을 수 없었다. 남왕국 유다는 북왕국보다 비교적 더 정치적 안정을 누릴 수 있었지만 북왕국 이스라엘은 아시리아의 새로운 침공 때문에도 정치적 혼란을 겪어야 했다. 하지만 여로보암 2세의 사망 후에 생긴 왕실 내의 정쟁 때문에도 불안과 혼돈으로 다시 들어갈 수밖에 없게 되었다. 예후 왕조의 마지막 왕인 스가랴가 왕위에 오른 지(745 B.C.) 6개월 만에 살룸에 의하여 암살당하고 살룸이 왕이 되었다. 살룸이 왕이 된 지(745 B.C.) 한달 만에 므나헴이 살룸을 몰아내고 왕이 되어 8년간(745~737 B.C.) 아시리아의 유화정책으로 겨우 연명하다가 죽었다. 므나헴의 아들 브가히야가 2년간 왕위에(738~737 B.C.) 있다가 신하 장군 베가의 반역으로 죽임을 당하였다. 베가는 왕위에 약 5년간 있은(737~732 B.C.) 뒤에 호세아(Hoshea, 예언자 호세아가 아님)의 칼에 맞아 죽었다. 북 이스라엘 왕국의 마지막 왕인 호세아는 9년간(732~724 B.C.) 왕위에 있다가 아시리아의 살만에셀에 의하여 잡혀 죽었다.

북왕국 역사에서 이 기간만큼 정권 쟁탈을 위한 음모와 암살과 갈등이 심한 적이 그 이전에 없었다. 예언자 호세아는 "저희가 다 화덕 같이 뜨거워져서 그 재판장들을 삼키며 그 왕들을 다 엎드러지게 하며"(호 7:7)라고 하여 왕실 내의 암투와 분쟁을 묘사하였다.

므나헴왕(745~738 B.C.)이 통치하는 동안에 이스라엘은 아시리아의 혜택을 입고 연명하였는데 티글랏 필레셀 3세가 이스라엘에 침략해 들어오자 므나헴왕은 부득이 갈릴리 지방을 양도해줄 수밖에 없었고 거기에다가 아시리아에게 상당한 공물을 바침으로써 왕권을 연장해 나갈 수 있었다(왕하 15:19). 므나헴왕의 항복 조건이 너무나 저자세이었기 때문에 부자계급들은 아시리아에게 바칠 공물 때문에 세금을 강제로 징수당했고 이것 때문에 국민의 불평과 불만을 사서 반역의 기운을 조성시켰다.

아모스가 이스라엘의 사회적, 도덕적 모순과 부정을 폭로하고 고발한 예언자이었다면 호세아는 이스라엘 국가의 정치적, 종교적 결점을 지적하고 공격한 예언자이었다. 호세아가 정치문제에 관심을 가지게 된 중요한 동기는 북왕국 이스라엘 왕실 내부에 자주 일어난 왕권 쟁탈을 위한 혁명과 골육상쟁으로 인한 피비린내 나는 정쟁(政爭)에 기인해서 자극을 받은 것이었다. 아모스는 경제적, 사회적 부정을 주로 언급했지만, 호세아는 개인적 야욕과 왕실 안의 당쟁과 지나친 애국적 정열 때문에 일어나는 비극적인 정권 교체가 몰고 오는 정치적 혼돈에 주의를 기울였다.

호세아는 북왕국 이스라엘의 말기에 일어났던 정치적 혼돈을 보고 심판이 임할 것을 외치는 데 주저하지 아니했다. 그의 예언 활동이 스가랴왕의 암살(745 B.C.) 직전부터 시작했다고 보는 것은 호세아가 자기 아들의 이름을 이스르엘이라고 짓고 예후 왕조의 심판의 징조로 삼은(호 1:4-5) 기사에서 분명해진다. 이스르엘은 아합왕의 두 번째 수도이었고 그 이스르엘 골짜기에서 예후가 오므리 왕조를 몰아내려고 여호람왕을 죽였던 것이다. 호세아는 예후의 혁명을 위한 음모가 비록 예언자 엘리사로 지지받았었지만, 그의 음모를 좋지 않게 보고 "그 날에 이스르엘 골짜기에서 이스라엘의 활을 꺾으리라"(호 1:5)고 정죄 심판하였다. 호세아의 생각에는 범죄의 장소가 심판받는 장소가 된다는 생각을 가지고 있었음이 틀림없다.

호세아는 스가랴왕부터 호세아(Hoshea)왕(732~724 B.C.) 때에 이르기까지 예언 활동을 했는데 이 기간에 왕들의 국제 정치에 대해서 호세아 나름의 견해를 가지고 있었다. 호세아 10장 3-8절에 있는 호세아의 예언에 보면 므나헴왕의 지나친 저자세의 굴욕적인 대(對)아시리아 정책이 가져오는 많은 조공물 공납이 아시리아를 더 고자세로 만들어 더 값진 조공을 요구하게 할 것이라고 예언한 예견이 있다. 13장 15-16절에 있는 호세아의 예언에는 북왕국의 주위 나라들로 인해서 멸망할 것이라고 언급되어 있다. 동풍이 불어온다는 것은 곧 동방의 강대국을 의미하는 것인데 므나헴왕의 조공이 아시리아에게 계속되지 않은 날에는 아시리아의 침략을 받을 것이라고 내다보았다.

사제들아, 이 말을 들어라. 예언자들아, 똑똑히 들어라. 왕족들아, 귀를 기

울려라. 법을 세워야 할 너희가 미스바에 놓은 덫이요, 다볼에 친 그물이요 (호 5:1).

이 말은 이스라엘의 종교인과 정치인들이 저지른 죄악상을 보고, 아시리아의 티글랏 필레셀 왕으로 인한 급작스러운 이스라엘 침략의 위협이 올 것을 예견한 말이다. 이스라엘의 마지막 왕인 호세아 왕이 아시리아의 티글랏 필레셀이 죽은 후에 727~726 B.C. 사이에 곧 친 이집트 정책을 써서 이집트의 도움을 얻으려 한 데 대해서 예언자 호세아는 이집트의 도움이 쓸데없다고 경고하였다(7:11-16).

즐겨 제물을 잡아 바치고 그 고기를 먹지만, 이 야훼는 그것이 하나도 달갑지 않다. 나 이제 이 백성의 죄를 잊지 않고 벌하리니, 하릴없이 에집트로 돌아 가리라(호 8:13).

이 호세아의 말 중에서 이집트로 다시 돌아가리라는 이집트는 9장 16절에도 나온다. 호세아는 예언 활동의 초기에 있어서 아시리아가 고대 중동 지역에서 세력을 잡기 전에는 이집트가 이스라엘에게는 두렵고 위협적인 대상이라고 생각하였다. 그러나 9장 1-5절은 혹시 아시리아의 공격을 받는 경우에 이집트로 피난갈 것을 미리 고려해서 한 말 같으나 이스라엘 백성들이 종교적 간음행위를 범하고, 정치적 암투와 음모를 꾸미고, 목적 없이 외국의 세력에 아부하는 굴욕의 자세를 취하기 때문에 하나님의 심판을 받아 백성들이 이집트로 다시 돌아갈 수밖에 없었다. 여기에서 이집트로 돌아간다는 말은 결국 유형론적으로 해석해서 아시리아에 포로로 잡혀갈 것을 의미한다고 해석한다. 이스라엘에 대한 심판의 위협으로서 이집트로 돌아간다는 것이 후에 포로로 잡혀갈 아시리아를 가리킨 것이라는 증거는 없다.

호세아는 자기 나라에 대한 심판만 예언한 것이 아니라 정치적 희망도 보여주었다. 남편인 호세아를 버리고 음행하는 여인이 된 아내 고멜을 최종적으로 용서하고 다시 아내로 데려오는 호세아의 사랑을 비유적으로 해석할 때 이것은 하나님의 사랑이 된다. 하나님이 종교적으로나 정치적으로나 지조와 신의를 잃어버린 간음한 여인과 같았던 자기 백성에 대해서 그 백성을 심판해야 했지만, 최종에 가서는 용서하고 다시 새 민족이 되게끔 약속하시는 하나님이심을 보여주었다.

> 그런 뒤에야 이스라엘 백성은 다시 저희 하느님인 야훼를 찾고, 저희 왕 다
> 윗도 찾아 오게 되리라. 먼 훗날 그 때가 되면, 이스라엘은 벅찬 마음으로
> 야훼께 돌아와 온갖 좋은 것을 다 받으리라(호 3:5).

> 너희를 에집트에서 이끌어 낸 것은 나 야훼 너희 하느님이었다. 내가 너희
> 를 처음 만났을 때처럼, 너희를 다시 천막에서 살게 하리라(호 12:10).

이런 호세아의 말은 비유적인 것으로서 음란에 대한 심판보다도 옛 광야 생활 때의 순수한 생활로의 복귀와 영광스러운 이스라엘의 생활 갱신을 뜻하는 것이다. 공의와 정의와 사랑과 자비와 신실을 회복하고 하나님께로 돌아오는(12:6) 일이 필수조건이 아닐 수 없었다. 그러므로 호세아에게는 외국과의 동맹이나 외국 세력에의 의존 같은 것은 '어리석은 비둘기같이 지혜가 없는'(7:11) 것으로밖에 생각되지 않았다.

국제 정치 문제에 대한 호세아와 아모스의 견해와 관심에는 큰 차이가 있는데, 가장 두드러진 차이점은 아모스에 비해 호세아가 이스라엘의 인근 국가인 수리아와 팔레스타인의 주변 나라들에 대해서 전혀 관심을 갖지 않았다는 것이다. 호세아는 아모스와 함께 이방 종교의 우상을 숭배하는 일을 배격하는 데 동일했지만 호세아는 자기의 부부관계나 아이들의 상징적 이름으로 이를 표현하였다. 하나님과 이스라엘 백성과의 관계를 부부관계로 강하게 표현한 호세아는 양자 사이의 충성스러운 관계 수립을 강조했는데, 그렇다고 해서 이스라엘만이 야웨의 백성이니 다른 민족들은 가치가 없어 무시해도 좋다고 본 것은 아니다. 다만 여로보암 2세가 죽은 다음 갑자기 나타난 국내 정치적 혼돈에 직면했기 때문에 호세아는 외국 문제보다 국내 내부 문제에 결정적으로 더 관심을 가질 수밖에 없었다.

이스라엘의 죄에 대한 심판 예언은 아모스와 거의 동일할 정도로 가혹한 심판 예언을 했지만, 아모스의 경우와 다른 점은 호세아는 심판 다음에 이스라엘이 하나님께 돌아와서 다시 사랑과 충성을 할 때만 이스라엘에 희망이 있다고 본 것이다. 호세아도 극단적이면서도 배타적이 아닌 방법으로 이스라엘의 전승들을 해석했는데 예후왕의 야웨종교의 부흥이란 명목하에 일으킨 혁명을 가혹하게 비난, 정죄하였다. 사회적, 도덕적 의무를 다함이 없이 권력 행사와 경제 부강의 정책만 쓰는 나라들이, 이스라엘만 아니라 다른 나라라도 마찬가지이지만 이스라엘은 그렇지 않아야 할 터인데 다른 나라와 같이 마찬가지 권력 장악과 부정 치부를 행한다면, 하나님의 심판을 면치 못할 것이라고 호세아는 보았다(6:5).

아모스와 호세아가 국제 문제에 대한 견해를 피력하는 데 있어서 공통된 관점은 종교적이란 것이다. 역사를 다스리고 특별한 민족을 세운 야웨 하나님을 믿는 특별한 신앙을 전제하고서 두 예언자는 국제간의 힘의 균형과 교류 문제를 이해하려고 했었다. 둘 다 아시리아를 이스라엘을 심판하기 위한 야웨의 도구라고 생각했었고, 특별히 호세아는 임시적이고 잠정적인 경솔한 굴욕외교에 민감한 반응을 보였다. 아모스는 하나님의 심판의 대상이 된 외국 정세까지 전망하는 국제적 전망까지 가졌지만, 호세아는 국내의 정치적 범죄와 굴욕적 저자세의 국제 원조 관계 수립이 다 진정한 야웨 신앙을 떠난 하나님께 대한 계약관계의 위배로 보고 하나님의 진노와 징벌을 면치 못할 것이라고 보았다.

이런 심판의 극한상황 속에서도, 심지어는 아시리아로 잡혀갈 포로의 처지 속에서도 이스라엘의 정치적 갱신과 재출발의 소망이 이스라엘이 하나님께로 돌아올 때 가능하다는 그런 소망과 희망의 전망을 보여준 호세아의 미래관은 아모스보다 한발 앞선 전망과 기대가 아닐 수 없다.

이런 점에서 아모스는 냉철한 논리가요 법을 선언함으로써 정의의 승리와 부정의 심판을 외친 법의 선언자라고 하면, 호세아는 사회적 죄악과 국가적 범죄에 대해서 통렬한 비난과 심판을 예언했지만, 법적 판정으로만 문제를 해결하는 것이 아니라 사람으로서 용서하고 자비로써 법을 극복하는 사랑의 승리를 보여주었다. 아모스의 심판 의식과 사회 정의감은 호세아의 사랑 의식으로 보완이 되고 보충이 되었다.

이사야와 국제 정치

이사야의 역사적 배경

고대 중동의 국제 문제에 관한 예언자 이사야의 견해는 그의 긴 생애를 통해서 풍부히 드러났다. 왜냐하면 그가 예언 활동을 하는 기간에 아시리아제국의 세계 정복의 야욕과 침략은 티글랏 필레셀 3세(745~727 B.C.), 샤마나니셀 5세(727~722 B.C.), 살곤 2세(722~705 B.C.), 산헤립(705~681 B.C.) 등 역대 아시리아 왕들에 의해서 최고조에 이르렀기 때문이다. 이사야가 세계 정세를 보는 눈도 아모스와 비슷하나 이사야의 국제주의는 야웨 하나님이 아시리아를 포함한 모든 국제 세력까지 심판하고 다스리는 분이라고 강조한 점에서 아모스보다 더 분명했다.

북왕국 이스라엘의 어떤 정치적 탄압과 강압과 음모의 과시도 결코 예언자들의 순수한 발언과 고발로 정면으로부터의 공격과 충언을 막을 수 없었다. 아모스는 비록 남왕국 출신이었지만 북왕국에서 예언했으며, 호세아도 북왕국의 종교적, 정치적 위기를 묵과할 수 없어 예언자로 등장한 것이다. 남왕국 유다는 지리적으로는 북왕국 같이 북쪽으로부터의 침략의 위협과 바람을 덜 받는 위치에 있어서 그런대로 정치적 불안과 혼돈이 북왕국보다 덜 했었지만, 예언자들의 활동은 남왕국에서도 계승되었다. 사회적 모순과 종교적 부정행위와 왕과 정치인들의 권력의 횡포와 약자들의 피압박 현상은 남왕국 유다에서도 있었기 때문이다.

예루살렘 출신 예언자인 이사야에 관해서 설명하려면 그의 역사적인 배경에서 그가 예언자로 소명을 받던 남왕국 웃시야왕(783~742 B.C.) 때의 정치적, 사회적 배경을 이해할 필요가 있다. 웃시야왕은 북왕국의 여로보암 2세와 거의 동시대의 장기간 통치자였는데 정치적 안정이 북왕국에 비해서 비교적 좋았기 때문에 태평세월을 누릴 수 있었다. 남왕국의 정치적 안정은 경제적 안정도 가져왔다. 북왕국의 경제적 부의 균형은 피라밋 식으로 권력자, 부자, 가난한 약자 순으로 기울어져 있었지만 남왕국에서는 예루살렘을 중심으로 한 다윗 왕국의 기반을 근거로 하여 옛 지파들 중심의 경제질서가 점차로 발전하는 도시경제 체제로 점진적인 부의 균등을 유지하는 방향으로 발전하여 나갔다. 지주가 약한 농민의 땅을 빼앗아 토지 독점을 한 일이라든지(사 5:8-10, 미 2:1-2), 부자가 약하고 가난한 자를 불공평하게 판결한다든지(사 10:1-2, 미 3:1-4), 헛된 제물만 하나님께 바치는 종교적 불경죄 같은 것이(사 1:10-17) 남왕국에도 물론 있었지만 사회질서가 그래도 비교적 안정돼 있었다. 이런 안정감은 하나님이 다윗의 가계를 특별히 보호하고 있다는 신학적 확신에서 비롯된 것이다.

웃시야왕 통치 기간에 유다는 경제적, 군사적 발전의 최고봉에 도달했다. 열왕기하 15장 1-7절과 역대기하 26장에 웃시야왕 행적이 나오는데, 군대 장비의 현대화, 불레셋을 평정함으로써 남북을 연결하는 국제 통상 도로의 장악, 아라비아까지의 무역 확장, 엘랏(Eilath) 항구까지의 무역 도로의 개척, 농업 발전 등 대과업을 성취하였다는 것이다. 그러나 단 한 가지 웃시야왕의 통치에 지장을 초래한 일은 다름 아닌 웃시야왕 자신에게 문둥병이 740 B.C. 경에 일어나 부득이 아들 요담을 섭정으로 내세우고 딴 집에서 은거할 수밖에 없는 일이 생긴 것이었다. 북왕국의 여로보암이 죽은 후에 이스라엘 왕국이 기울어졌지만 유다 왕국은 다윗과 솔로몬의 시대 다음의 강대한 세력과 영향을 누릴 수 있었다. 다만 유다의 장래를 가리는 유일한 어두운 구름은 아시리아의 제국주의였다.

아시리아의 위협은 물론 새로운 것이 아니었다. 기원전 13세기 이후부터 고대 중동 세계의 국제 정치의 관심사는 아시리아가 고개를 들어 서서히 나일강까지 이르는 광대한 지역까지 지배하게 된 맹주 아시리아에 집중되어 있었다. 그러나 웃시야왕의 통치 기간에 직접적인 침략을 유다가 받지 않았지만 742 B.C.에 웃시야왕이 죽는 해에 아시리아의 티글랏 필레셀 3세는 시리아의 한 지역의 중심지인 아파드(Arpad)를 포위 점령하였다. 남왕국의 정치적 안정이 아직 더 약속되어 있었지만 웃시야왕이 죽게 됨으로써 유다는 국내, 국제 문제 해결에서 새로운 정치적 위기에 직면하게 되었다. 이런 새로운 역사적 위기를 맨 먼저 의식하고 예언자로 부르심을 받은 사람이 이사야이다.

이사야의 소명

이사야는 예루살렘 도시 출신 예언자로서 웃시야왕이 죽던 해(742 B.C.)와 북왕국에서 베가왕이 아시리아에 반역한 해(742 B.C.)에 예언자로 소명을 받았다. 시리아와 팔레스타인의 통치와 지배권이 아시리아제국의 침략적 제국주의의 손에 넘어가려는 중대한 국제정세의 대변동과 위기를 이사야는 누구보다도 먼저 직감하고, 이 위기의 타개와 극복을 위한 해결의 실마리를 얻기 위해서 그는 거룩한 예루살렘성전으로 발을 옮겼다. 사실 이사야가 예언하던 40여 년간 고대 중동 세계의 정치적 판도가 바뀌어 지도가 바뀌게 되었다.

이런 국제 세력의 판도가 바뀌고 그 위협이 유다에도 내려올 것을 예견한 이사야는 그런 국가적 위기와 자기의 앞날의 사명과 방향을 어떻게 연결시켜야 할까를 고민하던 나머지 성전에 들어가서 거룩한 하나님, 세계를 다스리는 왕으로서의 야웨 하나님께 물어보는 하나님과의 대화의 시간을 미리 가졌다. 웃시야왕이 죽던 해에 성전에 들어갔다고 하면서 시작하는 이사야의 소명 기사(사 6:1-8)는 구약 예언서 중에서 예언자의 소명에 관한 가장 장엄하고 엄숙한 기록이다. 이사야 6장에 아시리아나 다른 강대 국가의 이름이 전연 언급되어 있지 않지만 "거룩하시다, 거룩하시다, 거룩하시다. 만군의 야웨 그의 영광이 온 땅에 가득하시다"(사 6:3)란 말에 비추어 전 세계가 하나님께 속해 있다는 세계에 대한 그의 관심을 짐작할 수 있다. 이사야 6~8장의 여러 자료와 7~8장에 있는 735~733 B.C.에 일어난 국제적 위기에 관한 보고와 예언이 이사야의 소명 기사 바로 다음에 나오는 것을 보면 하나님에 대한 이사야 자신의 생각과 국제 정치 동향에 대한 전망이 아주 잘 짜임새 있게 나타나 있음을 인정할 수 있다.

그러므로 이사야가 예언자로 소명을 받은 직접적인 동기는 그의 예민한 역사의식에서 시작했고, 국제정세 전반에서 유다가 부닥칠 새로운 정치적 위기의식을 남보다 더 빨리 인식했기 때문이라고 보아도 과언이 아닐 것이다. 이사야는 먼저 성전에서 하나님과 대화하는 가운데 거룩한 하나님에 대한 분명한 하나님 인식을 체험하고 나서 다시 자기의 입술이 부정하다고 하여 자기 자신의 모순과 제약성과 부족을 인식하였다. 그래서 이 하나님 발견을 곧 자기 발견단계로 연결되어 자기의 죄악이 용서를 받는 사죄의 체험에까지 이르렀다. 미래의 지도자가 될 사람은 자기 자신의 개혁과 갱신부터 해놓고 "내가 누구를 보내랴" 할 때 "내가 여기 있나이다. 나를 보내소서"라고 응답하여 자기가 나가서 짊어져야 할 사명을 의식하였다. 이런 최종적인 예언자 사명 의식이 자기 단독의 결단이 아니라 하나님이 명령하는 것으로 받아들여 "황폐하고 폐한 곳이 많은"(사 6:11-12) 현실의 세속 사회로 뛰어 들어가는 것으로 구체화되었다.

예언자들은 현실이 암담하고 국제 침략의 위협을 남보다 먼저 예견하고서도 자기의 앞길을 현실에서부터 도피하는 방향과 자기만의 안정과 무사주의의 길을 택하는 그런 소극적 도피주의자들이 되지 않았다. 용감하게 현실의 문제 많은 혼돈의 사회 속으로 뛰어들어가 혼돈을 피하는 것이 아니라 혼돈과 대결하는 생동적인 자세를 취하며 나갔다. 종교적인 부정이나 정치인들의 부정이나 사회의 모든 모순에 대해서 대담하게 하나님의 대변자로서, 역사의 방향을 볼 줄 아는 선각자로서, 현실 참여의 선봉자로서 용감하게 할 말을 하고 부정을 고발하고, 심판을 예언하고, 그러면서 소망의 미래를 보여주는 사회 개혁의 기수들이었다. 이사야는 거룩한 예루살렘성전에 들어가서 거룩한 하나님을 체험한 뒤에 자기 자신의 그런 웅장하고 거룩하고 경건한 영적 신앙 체험을 자기 혼자 간직하고 그 자리에 머물러 앉아서 자기 신앙에만 빠지지 않았다. 앞으로 자기 조국에 부닥칠 예측 못할 국내 정치의 불안과 아시리아의 침략으로 인한 남북 양국의, 조국의 황폐를 미리 내다본 이사야는 자기 민족의 구원과 국민의 각성과 정치인들의 독주의 저지를 위해서 "나를 보내소서"라고 분명한 사명 의식과 책임 의식을 가지고 혼탁한 정치적 현실 속으로 자신을 투입시켰다.

아타스왕과 이사야

남왕국에서는 웃시야왕이 죽고 북왕국에서는 베가왕이 아시리아에 대항해서 반역을 일으켰던 해인 742~740 B.C. 경에 이사야가 예언자로 소명을 받았다. 이때가 곧 이스라엘과 유다가 시리아와 팔레스타인 지역에서 가졌던 주도권이 완전히 상실된 때였으며 급격히 강대국인 아시리아의 세력이 서부로 동시에 확장된 때이었다. 이사야가 예언자가 된 수년 후에 스알야숩(7:3)이란 아들이 태어났다. 그 뜻은 "남은 자는 돌아오리라"(10:12-23)란 뜻이었는데, 그 아들의 이름이 이사야가 마음속에서 그린 급격한 멸망의 징조를 보여주는 이름이었다. "남는 자는 돌아온다"란 뜻은 부정적인 어두운 면과 적극적인 약속의 면도 함께 보여주는 것이었다.

이런 이스라엘과 유다에 대한 경고를 보여주는 이사야의 예언 회고록인 7장, 8장과 함께 733~732 B.C.에 일어난 시리아-이스라엘 동맹군의 유다 침공의 위기를 다루고 있다. 북왕국의 베가왕이 아시리아에게 반기를 들고 아시리아의 티글랏 필레셀 왕이 3년 동안 서방 정부에서 철수하자 시리아 다메섹 왕인 르신이 이스라엘의 베가를 끌어들여 반(反) 아시리아 연합전선을 만드는 데 성공했으며, 이 시리아-이스라엘의 연합동맹이 남왕국 유다까지 반 아시리아 동맹에 끌어넣으려 했었다. 이때 유다의 요단왕(742~735 B.C.)은 아버지 웃시야의 반 아시리아 정책을 써왔기 때문에 시리아의 르신왕과 이스라엘의 베가왕이 유다를 같은 목적을 가진 우방이라고 생각을 했었다. 그러나 유다 왕실 안에 내부적 변동이 생겼다. 즉, 요단의 아들인 아하스가 친(親) 아시리아파의 세력을 영도하여 왕이 되어버린 대내 변동이 생겼다. 아하스(735~715 B.C.)가 왕이 되어 실권을 잡은 뒤에는 친 아시리아 정책을 썼고, 아시리아에 반기를 들자고 공동제의를 해온 부근 인접 국가들의 제의도 거절하였다. 아하스의 판단에는 강대국 아시리아에 붙는 것이 자기 정권 유지에 더 유익하다고 보았던 것이다.

유다의 이런 비협력적 태도와 친 아시리아 정책 때문에 곤경에 빠진 것은 시리아의 르신과 이스라엘의 베가였다. 원래 시리아(아람)와 이스라엘은 종전까지만 해도 국경선 문제로 늘 적대관계에 있었지만, 이번 반(反) 아시리아 정책에는 동맹이 되어서 남쪽 유다까지 끌어들이려고 했던 것이었다. 그런데 유다의 아하스가 말을 듣지 않자 시리아-이스라엘 연합군은 유다를 침공하여 아하스왕을 쫓아내고 반 아시리아파에 속했던 다브엘가(家) 출신 왕비에게서 난 웃시야의 다른 아들(혹은 요담의 아들)을 유다의 왕으로 세우려는 음모를 계획하고 (7:6) 예루살렘으로 남침해 들어왔다.

시리아-이스라엘 연합군(다메섹-에브라임 동맹)의 유다 습격은 아하스왕에게 큰 타격을 주었다. 유다 도읍들이 점령당하고 예루살렘이 포위당했다. "왕의 마음과 그 백성이 삼림이 바람에 흔들림같이 흔들렸더라"(7:2) 할 정도로 아하스왕은 곤경에 빠져 궁여지책으로 그런 국난을 면해보려고 자기 아들을 이방인의 제사를 본받아 제물로 바쳐 불에 태워죽이기까지 하였다(왕하 16:3). 그러나 정책 면에서 아하스왕은 정치적 타결을 시도하려고 하여 시리아-이스라엘 동맹군에게 항복하기보다는 외부의 강대 세력인 아시리아에 원조를 청하는 것이 낫다고 생각했다. 마침 예루살렘의 수호를 확보하여 포위 속에서 견디어낼 수 있도록 대비하였다.

이런 국가 정치적 중대 위기와 갈림길 속에서 예언자 이사야는 아들 스알야습("남는 자는 돌아오리라"라는 뜻)을 데리고 아하스왕을 면회하였다. 이사야의 면회 요청은 아하스에게 방해로밖에 생각되지 않았을 것이다. 이사야가 왕에게 건의한 말은 이러하였다.

> 그에게 일러라. 진정하여라. 안심하여라. 겁내지 말라. 르신과 그가 거느린 시리아인, 그리고 르말리야의 아들이 격분한다고 해서 정신을 잃지 말라. 그들은 연기나는 두 횃불 그트머리에 불과하다(왕하 7:4).

> 너희가 굳게 믿지 아니하면 결코 굳건히 서지 못하리라(왕하 7:9b).

예언자 이사야가 생각한 자기 당대의 가장 위험스러운 문제는 예루살렘 방어를 위한 불안보다도 좀 더 깊은 관점인 신앙의 부족과 불신에서 오는 위기로 본 점이다. 당시의 국제 정치 정세의 판단으로서는 유다가 시리아-이스라엘 동맹에 가담하여 반 아시리아 정책을 써서도 아니 되고 포위망 속에 빠져 있는 유다를 구출하기 위해서 아시리아의 세력을 끌어들이는 것도 안 된다고 이사야가 전망하였다. 단순한 임시적 군사 원조 외교를 수립하거나 예루살렘 수도 방위책을 수립하거나 하는 것이 근본적인 위기 해소책이 아니라고 생각하였다. 인간의 정치 외교적 술책을 넘어선 하나님의 세계 역사 지배의 주권이 있음을 확신한 이사야는 시리아-이스라엘의 동맹도 무익한 자살행위요, 더군다나 유다가 이에 가담해서 아시리아에 대항하는 국제분쟁 속에 휘말려 드는 것도 유다로서는 자살행위로 보고 시리아-이스라엘의 유다 침략이 허사가 될 것이라고 예언하였다.

야웨 하나님이 보시기에 아하스를 몰아내고 대신 괴뢰 왕을 유다에 세워보겠다던 르신과 베가의 계획과 술책은 '서지 못하고 이루지 못할 것'(7:7)으로 보았다. 이사야가 본 확신은 유다 국민이나 아하스 왕이 가지고 있는 가장 큰 결함은 하나님을 절대로 신뢰하는 신앙을 갖지 못했다는 것이다. 그래서 이사야는 왕인 아하스에게 신앙을 갖기를 호소하였다. "믿지 아니하면 굳게 서지 못한다"(7:9)란 말은 다시 번역하면 "너의 믿음이 믿음직하지 못하면 너의 왕좌는 인정하지 못할 것이다"란 말이 된다.

그래서 **믿는다**란 동사와 **선다**란 동사가 다 **아멘**이란 동일한 동사임을 보아서 "믿으면 서고 안 믿으면 넘어진다"는 확신을 아하스왕에게 보여주려고 한 것이다. 인간의 힘, 일시적 외국 군사력의 원조에 의존하여 믿으려는 생각을 버리고 인간 역사를 다스리는 야웨 하나님께 의존하여 믿으라고 권고한 것이다. 하나님이 참된 왕이라고 확신을 보여주려 하였다(29:16, 30:15).

이사야의 이런 권고와 충고는 아하스가 아시리아에 원조 요청을 하려는 계책을 막고 포기시키려는 데에 목적이 있었다. 하나님이 아시리아를 불러서 시리아-이스라엘 동맹군을 몰아낼 것을 이사야는 미리 판단하였기 때문이다. 그렇기 때문에 이사야의 신앙 강조의 말은 당시 국제 정치 상황에서 정치적으로도 알맞은 말이었다. 시리아-이스라엘 동맹의 침공을 두려워할 것이 아니라 하나님을 두려워하며 하나님이 "거룩한 피할 곳이 되리라"(8:14)는 것을 보고 하나님을 거룩한 분으로 받아들이라는 믿음을 강조하고 있다. 그러나 아하스왕은 이런 권고를 믿지도 않았고 받아들이지도 않았다. 결국 그는 주위 막료들과 함께 여전히 정치적 책략을 꾸미고 있었다. 이때 이사야는 다시 아하스에게 나가서 징조를 보여주는 예언을 하였다.

임마누엘 예언

이사야는 아하스의 책략을 미리 알고 있었다. 아하스왕에게 이제 한 징조를 보여주어 왕의 마음을 돌리려고 하였다. 이사야의 제의를 왕은 거절하였지만, 이사야는 곤궁한 삶에 지친 국민과 괴로워하시는 하나님을 생각해서 빨리 징조를 받아보라고 왕에게 건의하였다 (7:11-13). 징조를 보여주려는 목적은 예언자가 말한 하나님 말씀의 진실과 능력을 극적으로 확신시키려는 데 있었다. 모세가 이집트의 바로왕에게 보여준 징조도 그것이 단순히 기적을 보여준다는 것보다도 야웨 하나님의 능력을 보여준 것이었다. 나타날 징조를 아하스는 막을 수가 없었다. "깊은 데서든지 높은 데서든지 하나님께로부터 징조를 구하라"(7:11)는 이사야의 요청을 거부했지만, 하나님의 징조는 이사야의 입을 통해서 나타날 수밖에 없었다. 그 징조는 임마누엘이란 이름을 가진 다른 아들이 나타날 것이라는 말로 암시되었다(7:14).

이사야의 임마누엘 예언, 즉 "하나님이 우리와 함께 하신다"란 뜻을 가진 **임마누엘**이란 아들이 태어나리라고 한 징조는 인간의 현실적인 모든 문제 속에 하나님께서 직접 개입하여 활동하신다는 이스라엘의 신앙의 특성을 제시해주는 것이다. 하나님이 우리와 함께하신다는 확신은 현실 역사를 떠나서 함께한다는 말이 아니다. 그렇기 때문에 이 하나님의 말은 예언자를 통해서 들려져야 하고, 이 하나님의 행동은 예언자가 지적하는 징조에서 보여질 수 있어야 한다. 하나님의 국제 역사 지배와 국제 분규에 대한 심판의 엄숙한 표지로서 나타날 임마누엘을 듣고 볼 수 있어야만 했다.

임마누엘 아기가 악을 버리며 선을 택할 줄 알기 전에 아시리아로 인하여 시리아와 이스라엘이 패망할 것이라는 시대적 징조를 미리 보고 아하스에게 이야기하였다(7:15-17). 아시리아가 나타나는 날에는 유다도 아시리아의 남침으로 고난을 당할 것이 뻔했다. 이런 패망의 위협 속에서도 아하스왕을 비롯한 유다 백성들은 귀가 멀고 눈이 어두워 무감각해져서 이사야의 국제정치적 판단에서 나온 미래 통찰을 받아들이지 않았다. 계속적인 사회악과 친 아시리아적인 저자세의 국제 외교가 가져올 하나님의 심판은 시리아와 이스라엘의 동맹을 훼손하고, 아시리아 왕을 시켜 유다를 크게 파괴시키는 데까지 미칠 것임을 이사야는 선언하였다(7:15-24). 이런 하나님이 하실 일을 아하스 왕은 들으려고도 하지 않았고, 하나님의 징조를 묻지도 않았다.

그러나 이사야의 임마누엘 예언은 임마누엘 아기 자신을 말하는 것이며, 그 아기의 출생은 "하나님이 우리와 같이 하신다"는 약속이며, 그 아기의 자람도 그 약속의 성장을 의미한다. 이사야의 이 임마누엘 아기는 9장 1-7절에서 다윗의 집에서 태어날 것이라고 예언하여 가장 이상적이고 위대한 공정과 정의의 왕일 것임을 보여주고 있다.

그러면 다윗의 가문에서 곧 탄생할 아기가 시리아-이스라엘 동맹국의 유다 침공의 정치적 위기에 어떻게 관련이 되는가? 야웨 하나님을 신뢰하는 신앙을 보이지 않는 아하스와 대조하여 이사야는 신앙적으로 훌륭한 정치를 할 아기 왕의 강림을 보여준 것이다. 임마누엘 아기는 나이 들기 전에 아시리아의 침략으로 유다가 파괴될 큰 난시에도 살 것이지만, 임마누엘 아기를 볼 수 있는 눈을 가진 사람들에게는 임마누엘 아기의 존재는 하나님이 심판을 통하여 자기 민족을 새 시대의 여명으로 인도한다는 확신과 징조가 되는 것이었다. 그 아기는 백성들과 같이 고난도 나누고, 폐허의 광야에서 저들과 같이 살 것이다. 폐허의 광야는 새 시작의 기회도 된다. 아기 임마누엘은 새로운 미래를 약속한 표시이고, 아시리아의 멍에에서 벗어나는 날에는 하나님이 남은 자들을 돌아오게 할 것이며, 하나님의 대리자로서 왕좌에 올라 백성들을 공정하게 다스린다는 것이다. 여기에서 임마누엘의 의미를 분명히 이해하게 된다.

이사야가 임마누엘 아기를 메시아적인 아기로 생각했다고 보는 결론을 반대하기 어려운 이유는 자기 당대의 왕 아하스에게서 기대가 어긋나고 실망한 나머지 앞으로 올 미래의 이상적인 왕 메시아적인 왕에게 희망과 소망과 기대를 걸지 않을 수 없었던 이사야 자신의 예언자적 이상이 나타나 있기 때문이다(11:1-9). 아하스왕에게 처음 예언한 것처럼 9장 1-7절에 있는 이사야의 메시아적인 예언도 재난과 어두움을 묘사하고 있으며, 733~732 B.C.에 쳐들어왔던 아시리아의 티글랏 필레셀로 인한 스불론, 납달리(갈릴리)는 그때 아시리아제국 영토 안에 합병이 되어버렸다(왕하 15:29). 아시리아의 티글랏 필레셀은 시리아-이스라엘 연합군의 유다 침공과 반 아시리아 정책을 알고, 곧 732 B.C.에 남침을 감행하여 시리아의 다메섹을 함락시켰으며, 이로 인하여 시리아-이스라엘의 동맹이 깨어지고 말았다.

열왕기하 6장 기록에 의하면 아하스왕은 이미 아시리아왕 티글랏 필레셀에게 원조를 청했으며, 성전과 궁전의 보물을 바쳤기 때문에 아시리아왕은 자연히 유다를 시리아-이스라엘의 연합군의 침공에서부터 구출하려고 했다. 사태의 결과는 결국 다메섹의 함락과 르신왕의 죽음을 가져왔는데 아하스는 다메섹에까지 올라가서 아시리아의 티글랏 필레셀왕을 환영하였고, 그곳에서 아하스는 예루살렘성전에다가 아시리아의 제단을 세우라는 명령을 제사장 우리야에게 내렸다(왕하 16:10-18). 이 정도로 정치적 저자세는 정복자의 종교까지 도입하여 아부하는 데까지 이르렀다.

이런 암담한 정치적 상황 속에서 이사야는 아하스왕에게 그 이상 기대를 걸 수 없고, 새로 탄생할 메시아적인 임마누엘 아기에게 이상적인 정치와 통치를 기대할 수밖에 없었다.

> 한 아기가 우리에게 났고… 그 어깨에는 정사를 메었고 그 이름은 기묘자라, 모사라, 전능하신 하나님이라, 영존하시는 아버지라, 평강의 왕이라할 것임이라(사 9:5, 개역개정).

이사야에게서부터 이 예언은 예언자 전통의 흐름으로 흘러 들어가서 기독교 복음 안에 있는 중요한 핵심으로 넘어 들어갔다.

히스기야왕과 이사야

이사야의 예언 활동 기간에서 두 번째로 만난 정치적 충격이 생겼다. 그것은 북왕국 이스라엘의 급작스러운 멸망을 본 것이다. 722 B.C.에 북왕국의 수도인 사마리아가 아시리아의 샬마나셀 5세에 의하여 멸망되기 직전에 이사야는 북왕국 이스라엘의 멸망을 예언하였다. 교만과 술 취한 영화로운 도성이 쇠진해 가는 꽃같이 될 것이며, 교만한 면류관이 발에 밟힐 것이라고 예언하였다(28:1-4). 사마리아가 멸망하고 난 다음에 남쪽 유다에서는 아하스가 죽고 히스기야왕(715~687 B.C.)이 아버지를 계승하여 왕이 되었다. 히스기야왕은 처음에는 아버지의 정책을 따라 친 아시리아 정책을 썼으나 곧 아시리아에 반기를 드는 가능성을 시도해보았다. 이 반기를 드는 데에 가담한 나라들이 남쪽과 서남쪽에 있는 도시국가들과 불레셋, 에돔이었으며 이집트까지 이에 동조하였다. 그런데 실은 이집트의 샤바카(Shabaka)가 711 B.C.에 왕이 되어 이디오피아 왕조를 형성하다 아시리아에 반기를 들도록 인근 국가들을 선동하였다.

이런 이집트의 세력을 믿고 아시리아에 반기를 들었던 작은 도시국가들은 도리어 아시리아의 사르곤왕의 침공을 받기도 하였는데, 그 대표적인 것이 사르곤왕이 군대 장군을 아스돗에 보내어 아스돗을 뺏어 버린 일이 있었다. 이때 유다는 그런 반역적 동맹에서 빠져 철수할 수 있었는데 이는 예언자 이사야의 충고가 효과를 거둔 것이었다. 이사야서 18장 1-6절과 20장 1-6절은 그때의 형편을 자세히 보도하고 있는데, 이집트의 이디오피아 사절단이 배를 타고 불레셋 해안으로 와서 예루살렘에 들어와 유다를 반 아시리아 편으로 끼우려고 나섰다가 이사야를 만났다. 이사야는 이 이집트의 사절단들을 만나서 단조로운 외교 언어를 구사하여 이집트 외교관들의 민완한 행동을 칭찬하고 그들의 외모가 좋다고 찬양하고 이집트 군대가 강하다고 높여주면서 실질적으로는 이집트와 동맹국들이 아시리아의 세력에 의해 패할 것이라고 진술하였다.

> 추수하기 전에 꽃이 떨어지고 포도가 맺혀 익어갈 때에 내가 낫으로 그 연한 가지를 베며 퍼진 가지를 쩍어버리리라(18:5).

> 이집트의 포로와 구스의 사로잡힌 자가 아시리아 왕에게 끌려갈 때에 젊은 자나 늙은 자가 다 벗은 몸, 벗은 발로 볼기까지 드러내어 이집트의 수치를

보이리라(20:4).

예언자 이사야의 신념에는 아시리아 세력에 의존하는 아하스의
정책에도 반대해야 되지만, 아시리아 세력에 의해서 산산이 부서질
수밖에 없는 강한 세력을 가진 아시리아에 반기를 드는 것은 더군다
나 안 된다는 판단이 있었다. 이사야는 이집트 자체가 내부적으로 아
직 단결되어 있지 않아 내란의 위험성이 많은 것을 미리 알고 있었기
때문에(19:1-15), 유다가 이집트와 이디오피아와 손잡는 것을 반대하
였다.

히스기야가 왕위에 오른 것은 이사야의 편에서 볼 때 아주 희망적
인 면도 있었고 낙심될 만한 점도 있었다. 희망적인 것은 히스기야왕
이 종교개혁을 단행한 일이다. 아시리아 산당이나 신들을 섬긴 제단
을 헐고 야웨 하나님의 예배와 제단을 복구하였고, 북쪽에 사는 이스
라엘 사람들에게도 통지하여 예루살렘 성전에서 예배드리도록 하였
다(대하 31:1 이하). 그러나 북쪽의 이스라엘의 사람들은 아시리아 왕의
허락을 얻어 벧엘 성소를 가지고 있었다(왕하 17:29). 이런 종교개혁의
의도는 다분히 정치적이어서 아시리아 종교의 흔적을 옮겨 제거해버
림으로써 자기의 정치적 기반과 국민으로부터의 신임의 회복을 얻을
수 있었기 때문이다. 아마 히스기야는 자기 아버지 아하스의 통치 기
간에 직접 이사야의 설교를 들었고, 6장 2-7절의 메시아적인 노래를
듣고 익숙했었을 것이다. 이런 이사야의 영향을 받아 야웨종교를 회
복하려고 했지만 반 아시리아적 정책 속에 든 계획으로서 야웨종교
회복을 실천한 것이며, 그래서 공식적으로는 맹주인 아시리아에게
반역을 하는 데 가담하는 결과가 되었다. 그러나 이사야가 바라는 정

치 지도자는 외국 세력보다도 먼저 역사를 지배하시는 야웨 하나님을 깊이 신뢰하는 사람이었다.

제3부

성서와 역사의식

3부는 김찬국 지음, 『성서와 역사의식』(서울: 평민사, 1979)을 전제한
것이다.

머 리 글

행동인으로서든지, 수난자로서든지 간에 우리는 우리의 이성보다 더 높
은 곳에 존재하는 평화를 위하여 몸을 바치고 있는 사람들의 힘이 진실임
을 증명하도록 해야 한다.

슈바이처의 말이다. 이성보다 더 높은 곳에 존재하는 평화의 세계
를 보여주는 이념과 신앙의 세계는 성서에 있다. 이 평화의 실현을 위
해서 위장된 자유와 정의로 역사를 혼탁 속으로 몰고 간 수치스러운
역사도 있었지만, 우리가 알기에 진실된 인류 평화의 성취를 위해서
자유란 이름 아래 몸 바친 자랑스러운 역사도 절망하지 않을 만큼 많다.
　나는 한국의 최근 역사가 경건을 상실하고 있음을 안타깝게 생
각한다. 경건에 성실한 뿌리를 박을 때 죄악의 역사는 새로운 개혁으
로 변화한다.
　구약에 나타난 이스라엘 역사는 죄악의 역사였지만, 그런 수치 속
에서도 자유와 독립을 향한 강한 역사의식을 볼 수 있기 때문에 성서
를 읽는 사람은 누구나 평화를 향한 희망의 샘을 발견하게 된다.

1978년 2월
김찬국

평화의 신학

하나님께 대한 봉사의 자유의지를 사랑이라 합니다. 이 사랑이 진정한 민주주의를 산출할 것입니다. 동시에 정의와 자유를 산출할 것입니다.

1

우주의 배후에 있는 정신적 존재와 사귀고, 우리들의 의지를 그것과 조화시키는 것이 평화의 열쇠이다.

해방된 지 4반세기가 지났어도 우리 한국은 아직도 남북의 분열로 인해서 평화를 위협받고 있다. 평화적 통일을 목표로 남북대회를 시도해 보았지만, 북한 공산주의자들의 남한 적색화의 야욕 때문에 우리 한국은 늘 평화를 위한 국토방위에 만전을 기해 나가고 있다.

1973년도에 그간 오랜 끌었던 월남전쟁이 휴전으로 잠시 평온을 찾은 지 얼마 아니 되어 10월에는 중동에서 제4차 중동전쟁이 터지고 말았다. 이스라엘을 후원하는 나라들에 대한 아랍 국가들의 석유 무기화 정책으로 온 세계는 유류파동으로 인한 경제의 위축과 불안을 맛보고 있으니, 오늘의 세계는 평화의 갈망을 다시 절감하고 있다.

그뿐인가? 남아프리카의 인종분리정책, 북아일랜드의 신·구교의 고질적 대립과 싸움, 중동의 잠정적 휴전 등은 아직도 인종 간의 화해와 종파 간의 화해와 민족 간의 화해가 전연 이루어져 있지 않고 있음을 보여주고 있다. 적개심으로 인한 살육행위가 공중 납치 사건으로 세계를 놀라게 하고 있으며, 민족차별 의식으로 인한 인종 간 분쟁이 민족, 씨족 사이의 간격을 긴장시키고 있다. 대화의 단절 현상도 있다. 대화가 인격적인 만남을 통해서 상호관계를 소통하는 수단이라고 한다면, 지금 세계는 대화의 단절로 인하여 서로를 배타하고 신뢰하지 못하는 비극에 봉착해 있다. 다수의 아시아 지역 국가들은 이러한 대화 부재로 인해서 진통을 겪고 있으며 비관적인 지성인들은 자유의 절제를 요청받고 있는 줄로 안다.

이상에서 말한 나라들 사이, 민족들 사이, 다스리는 자와 다스림을 받는 자 사이, 가진 자와 덜 가진 자 사이에 있는 간격으로 생기는 평화에의 위협과 도전이 제2차 세계대전이 지난 지 30여 년이 되었어도 아직 여전히 인류를 위협하고 있다. 그래서 평화에 대한 갈망은 예나 지금이나 인류의 염원이고 도달해야 할 목표이다.

역사가인 아놀드 토인비가 평화의 조건에 관해서 결론을 받고 대답하는 말로 이런 말이 있다.

세계적인 정신혁명 없이 영속하는 평화에 도달하리라고 생각지 않는다. 진정한 영속적 평화에는 종교혁명이 꼭 있어야 된다고 확신한다. 이 경우 내가 말하는 종교란 어떤 의미일까?
내가 의미하는 것은 개인과 공동체의 쌍방에 있어서 자기 중심성의 극복이라는 것이다. 즉, 우주의 배후에 있는 정신적 존재와 사귀고 우리의 의지를 그것과 조화시킴으로써 자기 중심성을 극복하는 일이다. 이것이 평화에의 열쇠이다. 나는 이것이 유일한 열쇠라고 생각한다(『미래를 살다』에서).

토인비는 이런 주장 끝에 세계정부를 세워야 한다고 주장하였지만, 근본적인 그의 평화론은 인간의 자기 중심성을 종교적 차원에서 극복함으로써 대립을 감소시키고 화해를 조성시켜 화평을 유지해 나가야 한다고 보고 있는 것이다.

평화를 깨뜨리는 인간의 자기 중심성이란 무엇인가? 자기중심주의라 하겠다. 하나님이 사람을 평등하게, 똑같이 자기의 형상대로 창조하였는데 인간이 하나님을 떠나 자기중심적이 됨으로써 하나님과 인간 사이가 단절되고 인간끼리 자기중심적 교만이 생겨 인간 사이의 평화적 관계를 깨뜨려버리는 결과를 가져왔다고 보여주는 것이 구약 창세기의 인간관이다. 하나님으로부터의 이탈이 곧 인간의 자기중심으로 인한 타락을 보여주었다는 것이다. 에덴동산의 낙원의 평화가 인간의 타락으로 깨어지고 에덴에서 추방되었다는 것은 인간이 하나님의 명령에 불복종함으로써 하나님과의 평화의 관계를 깨뜨렸다는 것이다.

개인이나 나라들 사이, 씨족들 사이에 자기 씨족 중심, 자기 나라 중심으로 말미암아 빚은 대립과 갈등과 전쟁이 인간 역사를 지배해 왔다. 자기 민족의 이익을 위해 싸운다는 미명하에 타민족을 침략하고 살육하고 점령 통치하고 유린했던 비참한 인류의 전쟁사는 인간의 범죄의 역사이면서 평화를 건설하기 위한 인간의 노력과 투쟁의 역사로 보여지는 것이다.

2

평화의 이상은 이웃을 형제로서 하나님의 부르심을 입은 한 인격으로 대해주는 것, 바로 그것이다.

미국의 흑인 민권투쟁에서 희생당했던 마틴 루터 킹 목사가 1964년 노벨평화상을 받을 때 이런 답사를 했다.

나는 2천 2백만 아메리카 흑인의 인종적 부정의의 긴 밤을 끝내기 위하여 창조적 투쟁에 종사하고 있는 이 순간에 여기서 노벨평화상을 받습니다. 나는 이 상을 공민권 운동 통치의 대표자로서, 즉 결연한 태도로 위험을 무릅쓰고 자유와 정의의 지배를 이룩하고자 투쟁하고 있는 자유운동에 대신하여 받는 것입니다. ··· 조만간 세계의 모든 인민은 평화롭게 공존하는 길을 발견하지 않으면 안 될 것입니다. 그리고 그것에 의하여 이 우주의 비가를 형제애의 창조의 시편으로 바꾸지 않으면 안 될 것입니다. 이 목적을 수행하기 위하여 모든 인간의 투쟁에 대하여 복수와 침략과 보복을 거부하는 방법을 발전시켜 가는 것이 필요한 것입니다. 이러한 방법의 기초야말로 사랑인 것입니다(노르웨이 오슬로에서).

킹 목사가 공민권 주장을 위해 투쟁한 이면에는 백인들이 자기중심적 우월로 흑인을 차별한 사회적 부정의가 있었기 때문이다. 하나님의 형상대로 지음을 받는 인간은 만민이 평등한데 이 평등의 원칙이 깨어지고, 지배와 피지배, 정복과 피정복, 종주와 노예의 관계로만 인간관계를 맺어 온 불평등의 사회 조건 형성 때문에 사회 불안이 항상 남아왔던 것이다. 킹 목사는 민권투쟁에서 결국 하나님의 정의와 사랑을 강조하여 정의와 사랑이 인류에게 평화를 가져오는 기본 원칙임을 믿고 투쟁하였다.

에밀 브루너는 『기독교와 문명』이란 책에서 정의와 사랑의 관계를 이렇게 논하였다.[1]

> 하나님은 그의 자신 안에서 사랑이지 정의는 아니다. 사랑은 하나님 자신의 본질이다. 정의는 그가 창조한 세계 질서에 관여하는 그의 뜻인 것이다. … 정의는 질서에 적용된 사랑이다. … 모든 질서의 기원, 모든 정의의 기원은 다 본연의 창조의 기원, 즉 그것은 하나님의 사랑과 같은 것이다. … 기독교인은 정의의 요구 위에 언제나 사랑해야 할 자들이 있음을 알고 있다. 즉, 그는 자기의 이웃을 한낱 정의 질서의 멤버로서가 아니라 무엇보다도 형제로서, 하나님의 부르심을 입은 한 인격으로서 대해야 할 것을 알고 있다.

우리가 인류의 평화를 위해서, 씨족 간의 화평을 위해서 실천해야 할 가장 궁극적 목표는 사랑으로 평등하게 살아야 한다는 것이다. 정의와 사랑의 실천이 곧 인간을 불평등에서 해방시켜 주는 원리인 것이다. 예수 그리스도가 이 세상에 오셔서 인류를 구원하려고 십자가에서 희생당하신 일도 따지고 보면 이 땅에 진정한 평화를 가져오도록 하는 데 그 뜻이 있었다. 그의 희생적 사랑이 만민을 위한 평등의 사랑이 되었고, 만민의 화평을 조성하기 위함이었다. 예수가 사회의

---

1 Emil Brunner, *Christianity and Civilization*, Gifford Lectures Delivered at the University of St Andrews, James Clarke & Co, 1949, reprinted Cambridge 2009.

모든 부조리를 보고서 항거하고, 버림받은 인권들을 옹호해서 인격적 자아로 대접했던 일은 하늘나라를 이 땅에 실현하려고 한 것이다.

구약 이사야의 예언에서 예언된 평화의 왕으로 오실(이사야 9장 6절 이하) 메시아의 이상이 예수의 오심으로 실현을 보았다.

> **지극히 높은 곳에서는 하나님께 영광이요 땅에서는 기뻐하심을 입은 사람들 중에 평화로다(눅 2:14, 개역개정).**

예수의 출생의 징조는 평화를 세계에 가져다주는 징조로 알려졌을 뿐만 아니라 자기 몸소 인간들 사이의 간격과 대립과 차별과 미워함에서부터 인간을 해방시키고 화해와 화평을 만들어 내는 중개자가 되시었다.

> **화평케 하는 자는 복이 있나니 저희가 하나님의 아들이라 일컬음을 받을 것이요(마 5:9, 개역개정).**

그래서 평화의 왕으로 오신 예수 그리스도의 이상이 세계에 평화를 실현시키기 위한 하나님의 정의와 사랑의 실천에 있음을 알 수 있다. 바울 사도도 "그러므로 우리가 믿음으로 의롭다 하심을 얻었은즉 우리 주 예수 그리스도로 말미암아 하나님으로 더불어 화평을 누리자"(롬 5:1)고 말했다. 최초의 아담이 타락함으로써 하나님과의 화평이 깨어졌는데 이제 그리스도를 통해서 하나님과 화평을 회복하게 되었다는 것이다.

인류의 종국적 평화는 곧 인류의 구원을 가리킨다. 킹 목사를 비롯한 인권, 민권운동의 기수들은 결국 그리스도의 평화의 이상인 사랑의 이상을 실천하려고 생을 바쳐 일한 것이다.

3

지극히 높은 곳에서는 하나님께 영광이요 땅에서는 기뻐하심을 입은 사람들 중에 평화로다(눅 2:14).

예수의 출생은 평화의 한 징조였다. 평화의 이상은 옛 이스라엘 사람들의 염원이었다. 정치적 자유와 직결됨을 구약 시편 기자는 이렇게 노래하였다.

예루살렘을 위하여 평화의 소리 외쳐라. "네 집안에 평화!" "네 성안에 평화!" "궁궐 안에 평화!" 내 겨레, 내 벗들을 나 사랑하거늘 "너에게 평화!" 외치게 해다오. 우리 하느님 야훼의 집을 나 사랑하거늘, 너에게 복이 있으라(시 122:6-9).

정치적 평화 안에서 정치적 자유가 보장된 사회 건설을 바라본 것이 옛 시편 기자의 꿈이었다. 평강 속에서 형통해야 한다는 뜻이 곧 인간의 자유를 문제 삼은 것이라고 본다. 자유가 없는 곳에 평화가 있을 수 없다.

에밀 브루너의 『정의와 자유』란 책2에서 성서적 인간관을 풀이하

---

2 Emile Brunner, *Justice and Social Order*, The Lutterworth Press, Cambridge 2003.

면서 인간은 창조 때부터 인격적 자아인 '나'로서 피조된 책임적 자유인임을 강조하고 인간이 자유인일 때에만 책임을 완수할 수 있다고 주장하였다. 모든 인간이 하나님 앞에서 평등하고 자유하다는 것은 하나님의 형상대로 인간이 지음을 받았기 때문이며 또 그것은 책임적 인격에 있어서의 인간성의 표현이라고 보았다.

> 하나님을 믿는 것은, 즉 하나님에게 복종하는 것입니다. 이것이 진정한 민주주의의 이데올로기입니다. … 기독교의 하나님, 즉 민주주의에서 가르치는 하나님은 모든 개인의 복종을 요구합니다. … 하나님께 대한 신앙은 인간이 할 수 있는 가장 자유로운 행위입니다. … 봉사의 자유의지를 '사랑'이라 합니다. 이 사랑이 진정한 민주주의를 산출할 것입니다. 그리고 이 사랑이 동시에 정의와 자유를 산출할 것입니다(『정의와 자유』에서).

민주주의는 정치적 자유와 정치적 평화를 사랑의 실천으로 성취할 수 있음을 브루너가 보여주었다. 그러므로 평화를 말할 때 자유가 꼭 전제되어야 한다. 개인의 자유가 인정되지 않은 평화는 가면적 평화에 지나지 않는다. 공산 독재국가나 기타 자유 진영 속의 일인 독재국가가 아무리 정치적 평화를 주장하여도 정치적 자유, 개인의 자유, 자유의 책임을 수행할 수 있는 자유 분위기 조성을 주지 않는다면 허위적인 평화에 지나지 않는다. 정의는 개인의 자유를 인정할 때 정의가 성립되는 것이고, 개인의 자유가 보장될 때 정치적 평화가 성립되는 것이다.

오늘날 우리 한국은 평화적 통일을 우리의 지상목표로 하고 있으므로 이를 위해서 안보 체제를 보다 더 강화해서 민주주의의 실천에서 우리 한국이 승공하는 것을 보여주어야 할 때다.

여기에는 반드시 개인의 자유와 언론의 자유와 노동자들의 자유가 존중되어야 한다.

국내 사회의 평화의 문제, 즉 정부와 백성 사이의 긴장을 해소시키고 평화를 누리기 위해서는 정부가 국민을 사랑하고 국민의 자유를 존중해야 하는 것이다.

한국 사회에서 지금 국민소득과 수출고(輸出鼓)를 올리는 목표에 제일 많이 동원되는 사람들이 노무자들이고 여직공들이다. 이들에게 부의 공평한 혜택을 주도록 할 때 산업 사회가 화평을 누릴 수 있을 것이다. 산업 노동 사회에 종사하는 사람들의 자유와 대우를 보장해주는 사회구조가 되도록 기독교도 힘써야 할 것이다.

노동 사회의 대우 개선과 향상이 곧 노동 사회의 평화를 가져온다. 세계의 평화를 염원하고 이의 실천을 위해서 우리 기독교가 할 일은 진정한 자유인 민주주의의 실현을 위해서 진실하게 발언하고 개인의 자유를 획득하는 일에 전 역량을 기울이는 일이다. 개인의 자기 본위, 자기 중심성의 주장이 강할 때 사회와 국제간의 긴장을 초래하고 평화를 깨뜨리기 때문에 우리 기독교는 하나님께 복종하는 자유인으로서 만민의 행복과 화평을 위해 책임 있는 사랑의 실천자가 되어야 하겠다.

구약성서에 나타난 자유주의

진정한 자유주의는 문호를 개방하고, 새 관념에 접해서 무엇이 옳고 그른가를 택할 수 있게 하여 자기가 믿는 근본 신념에 확고히 서게 하는 것이다.

1

이스라엘 역사 속에는 구약성서에 나타난 형식주의, 편협주의를 타파하고 벗어나려는 자유주의가 엿보인다.

구약성경에서 자유주의를 찾는다는 것, 자유주의란 현대적 관념에서 비추어 볼 때, 꼭 알맞은 내용을 이끌어낸다는 것은 어려울 것이다. 왜 그런가 하면 구약성서에는 이스라엘 백성들의 독특한 민족적인 의식에 근거한 배타적인 자기 민족만의 특선주의(particularism)와 민족주의와 이설을 극력 배척하는 편협주의와 혹은 종교적 의식 면에만 치중한 형식주의와 과거 전통적으로 지켜 내려온 율법에 대한 절대적 존중에 기인한 율법주의가 명백히 드러나 있기에 우리가 그런 속에서 자유주의를 찾는다는 것이 곤란하기 때문이다.

그러나 만일 우리가 자유주의를 편협된 사상과 교리에서 벗어나 자유롭게 되려는 것으로 생각하고, 동시에 민족주의적인 정치 생활 경향에서 새로운 사상을 환영하고 자유로운 발언을 허용하는 것으로 생각한다면 우리는 구약성경에 나타난 이스라엘 역사 속에서 그 백성들의 사고와 생활이 모두 자유주의를 지향해 나간 점을 지적할 수 있는 것이다. 즉, 다시 말하면 구약성경에 나타난 형식주의, 편협주의를 타파하고 거기에서 벗어나려는 자유주의를 발견할 수 있다는 것이다.

원래 이스라엘의 하나님 야웨는 이스라엘의 역사 속에 계시되어 나타났다. 그 하나님의 영구하고도 깊은 계시는 이스라엘 민족의 보수적 세력과 자유적 세력이 이론적으로, 실제적으로 충돌되는 역사 속에 개입되어서 그 하나님의 계시가 백성들의 전 생활에 큰 영향을 끼치고 항상 하나님과 인간과의 관계를 명시해왔다. 그래서 이 종교적 영향은 백성들의 사회적, 정치적, 경제적 영역에까지 구속을 주기도 하였으며 받기도 해서 자연히 전 문화에 영향을 미치게 하였다.

이와 같이 한마디로 말해서 종교·문화의 상호 영향에 자유주의가 어떻게 성장하였는가? 보수적 세력 속에서 종교가 문화에 끼친 관계라든지 이 상호관계에서 종교가 문화를, 혹은 문화가 종교를 보수적인 데에서 벗어나게 하려는 운동이 있었다고 하면, 진정한 자유주의는 새로운 입장과 조건에서 문호를 개방하고 새 풍속과 새 관념에 접해서 마음의 문을 열어놓고 무엇이 옳으며 무엇이 그릇된 것인가를 택할 수 있게 하며, 그렇게 해서 자기가 믿는바 근본적 확신 신념에 확고히 서게 하는 것이라 하겠다. 반면에 그릇된 자유주의란 그런 종교, 문화의 상호관계 속에서 자신을 너무나 쉽게 다른 진리에 굴복시키거나 다른 무가치하고 허위적 진리를 따르는 것이라 할 수 있다.

이제 이와 같은 구약성경에 있어서 자유주의의 정의를 내리고 난

뒤에는 구약의 종교와 정치와 경제의 삼면에 걸쳐 거기에 비친 구약적 자유주의를 찾아보기로 하겠다. 여기에는 주로 미국 유니온신학교 전 구약학 교수 유리우스 A. 배벨(Julius A. Bewer)의 논문 "구약성경에 나타난 자유주의"(Liberalism in The Old Testament)를 참고하여 논하고자 한다.

2

현실주의에서 벗어난 자유로서 이스라엘 종교는 내적이면서 인격적, 영적 종교로 발전되어 나갔다.

이스라엘 종교를 근본적으로 통치, 지배해 온 두 가지 원칙이 있다.

① 야웨는 이스라엘만의 하나님이며 이스라엘은 야웨만의 백성이다. 이스라엘은 다른 신과 상관없으며 야웨는 다른 민족과 상관하지 않았다.
② 야웨는 정의의 신이요 야웨의 백성과 계약 관계를 맺음으로써 이스라엘 백성에게나 자신에게나 정의의 행동을 요구하였다.

이러한 두 가지 원칙을 한마디로 요약하면 야웨 하나님만 경배하고 그 뜻에만 복종하라는 원칙이라 할 수 있다. 그래서 야웨만이 경외받아야 하고 그의 뜻만이 결정적이어서 거기에는 다른 어떤 마술로 말미암은 복종도 있을 수 없었으며, 야웨 외에 다른 존재가 있을 수 없었다. 거기에는 자유란 것이 없었다. 다른 신을 경배하는 자유가 있을 수 없었다. 지방 신이나 우상 신 같은 것을 경외하는 경향이 있었지만, 거기서부터 자유를 얻어 야웨 하나님만 경외하는 원칙과 신앙으로 통일되어 나갔다. 그런 신앙을 이렇게 시편에서 노래하고 있다.

야웨께서 나의 빛, 나의 구원이시니, 내가 누구를 두려워하리오. 야웨께서 내 생명의 피난처시니 내가 누구를 무서워하리오(시편 27:1).

여기에서 이스라엘 백성은 야웨 하나님을 다른 신과 구별해서 야웨만을 선택할 자유를 가졌음을 알 수 있다. 그러면 더 세분해서 이 야웨만을 선택하는 자유가 이스라엘 역사상에 어떻게 나타났는가를 여러 가지 면에서 고찰해 보기로 하겠다.

그러면 이스라엘 민족이 저들의 하나님 야웨를 선택하는 데 있어 어떻게 하였는가?

이스라엘 백성이 그들의 야웨 하나님을 선택하게 된 것은 가나안에 정착한 후부터였다. 왜 그러냐 하면 가나안에는 원래 바알신, 즉 농산 신이 있었기 때문이다. 가나안에서는 거기에서 살고 있던 고착민의 바알신이 새로이 정착해온 이주민으로부터도 숭배를 받아야 할 처지에 있었다. 여기에서 이스라엘 백성은 어떠한 태도를 취했는가?

야웨는 지방신, 농산 신이 아니어서 배타적 숭배를 요구하여 야웨만 경배하라고 하였다. 이스라엘 백성이 가나안에서 그 고착민과 싸우는 동안에 야웨는 자기의 백성 이스라엘을 도우시고(사사기 5장) 승리토록 하였다(열왕기하 19장). 그런데 실제 현실 생활에 있어서는 이스라엘 백성이 가나안에 살기 위해서 필연적으로 농산법을 배우지 않으면 안 되었다. 뿐만 아니라 가나안의 지방적 예배 의식 등도 자연히 배워 적응시켰다. 이러한 생활면의 피할 수 없는 조건하에서도 이스라엘 백성은 농경적 가나안 문화를 배척하고 그들 고유의 유목 생활을 동경해서 돌아가려고 애썼다.

그러나 그러한 동경은 동경에만 그치고, 현실 문제에 있어서는 아무래도 가나안의 영향을 받지 않으면 안 되었다. 그런 영향을 받으면서도 오히려 이스라엘 백성은 가나안 지방 신이 아닌 야웨만을 택하여 숭배토록 예배적 복종을 시키는 자유로운 점을 가지고 있었다. 가나안에서 야웨와 바알신이 나란히 함께 숭배되었지만 동등치는 못하였으며 바알신이 만일에 숭배된다고 한다면 야웨가 이스라엘만의 하나님이라는 야웨종교의 근본적 원칙에 반대되기 때문에 이스라엘 백성에게는 바알신을 야웨에게 굴복시키고 바알을 넘어서 야웨만을 섬기게 한 결정적 자유주의가 부여되어 있었던 것이다.

그러므로 가나안에는 바알 숭배가 야웨 숭배의 단계로 넘어간 사실이 드러났다. 즉, 바알이 배척되고 야웨가 대신에 환영되고 숭배되었다. 그래서 끝내 바알신이 농산 신으로서 자연을 움직여 농사가 되게 했다고 믿어온 가나안 민족 신앙이 이제는 감추어져 버리고 야웨가 농사를 가능케 한다는 이스라엘 민족 신앙이 뚜렷이 압도적으로 드러났다. 그래서 예언자 엘리야는 야웨가 비를 내려준다고 했고, 호세아도 야웨가 불, 기름, 술, 떡 같은 것을 준다고 말했으며, 이사야도 야웨가 농사 비밀을 가르쳐 준다고 지적하였다.

이런 농사면 뿐만 아니라 천지창조 문제에서도 종래에는 바알신이 창조주라고 믿어왔던 것이 이스라엘 백성의 가나안 정착 후부터는 야웨가 창조주로 알려졌다. 그래서 가나안 천지창조 신화에 우둔한 신화적 개념이 있는 것과 죽음, 부활 등에 대한 가나안적 개념은 야웨 종교에서 용납될 수 없었다. 이는 야웨 하나님만을 선택하는 자유주의에서 생겨난 결과였다. 그러나 이에서 벗어난 그릇된 자유주의는 가나안적 개념들을 용납하고 실천하였다. 그것은 다름 아닌 이스라엘 백성 중에서 야웨를 버리고 우상숭배를 한 사람들을 말한다. 여기에서 예언자 호세아는 가장 진정한 자유주의자로서 강력히 우상숭배와 성적 의식(性的儀式)에 반대 투쟁하여 그런 의식을 제거하는 데 힘썼다. 그는 야웨만이 이스라엘의 남편이고 이스라엘은 그의 신부라고 하였던 것이다.

이와 같이 이스라엘 백성들은 야웨 하나님만을 선택하는 자유주의를 고집하여왔다. 그러나 실제 하나님 예배 의식 면에서는 그 자유주의가 방해를 받았으며, 다른 여러 가지 잡신들의 경배 의식 제도에 영향을 받아 순수한 야웨 예배 의식이 고수되어 나오기 힘들었다.

이것도 역시 가나안에서 바알신 숭배 제사 의식이 성행했기 때문이었다. 야웨 유일신을 선택하는 데에는 그런 이교의 제사 의식이 자연히 영향을 주었고, 야웨종교의 순수성에 침투되었다. 일부 이스라엘 백성들과 이스라엘 왕들의 이교 수입과 이교 제사 의식의 모방은 야웨 하나님의 형벌과 심판의 제일 중대한 원인이 되었다.

그러한 이스라엘의 범죄 역사 속에서 주로 예언자들은 바알신의 제사 의식, 희생 의식에 대해서 반대하여 백성들을 경고했다. 호세아, 아모스, 이사야, 예레미야 등 모두가 그때그때의 집권자 왕들과 백성들의 바알신 제사 의식 채용에 대해서 항거하고 비난하였다. 이것은 오로지 야웨만을 선택하려는 자유주의의 열성이 있었기 때문이다. 일반 백성들은 그런 이교 종교에 대해서 대비하지 못했으나, 제사, 예언자, 열성자들은 과거 모세의 율법에 나타난 제사, 희생, 의식을 사수하려고 심혈을 바쳐서 노력했으며 때로는 야웨를 진실하게 따르면 왕들로 인해서 이교 의식 배척이 주장되었던 것이다. 특히 요시아왕의 종교개혁 때 신명기의 발견은 야웨 하나님 예배 의식을 이스라엘 백성에게 재인식시킨 중요한 계기가 되었다. 그러므로 해서 예배 의식은 야웨에게만 독점적으로 실행되어야 했으며, 야웨에게만 진심으로 전력, 충성을 다한 원칙이 확립되어 나갔던 것이다.

이스라엘 백성이 자기들의 제사 희생 제도를 비록 국가를 잃어버리고 바벨론 포로로 끌려갔을 때도 잃어버리지 않고, 그들의 민족주의로 인해서 제사 제도를 더욱 강조하였다. 이스라엘 백성이 이교 숭배로 인한 범죄와 아울러 이교국에서 노예 생활을 하자 그들 민족적인 의식은 저들의 종교, 야웨종교를 지키고 반면에 바벨론 종교에 동화를 거부케 하였던 것이다. 그러는 동안에 포로 생활이 끝나고 이스라엘에 귀환하여 저들 야웨종교의 예배 의식의 순수한 발전을 유지할 수 있었다. 에스겔은 더욱이 제사 의식 면을 재차 강조하였으며 율법사 에스라도 제사 면에서 상당한 관심을 가져 귀국한 후에 야웨종교 부흥에 많은 큰 공헌을 하였다.

그런데 여기에서 이런 제사 의식은 과거의 형식주의적, 의식주의적인 경향에서 벗어난 좀 더 내면적이고 영적인 희생 제사가 예레미야 후부터 강조되었다. 그러니 형식주의에서 벗어난 자유로서 이스라엘 종교는 내적이면서 인격적, 영적 종교로 발전되어 나갔다. 이는 오로지 이교에 대한 관계에서가 아니라 이스라엘 종교 자체 내에 있어서 형식적, 외면적 의식 면을 타파하고 인격적, 내적 영적인 면으로 흐른 자유주의의 경향과 결과였다고 볼 수 있는 것이다. 그래서 희생 제사가 그리 중요하지 않게 되고(시 15, 40, 50, 51편) 제사보다 야웨 하나님을 더욱 찬양하고 노래하는 경향이 생겨(시 69:30, 51:16, 141:2) 마침내는 정의와 공의를 행하는 것이 제사보다 더 야웨에게 소용된다는 데까지 이르렀다(잠 21:3). 이 점이 야웨종교에 있어서 제사 의식의 내면화, 미화라고 하겠으며, 이런 중에 제사 의식은 외면으로, 내면으로 명실공히 충실하여 야웨 하나님을 예배하게 된 것이다.

그런데 제사 의식의 자유로운 내면화, 인격화와 동시에 문제가 되어 온 것은 제사 직분이었다. 누가 야웨를 예배하는 데에 백성의 대표가 되어 제사(祭司)가 될 수 있는가 하는 문제이다.

이스라엘 백성의 역사에서 제사직은 이미 모세에게서부터 있었는데 그때는 제사로 소명을 받지 않고서도 백성이 하나님과 직접 관계하여 대면할 수 있었다(출 19:6). 그것이 높은 이상이었다. 그러나 실제로 제사장으로 부름을 받은 사람은 처음에 아론이었고, 그 아론의 후손이 대를 이어 제사장을 독점한다고 되어 있다. 여기에 이스라엘 백성은 모세, 아론의 제사직 독점에 반대하는 기세를 보이고 전 민족이 누구나 제사직을 담당할 수 있다고 강조하였던 것이다. 그 실제적 사건이 고라와 온당의 반역사건이었으며(민 16:3), 제사권을 횡령하려고 하였다. 이 사건은 한 지파만의 소위 귀족주의적 제사직 독점에 반기를 올린 대표적 실증이었다고 할 수 있다.

물론 하나님께서 정한 지파가 제사장직을 계승하여 내려왔지만, 특히 예언자 시대에 들어와서부터는 하나님의 보편적 제사직이 강조되었다. 예레미야는 하나님에 대한 지식을 가르치는 데에 제사직의 기능이 있다고(렘 31:33, 24:7) 한 것을 보면 다른 지파 족속이 제사직을 할 수 없다는 배타주의와 아울러 자기 족속만의 귀족주의에서 자유로

이 벗어나 하나님의 말씀을 전하는 제사장이란(출 19:6) 이상을 목표한 것임을 알 수 있다. "그들이 너희를 '야훼의 사제들'이라 부르고 '우리 하느님의 봉사자'라 불러 주리라. 너희는 다른 민족들의 재물을 먹고 그들의 보물로 단장하리라"(사 61:6)란 말이 자유를 가리키는 것이다.

이렇게 진정하게 보편적이면서 영적인 제사직의 이상은 신약에서 성취되었다. 거기에서는 귀족주의, 민족주의, 배타주의에 제한을 받지 않고서 그 이상이 깊어졌던 것이다(벧전 2:5, 9; 계 1:6, 5:10). 그러므로 하나님을 누가 대표해서 예배하느냐 하는 데에 과거 제사장들, 특권 계급에만 맡긴 데에서 벗어나 누구나 하나님과 접하고 예배할 수 있다는 데에 이른 것이라 하겠다.

하나님을 어떻게 예배하며 누가 예배하느냐 하는 제사 의식과 제사직에 관련해서 나타나는 문제가 "그러면 하나님을 어디서 예배하느냐" 하는 것이다. 즉, 다시 말하면 하나님 제단을 정함에 있어서 이스라엘 백성은 어떻게 해왔는가?

야훼 하나님이 처음에 어디 계셨는가? 성경 기록으로는 처음에 시내산(호렙산)에 계시다고 하였고, 거기에서 야훼의 법궤가 주어졌다고 되어 있다. 가나안 입국 후에는 야훼가 그의 존재를 나타내실 성소를 지을 것을 지시하였다(출 20:24). 그래서 이스라엘 백성들의 신앙에는 가나안에서 하나님이 오래도록 임하심이 필요하다고 느껴져 예루살렘에 중앙 성소, 성전을 건축하였다.

그런데 가나안 입국 후 성소 문제는 실제에 있어서 야훼가 유목 시대에 천막 장막에 계신 것과 같이 장막에 모셔야 한다는 보수적 신앙의 반대로 지장을 받았다(삼상 7장). 그런 보수주의에서 벗어나서 예루살렘에 성소를 세우려고 한 것이었는데, 처음에는 가나안 잡신들의 지방 성소와 마찬가지로 야웨의 제단을 세웠으나 장차로 독단적으로 시온성에 정하자는 운동이 일어나 그것이 솔로몬왕 때에 가서는 완전히 중앙 성소로 예루살렘 성전이 건축되었다.

여기서는 보수적 신앙의 반대가 아무 효과를 나타내지 못했다(삼상 8:18). 다만 시온에만 야웨가 계신다는 신앙이 승리하였다. 그럴 뿐만 아니라 가나안의 지방신 바알신을 넘어서서 야웨 하나님이 임하신다는 신관으로 확대되어 갔다. 그래서 신명기학파는 야웨가 그의 대표적 임재로서 시온 성전에 그의 이름을 두었다고 선언함으로써 야웨를 드러내고 바알신을 몰아내었다. 솔로몬왕의 신명기적 봉헌 기도를 보면 "하나님이 참으로 땅에 거하시리이까 하늘과 하늘들의 하늘이라도 주를 용납하지 못하겠거든 하물며 내가 건축한 이 성전이오리이까"(왕상 8:27, 개역개정)라 되어 있다. 여기서는 비로소 야웨의 제단인 성전은 신명기 종교의 중심적인 중요성을 갖게 되었다.

이렇게 이스라엘 백성은 야웨를 예배할 제단을 쌓는 데에 그들은 중앙 성소의 주장을 관철하여 성공을 보았지만, 예레미야가 그 성전의 멸망을 예언한 것처럼(렘 7:14) 바벨론군으로 인한 예루살렘 성전 멸망과 바벨론 포로는 야웨종교의 자유에 커다란 영향을 던졌던 것이다. 일시 이스라엘 백성에게는 야웨의 패배로 보였겠지만 예레미야, 에스겔, 제2이사야 등의 예언자들로 말미암아 포로민일지라도 이교국에서 야웨가 그들을 보호한다는 신념이 환기되어 있었다. 그래서 바벨론에서도 야웨 숭배의 의식이 지속되었던 것이다.

그런 결과 이스라엘 백성이 고국으로 돌아와서는 무엇보다도 제일 먼저 예루살렘에 성전을 재건하는 일에 착수하게 되었다. 당시 예언자 학개, 스가랴는 백성들을 이 제2 성전 건축에 집중시키는 데 노력했으며 그 성전이 허물어진 소식이 들리자 율법사 에스라와 건축가 느헤미야가 바벨론에서 돌아와 성전 수축에 위대한 공헌을 하였던 것이다. 이렇게 재건된 성전에서는 야웨의 지성소가 된 법궤가 예언자들로 인해서 그 성소가 발견되지 못하고 예루살렘이 야웨의 보좌가 된다고 언급하고 있다(렘 3:16).

이와 같이 이스라엘 백성은 어디서나 야웨의 예루살렘 임재의 신앙을 버리지 않은 점에 있어서는 저들의 신앙의 자유를 지켜왔다고 하겠지만 한편으로 구약에도 진보적인 자유주의가 일어난 것을 찾아볼 수 있다. 즉, 제3 이사야는 중앙 성소에 반대해서 "하늘은 나의 보좌요, 나의 발등상이니 너희가 나를 위하여 무슨 집을 지으며 나의 안식할 처소가 어디리오"(사 66:1)라 하였으며, 진보적 시편 기자도 야웨의 무소부재를 노래한 적도 있다(시 139편). 그런데 이와 같은 자유로운 견해는 구약에서 결정적인 승리를 얻지 못하였던 것이다. 그러나 이 자유로운 견해가 완전히 발전되기는 신약에 와서부터이며 신약에서 회답이 주어졌다. 즉, 이곳이 아니요, 저곳도 아니요, 어디서나 진정한 예배자는 신령과 진리로 예배할 수 있다는 것이다(요 4:23).

이와 같이 하나님 제단에 나타난 자유주의는 국가가 멸망을 당했을지라도 중앙 성소의 전통을 지켜온 점은 위대한 일이었지만 그 전통주의에서 벗어난 자유로운 제단 주장은 구약에서 성공을 보지 못했다고 할 수 있다.

이상에서 논한 하나님 선택, 하나님 예배, 하나님 제단 등에 나타난 자유주의는 야웨 유일신 신앙과 결국 관련을 맺고서 그 확립에 관계된 것이라 할 수 있다. 그러면 그렇게 확립된 유일신관이 어떻게 해서 보편적 유일신관으로 확립되었는가를 여기에서 고찰해 보자.

야웨 하나님만이 하나님이며 세계를 통치한다는 신명기 율법 정신의 신앙은 엄밀한 의미에서 말할 때 그 신앙은 이스라엘 백성의 민족주의적인 한계를 벗어나지 못했다고 본다. 그만큼 야웨는 이스라엘과의 계약 관계에서 이스라엘만을 다스리고 지배하며 다른 이방의 위험에서 보호한다는 이스라엘적인 신앙에 터를 잡고 있었다. 이것은 결국 다른 말로 표현하면 고대 이스라엘에 있어서는 동방 여러 이교신 중의 한 신, 즉 야웨를 선택하고 그 야웨만을 유일신으로 믿었던 소위 단일신관(henotheism)이 이스라엘 민족주의와 합쳐서 좋은 관계를 가져왔기 때문에 민족적 한계를 벗어나지 못했다고 말할 수 있다.

그런데 그 후 그 단일신 야웨가 이스라엘만 아니라 전 세계에서 유일한 하나의 신이라는 유일신관으로 발전했으며, 그 유일신관이 보편적 세계적인 함축성을 점차 내포하게 되어 이스라엘 역사 속에서 자라나게 되었다. 실제로 물질 세력에 토대를 잡는 세계 제국 아시리아 정치적 세력과 싸우는 데 있어서 예언자들은 도덕적, 정신적 정의의 권능을 가진 세계 지배의 야웨 하나님을 믿고 그 하나님을 증거하는 데 큰 정신적 운동을 일으켰던 것이다. 이 운동은 엘리야 혹은 야웨 문서(Yahwist)들로 인해서 준비되어 예언자 아모스에서 직접 시작되었다. 야웨 하나님이 궁극적 권능이고 모든 역사를 지배 섭리한다는 관념이 아모스에게 나타났다. 이사야도 야웨만이 구세주이며 모든 나라는 복종시킨다고 믿었으며(사 45:23), 예레미야도 우연적이지만 그의 유일신 신앙을 세계적 함축성에 관련시켰다.

이와 같은 아모스 후의 예언자들의 신관은 다소 세계적인 유일신관으로 발전된 것이지만 그래도 이스라엘 민족주의에서 이탈하려고 하지 않고 그 민족적 편협심에서 세계적 유일신관이 완전히 빠져나오지 못했다. 그런데 이 민족주의적인 관념에서 완전히 세계주의로 문호를 개방하여 야웨 하나님이 전 세계적 유일신이란 신앙을 확립시킨 사람은 제2이사야였다고 할 수 있다. 그만큼 제2이사야(사 40~55장) 이전에는 아주 자유롭고 관대한 예언자가 없었다고 해도 과언이 아닐 것이다.

제2이사야는 고난받는 이스라엘 포로민을 위로하면서 야웨가 페르시아 왕 코레스(Cyrus)를 시켜서 바벨론을 멸망케 하고 이스라엘을 해방시킨다, 즉 야웨의 세계 지배와 하나님의 승리를 백성들에게 외쳤던 것이다.

이와 같이 단일신관적인 유일신관이 민족주의의 한계를 벗어나 세계적, 보편적, 유일신관으로 발전한 것은 오로지 이스라엘 백성의 자유주의 운동의 결과였다.

3

백성들과 예언자들은 백성의 권리는 군주정치보다 신정정치(神政政治)로서 보호된다고 자각했고 또 확신했다.

앞장에서는 종교 면에 나타난 자유주의를 고찰했던바 그 종교는 전 생활 기구의 한 부분으로서 사회적, 정치적 변동으로 크게 영향을 받아온 것을 알 수 있다. 거기에서 전원 목축 문화가 농사 문명으로 사회가 변동하는 데 따라 종교가 변화한 것을 지적하였다. 그러므로 여기에서는 정치적, 사회적 변동에 나타난 이스라엘 백성의 자유주의 운동을 살피고자 한다.

이스라엘 백성은 야웨 하나님과 계속 관계를 맺은 후부터 그들은 족속 혹은 지파의 동맹을 형성하고 그 지파 동맹에서 부족과 부족 간의 형제 관계가 분명히 드러나고 동시에 그 계약으로 전 부족 지파의 형제 관계가 명시되었다. 이와 같은 사회조직 정치 체제는 단연코 자유로웠다. 모든 지파 부족이 각기 자유와 평등을 누리고 있었다. 거기서는 계급, 빈부의 차별이 없었고, 각 개인이 협의 발표의 자유를 가졌으며, 연령, 경험, 능력대로 다 평등하게 공평하게 쓰일 수 있었다. 지도자는 그들의 인격의 덕으로만 능력을 발휘하고 백성들을 다스렸다.

이러한 자유로운 조직과 체제는 이스라엘 백성의 출애굽 후 가나안에 입국할 때 벌써 형성되었지만, 실질적으로 그 조직이 더 결속되기는 가나안 입국 후에 블레셋, 페니키아 기타 이방과 싸워서 그들의 지배에서 자유를 얻으려는 때부터였다. 이방 침략에 대비해서 그 조직은 백성들에게 마침내 한 지도자 아래 모든 지파 부족의 단결 결속을 요구했던 것이다. 이것이 나아가서 군주정치 체체를 채택하였던 것이다.

여기서 이스라엘 백성은 가나안 사람이 가졌던 도시 왕이 아니라 민족적 군주를 필요로 했다. 이 군주체제는 이스라엘 백성 자체의 고유의 것이 아니라 이는 완전히 외국 이방 체제와 제도를 따라 채택한 것이다. 그래서 한편으로 이스라엘 백성 중에는 과거 광야 생활에서 살던 옛 정신으로 이 군주제도에 반대하고 그들의 자유와 평등이 위협을 받는다고 느꼈던 것이다.

그러나 그 군주제도의 기도는 사사시대(士師時代)부터 나타나 있으며(삿 9:7-20), 그 후 훨씬 뒤에 사무엘상 12장에서 보면 대체로 백성들이 군주 지배 아래에 있으려고 한 것을 지적하고 있다. 그래서 그 군주의 필요성은 역사적으로 점점 더 분명해져 사울왕이 비로소 최초의 왕으로 이스라엘 역사에 등장하고, 다윗왕이 그를 계승하였다. 사울왕, 다윗왕은 야웨 자신이 기름을 부어 세워 백성들의 자유를 위해 하나님의 자비로운 지도자로서 세워졌음을 자각하고 행동하였던 것이다.

이런 민족적 자유를 위한 군주정체의 확립에 관련해서 이스라엘 백성들은 왕에 대해서 어떻게 생각하고 왕의 행위에 대해서 어떠한 태도를 취했는가 하는 것이 의문이 된다.

이스라엘 백성은 왕을 신이라(시 45:6), 능력 많은 신이라(사 9장), 야웨의 아들이라(시 2편) 생각하고 불렀다고 한다. 이를 보면 왕은 야웨의 아들로서 하나님과 밀접한 관계를 가지고 있음이, 비록 과장스러운 표현이라 하겠지만, 나타나고 있다. 그래서 왕은 하나님의 기름 부음 받은 자라 해서 신성불가침의 성격이 드러났었다. 이 관념은 초기시대의 족장, 부장의 두목이 침범할 수 없는 존재였던 관념에서 생겨나온 것이라고 본다.

그러면 이스라엘 백성은 왕에게 얼마큼의 권리와 자유를 기대했는가? 왕은 확실히 야웨의 대리라고 생각되었지만, 왕은 절대적 지배자라고는 생각되지 않았다. 그런데 유독 솔로몬왕만은 자기 대에 있어서 그 위엄이 세계만방에 떨칠 만큼 이집트 왕을 본떠서 세계의 지배자인 척 행세하였다. 그러나 역사는 이스라엘 역대 왕들의 무능을 증명했으며 그럴수록 군주정체에 대한 비난과 반대가 일어났다.

예언자들은 그때그때의 왕의 비행에 대하여 호감을 가지지 않았다. 그들은 군주정체에 대해서는 호감이 있었지만, 왕들의 정책에 대해서는 개인 왕에 대해서 공격, 반대하지 않으면 아니 되었다. 다윗 왕국이 B.C. 586년에 멸망하였지만, 예레미야가 장래의 군주정체의 부흥을 믿었는지 안 믿었는지는 몰라도(렘 23:5-6, 33:14-15) 여하간 예레미야는 무서운 용감성을 가지고 왕의 악행을 비평, 공격하였던 것이다.

이렇게 왕에 대한 반대는 왕의 월권행위도 있겠지만 야웨의 지배를 벗어나 자기들 맘대로 행사하려 하기 때문이었다. 왕들은 야웨가 이스라엘의 왕인 것을 잊었던 것이다. 그래서 백성들과 주로 예언자들은 백성의 권리는 군주정치보다 오히려 신정정치로서 보호되어 있다고 자각하고 확신하였다.

이스라엘에서 정치체계가 군주정치로 확립된 데에서 백성들은 언론과 집회에 얼마만큼 자유가 있었는가, 즉 바꾸어 말하면 백성들의 의사가 정치에 얼마나 영향을 먼저 주었는가 하는 문제도 고찰하는 것이 의의가 있으리라 생각한다. 언론 자유는 한 법으로서 허가되었으나 늘 있는 것이 아니었다(왕상 16:1, 22:25, 암 7:10, 5:13, 미 2:6, 렘 26, 36, 38). 또한 백성들은 늘 집회의 자유도 누리고 있었다. 북왕국 이스라엘에서는 군주정치과 남왕국 유다와 같이 세습적인 것이 아니었으나 백성들은 그 왕의 선택권을 행사했으며, 남왕국 유다에서는 요시아왕 때까지 왕이 소집한 국민의회에서 백성들이 법을 채택하는 데에 발언권을 소유했던 것이다(왕하 23:1-3).

이러한 자유로운 경향은 포로기 중에서도 유지되었다. 에스겔의 새 헌법에 따르면 부흥된 사회에서 왕은 제한된 권한을 가진 왕이 될 것이라고 되어 있다. 제2이사야에 의하면 이스라엘 백성은 야웨께서 다윗에게 내린 확실한 계약의 은혜를 받을 것이라고 하여(사 55:3) 백성들을 위로한 것을 볼 수 있다. 이도 역시 과거에 누렸던 계약에 의한 자유를 소유할 수 있다는 말이다.

포로기 후, 귀환에서도 오랫동안 위계정치(Hierarchy)가 실시되었
는데 그때에도 자유사상은 잊히지 않았다. 이스라엘의 일반 백성은
누구나 다 제사가 될 수 있다는 제사직의 이상(출 19:6)이 제3이사야로
인해서 재강조되었다. 원래 제사 기자들은 거룩한 국민의회를 옹호
하기 위해서 제사장의 대표인 모세, 아론에 반대한 고라당의 반역 사
건을 기술하였던 바 있는데(민 16:1), 귀환 후의 이스라엘에는 비록 국
가적 독립은 없었을지라도 일종의 종교적, 제사적 다시 말하면 종교
정치를 하게 되었던 것이다. 그래서 백성들은 그들의 장로와 국민의
회를 통해서 중요한 사건들을 처리, 결정하였다(스 10장, 느 9장, 욜
1:14, 사 24:23). 그러므로 이 교직정치란 것은 국민의회의 정치이었으
므로 전제정치가 될 수 없었다.

이와 같이 이스라엘 역사를 통해서 계약 관계에서 지파 중에 보급
된 자유, 평등, 형제애의 정신은 늘 끊어지지 않고 동경하였으며 그렇
다고 해서 그 정신이 완전히 실현될 때도 없었다. 그러나 그러한 동경
은 이스라엘의 사회적, 정치적 발전에 의해서 많은 영향을 받아 일어
났던 것이다.

4

이스라엘 백성은 사유재산을 인정한 가나안의 농업 경제 제도를 반대하
지 않으면서도 유목 생활을 동경하였다.

이스라엘의 경제 역사 면에서도 마찬가지로 자유의 발전이 드러
나 있음을 엿볼 수 있다. 대개 경제면이라 함은 처음에 이스라엘에서

유목 경제를 생각할 수 있고, 다음에 농업 경제를 들 수 있다. 여기에서 흔히 고대 농노사회에서 보는 경제적인 빈부의 차별을 살펴볼 수 있다. 즉, 자유사상을 찾을 수 있는 것이다.

이스라엘 백성이 토지를 가지고 농사를 짓기는 가나안에 들어온 후부터였다. 가나안에 처음 들어왔을 때는 백성들은 토지의 집단 소유권 제도하에서 목축 땅을 공동으로 소유했었다. 모두 다 자유 평등이라 토지도 공동 소유였다.

그러나 농작 제도를 점차로 습득함에 따라서 사유재산이 생기게 되어 모든 각 가정에 재산을 고착시키게 되었다. 그래서 개인의 능력과 수고 여하로 또는 토지의 우량 여하로 각 개인에게는 수입의 차이가 생기게 되었다. 그 결과는 자연히 빈부의 차이란 것이 나타나지 않을 수 없었다.

이렇게 농업경제가 빈부의 차라는 현상을 가짐으로써 새로운 현상을 초래케 되었다. 그것은 돈을 가지고 사고팔고 하는 상업이 생겨 토지와 물품을 매수하는 일이었다. 그뿐만 아니라 빈자가 부자에게서 꾼 것을 갚지 못하면 자유를 빼앗기고, 따라서 재산과 사회적, 정치적 권리까지도 상실하게끔 이르렀다. 이와 반대로 부자는 사회적 지위와 공민권이 높아가서 빈자를 압박하는 권익을 행사하게 되었다.

이러한 토지를 중심으로 한 농업 경제가 재산과 토지의 소유 여하로 지배 계급 부자와 피지배 계급 빈자란 계급의 차를 낳게 되고 말았는데 이에 대해서 고대 이스라엘 율법은 어떻게 하였는가 하면, 사유재산을 인정하면서 한편으로 재산제도를 제한하였으나 노예의 복무 연한은 6년으로 한정했으며(출 21:2-6), 빚진 자에게서 돈을 못 받게 한다든가(출 22:25), 7년마다 토지를 쉬게 하였던 것이다(출 23:10). 이런 대책을 법으로 세운 데 대해서 반대한 자는 별로 없었던 것이다.

그러나 이러한 농업 경제에 대해서 전연 반대가 없었던 것은 아니다. 그 반대는 처음 단계로 유목 생활, 목축 경제의 환원을 외친 데서부터 시작하였다. 즉, 고대 야웨문서(Yahwist)가 목자 아벨이 동물을 희생하여 제사를 드린 것이 야웨에게 가납(嘉納)되었다고 기록한 것을 근거로 해서 유목적 이상을 실현하려고 한 적이 있었던 것이다. 아벨의 동물 제사에 반해서 가인의 곡물 제사는 야웨에게 가납되지 않았다고 한 것은 그런 이유이다. 예언자 아모스도 나실인(Nazirite)은 야웨의 열심가를 예언자로 삼고(암 2:11) 전 가나안 질서에 반대했으며, 예레미야도 금주가 레갑 족속이 가장 심하게 농업과 포도 재배를 반대했다는 사실을 들었다.

그러나 가나안의 농업 문명 속에서 이스라엘 백성이 영주하게 되는 데 있어서 그러한 가나안 농업 문명에 대한 의식적인 과격한 반대는 현실 생활 면에서 농사를 영위해야 할 백성들에게 불가능하였다. 그런 농사 반대는 실제로 가나안 토지와 도시와 경작지 등의 그 문명을 단념하는 것을 의미했던 것이다. 그래서 이스라엘 백성은 사유재산을 인정한 가나안의 농업 경제 제도를 반대하지 않고서 자기들 고유의 유목 생활을 동경하였던 것이다.

그런데 이스라엘 백성이 가나안 문명을 반대한 실질적 이유가 있었다. 그 반대는 가나안 문명에 젖은 이스라엘 백성의 모순된 행동에 대한 비난이었다. 즉, 야웨를 따르고 빈자를 옹호한 예언자들은 종교 면에서뿐만 아니라 경제 면에서도 바알신적 문화인 가나안 문화의 침투에 반대 투쟁하였던 것이다. 예언자들은 왕과 부자의 침략, 착취 행위에 반항해 싸워 백성들의 권리를 옹호하였으며, 빈자들의 재산 요구를 편들어 그들의 이익을 위해 투쟁하였다(호 5:10, 삼상 8:15, 겔 45:8, 46:18).

그뿐만 아니라 술을 먹는 것을 개선한 것도(암 4:1, 6:6, 호 4:11, 7:5, 사 5:11, 12:22) 술이 사람을 금수같이 하고 빈자를 더 착취하는 것이 되기 때문에 비난했다. 또한 부자의 사치 생활도 비난했다(암 6:8, 호 8:14, 렘 22:1). 이러한 모든 비난은 가나안 문명의 현상이 이스라엘 백성들의 성격에 손상을 가할 뿐 아니라 야웨종교를 해치는 것이 되었기 때문이었다. 그러므로 여기에서 예언자들은 비록 가나안 농업 경제의 사유재산제도를 받아들이되 야웨종교의 방해가 되는 가나안의 바알신적 문화의 침투에 대해서는 결사코 반대해서 야웨종교의 자유를 위해서 싸웠던 것이다.

가나안의 농업 문명이 야웨종교에 미치는 악영향을 알고서 이스라엘 입법자는 이에 대한 율법을 세웠던 것이다. 즉, 농업 경제에 대해서 제한을 가했던 것이다.

신명기법에 처음 면제년을 세운 것(신 15:1-6)은 노예와 부채자에 대한 법을 강요하는 것보다 종교적 신앙에 토대했기 때문이었다. 특히 성결법전은 가족의 땅을 영구히 팔아서는 안 되고, 땅은 야웨에게 속해 있으므로 백성은 소작인이라 하였으며 사랑으로써 이웃을 사랑하라고 하였다.

그리고 모든 땅은 50년 희년(禧年)에 원주인에게 반환하여야 한다고 되어 있다(레 25장). 이것은 엘리야가 가족 재산의 신성을 위해서 싸운 때에 당시 아랍군에게 항거해서 땅을 원주인에게 돌려줘야 한다고 주장한 것으로 사용되었다.

그러나 법은 수호되지 않고 강요될 수도 없었기 때문에 신명기법의 면제년이 회피됨에 따라 희년법도 경시되었다. 그러나 이 양자의 법은 효과 없는 경제적 자유주의이나 고상하게 남아서 야웨종교에 그 뿌리를 잡고 있었던 것이다.

5

구약의 자유주의는 야웨종교를 이탈하고 맹목적으로 이교로 넘어가는
극단적 자유주의를 막아내어 왔다.

이상으로 우리는 구약성경에 나타난 자유주의를 종교, 정치, 경제에 걸쳐 약술하였다. 여기에서 우리가 가장 인상적으로 구약의 자유주의의 특색을 발견할 수 있었다. 그것은 구약에서 자유주의가 필요하기도 했으며 또한 위협하기도 한 사실을 보여준 것이라 하겠다.

즉, 자유주의가 필요한 때 이스라엘 종교의 근본적 원칙을 지속시키고, 나아가서 그 원칙에 합의할 때만이었다. 야웨종교의 원칙에 근거하여 이에 상반되는 모든 방해물에 대비해서 자유주의를 개발시켜 나갔던 것이다. 또한 한편으로 자유주의가 위험할 때는 야웨종교가 용납할 수 없는 이교적인 사상과 풍습을 묵인했을 때였다. 그런 자유주의는 야웨종교의 진정한 본질을 망각하고 이교적인 예배로 넘어간 것이었다. 그러므로 여기에서 이스라엘 종교의 보수적인 경향은 실질적으로 자유주의가 극단으로 흘러가는 것을 막고 이교적인 것에 동화되는 것으로부터 구원하였던 것이다.

그러므로 구약의 자유주의는 야웨종교의 근본적 원칙을 옹호하는 데 있어서 거기에서 벗어나 지나친 형식주의, 의식주의, 전통주의,

민족주의에 대항해서 싸워온 것이며 한편 야웨종교를 이탈하고 맹목적으로 이교로 넘어가는 극단적 자유주의를 막아왔던 것이다.

이러한 경향을 조종하고 야웨종교의 순수성을 지속해 나오는 데에 위대한 역할을 한 사람들은 예언자들이었음을 발견할 수 있다. 그들은 진정 야웨종교의 자유를 위해서 싸웠으며 극단으로 이교화하는 백성들의 자유주의를 비난해서 이교화를 막아내려고 투쟁하였던 것이다. 종교만 아니라 정치, 경제 각 부분에 걸쳐 예언자들은 야웨 하나님의 뜻을 백성들에게 전달함으로써 백성들의 신앙과 이익을 위해 노력하였다.

그러나 예언자들의 이러한 노력에도 불구하고 이스라엘이 국가적 독립을 잃고서 소위 유대교 시대를 거쳐 나올 때 유대교적인 보수적 전통주의가 승리하여 민족주의, 제도주의, 율법주의를 더 강화시켜 나갔던 것이다. 그러므로 신약 전 2세기란 것은 진정한 의미에서 자유주의 운동은 방해되었고 없었다고 할 수 있다. 그만큼 유대교는 구약의 종교를 지나친 민족주의, 의식주의, 율법주의로 이끌어 넣었던 것이다.

그러나 그러한 구약의 종교를 외면적으로가 아니라 내면적으로 신앙적인 면에서 해방시키는 일은 위대한 예언자 예수 그리스도로부터 이루어졌던 것이다. 기독교의 자유운동이 민족적 제한 없이 예수님으로부터 움트기 시작함으로써 유대교적인 민족주의, 형식주의, 율법주의는 그 탈을 벗어나서 진정한 세계적인, 내면적인, 신앙적인 기독교로 발전해 나갔던 것이다. 그러므로 구약의 예언과 계약의 완성과 성취로서의 신약은 자유주의의 진정한 완성을 가져왔다고 할 수 있다.

인권의 성서적 근거

하나님께로 돌아가는 일이 인간을 인격으로 회복시키고 인권을
존중하는 바른길임을 예언자들은 그들의 왕을 일깨우면서 동시에 우
리에게 가르쳤다.

1

종족 간의 인종 분리의 경우에서 인간이 대접을 받지 못하는 사례들이 세
계 도처에서 일어남은 유감된 일이다.

세계의 모든 자유 민주주의 국가들은 헌법에서 인권선언을 하고
자유를 보장하고 있다. 사상의 자유, 신앙의 자유, 언론의 자유, 출판
의 자유, 집회와 결사의 자유, 장소와 직종의 제한 없이 노동할 수 있
는 자유와 인권이 법률로 보장되어 있다. 민주주의에서 전체 시민이
평등하고 법 앞에서 정말 꼭 같은 대접을 받아야 한다는 정신도 민주
주의 헌법의 기본적 정신이 되어 있다.

그러나 우리 인류 사회에는 자유와 평등을 기반으로 하는 인권과
민권의 보장이 실제에 있어서는 제대로 지켜지지 않고 있는 경우가
선진국이나 후진국에 아직도 있는 것을 발견하게 된다. 더욱이 정치

적 보복의 경우에 있어서나 노동층 근로자들의 정당한 권리와 인권을 유린하는 경우, 종족 간의 인종 분리의 경우에서 인간이 인간 대접을 받지 못하는 사례들이 아직도 세계 도처에서 일어나고 있음은 실로 유감된 일이 아닐 수 없다. 강요된 침묵을 지켜야 하는 오늘의 한국의 현실 속에서 성서에 나타난 인권사상과 인권옹호의 문제를 더듬어 보는 일도 의미가 있는 것으로 안다. 자유와 해방으로 역사적 방향에 서서 인간의 기본권 회복의 성서적 근거를 찾아보려고 한다.

2

하나님과 인간의 공동체 의식 속에는 인격적 하나님이 인격적으로 인간을 상대하고 관계를 맺는다.

인간의 인권을 문제 삼는 데 있어서 기독교 성경은 우선 "사람이란 무엇이냐?" 하는 인간에 관한 질문에서 해답을 얻으려고 한다. 그것은 다른 말로 바꾸어 말하면 인간이 어디서 또 어떤 방법으로 발견되었는가 하는 질문에 대한 해답에서 찾을 수 있다는 것이다.

신·구약성서에 나타난 인간은 하나님과의 관계에서 그 모습을 발견할 수 있다. 그 하나님과 인간의 관계는 하나님을 어떤 하나님으로 보았는가 하는 데에서 인간의 발견이 가능했었다. 즉, 성서에 일관되어 있는 하나님은 창조 때부터 인류 역사에서 살아 움직이는 인격적인 하나님으로 묘사되어 있다는 것이다. 살아계신 하나님(왕상 17:1)이 역사를 주관하시고 생명을 허락해주는 주(렘 38:16)이신데, 이 주 하나님이 태초에 천지와 인간을 창조했고 이스라엘의 조상들을 불러 선택했으며, 지도자들을 소명하여 역사를 바르게 이끌어 나가도록 했고, 잘못된 범죄를 저지르면 냉혹한 심판으로 사람의 역사를 다스렸으며, 회개를 요구하면서 다시 용서하며 구원의 방향으로 인도하려고 하였다는 역사 기록이 구약에 일관되고 있다.

이렇게 하나님과 인간과의 관계가 살아 움직이는 밀접한 관계로 맺어졌다는 것을 구약에서는 계약 관계 때문으로 본다. 모세 시대에 형성된 계약의 실현(출 24장)은 하나님과 이스라엘과의 관계를 양자의 이해 타산의 협약 관계로 보는 것이 아니고, 하나님으로부터 시작되고 주도된 하나님께 대한 인간의 완전 의존을 바라는 공동체 의식으로 양자를 결속시키는 데까지 이르렀다. 그래서 하나님과 인간 사이에는 참된 '공동체 의식'이 있다는 것을 구약의 계약 사상이 보여준다.

여기 공동체 의식 속에는 인격적 하나님이 인격적으로 인간을 상대하고 관계를 맺는다는 의식이 있는데, 다시 말하면 공동사회 의식을 강조하고 있는 것이 성서 전체가 보여주는 집단 인격 관념이라 하겠다. 인격적인 내가 인격적인 당신과 만나는 곳에서 피차 인격이 형성된다는 것이다. "너는 네 주 하나님을 사랑하라"라는 옛 계명과 꼭 같은 것으로 "너는 네 이웃을 네 몸과 같이 사랑하라" 하는 예수의 새 계명은 인격의 기반인 하나님께서 사랑에서 출발했음을 인정할 수 있고 여기에서 인격과 인권이 밀접히 관련되어 있음을 알 수 있다.

에밀 브루너는 기독교의 인격 개념을 다음과 같이 해석하고 있다.

인격은 하나님의 부르심이고, 신과 교통하는 한 개체적인 인간인 나를 소명 하심이고, 이것이 나로 하여금 하나의 인격, 하나의 책임적 존재가 되게 하는 것이다. "내가 너를 지명하여 불렀나니 너는 내 것이라" 하나님인 주체자가 나를 너라고 부르며, 여기 이 모양으로 존재하는 이 개체적 인간인 내가 곧 영원한 하나님에 의해 발견되고 부르심을 받았다는 것을 나에게 증명해준다…. 개체적 인격 그대로가 신의 부름을 받은, 가치가 있는 존재라고 생각되기 때문에 이런 평가의 대상이 되는 것이다(『기독교와 문명』).[1]

이런 해석에 비추어 볼 때 개인 인격은 하나님으로부터 인정을 받은 인격체임이 더 분명해진다. 이런 신인 관계는 성서에서 하나님을 아버지라고 부르는 데에 잘 나타나 있다(신 32:6; 사 63:16; 말 1:6). 아버지와 자식과의 관계는 인격적 관계이다. 신약성서에서도 하나님을 아버지라고 하고 백성들을 하나님의 자녀로 본 점과 특히 예수 자신이 하나님의 아들로 오셨다는 고백을 한 점에서 인간은 하나님과의 관계에서 인격적인 '너'로 인정을 받고 있는 것을 알 수 있다.

인간이 하나님을 사랑하고 인간이 하나님으로부터 사랑을 받아 응답할 수 있는 것은 인간이 하나님의 형상으로 창조되었기 때문이다. 하나님이 만물을 창조하고 마지막에 인간을 창조할 때 자기의 형상대로 인간을 만들었다고 창세기 기자가 기록하고 있다. '하나님의 형상을 따라', '하나님의 모양대로'(창 1:26) 인간을 만들었다는 생각에는 인간에게 거룩한 본성이 주어졌다는 생각이 있다. 거룩한 본성이란 이성이 아니라 사랑을 인간에게 주어 사랑이 인간성의 원리임을 보여준 것이다. 이 신적 사랑을 인간이 받았기에 하나님의 형상대로 지음을 받은 인간은 최초의 사람이나 누구나가 다 사랑을 주고받을

---

1 Emil Brunner, *Christianity and Civilization*, James Clarke & Co, 1949.

수 있는 인격체이고 온 천하를 주고도 바꿀 수 없는 생명체이며, 생명과 인격의 존엄성을 가지고 있는 것이다. 인간이 신과 비슷하게 창조되었다는 것은 인간이 하나님처럼 '나'로서 '자아'로서 한 '인격'으로서 창조되었다는 뜻인데, 피조물로서 하나님에게 매여 있는 관계에서 인간으로 하여금 신의 형상이 되게끔 하나님에 의해서 요구받고 있으며, 책임적 인격이 되도록 요구받고 있다는 의미이다.

신구약 성서 기사에는 인간은 항상 주 하나님에게 책임적이게끔 요구되어 있다. 인간은 오직 하나의 진정한 책임, 즉 하나님에게 대한 책임을 가지고 있다. 인간은 자유로울 때에만 이 책임을 완수할 수 있다. 신인 관계는 민주주의적 방법으로 관계되어 있지 않다. 왜냐하면 하나님은 인간과 동등하지 않고 인간은 하나님과 동등되지 않기 때문이다. 그러나 성서 교훈에 보면 신인 관계가 민주주의 사상의 원천이 된다는 것이다. 즉 모든 인간은 하나님 앞에서 평등하고 자유하다(『정의와 자유』).[2]

이상의 내용을 다시 요약하면 성서에 나타난 민주주의 사상은 인간이 하나님 앞에서 신적 사랑을 받고 응답할 수 있는 책임적, 인격적 자아이고, 하나님 앞에서 평등하고 자유스러운 인간의 존엄성을 가진 실존이며, 천하를 주고도 바꿀 수 없는 귀한 생명체이고, 인격체임을 가르쳐주고 있다. 인간은 나면서부터 이런 기본적 인권을 가지고 있다는 사상을 보여준다.

---

2 Emile Brunner, *Justice and Social Order*, The Lutterworth Press, Cambridge 2003.

3

"그 부자를 죽이고 양 새끼를 네 배나 더 갚게 하라" 나단이 다윗에게 말하기를 "당신이 바로 그 사람이라"

성서에 인권 운동이 있었는가를 살피는 문제는 인간이 인격으로, 즉 인간다운 인간으로 발견되어 왔는가를 알아보는 데에서 가능하다. 인간이 어디에서 하나의 인격으로 발견되어왔는가, 하는 질문은 구약의 예언자들의 예언 운동과 예수의 인간화 운동에서 찾아볼 수 있다. 이 말은 인간이 예언자들과 예수에 의해서 재발견되었다는 것을 의미한다. 평등과 자유의 인간 발견이 예언자들과 예수에 의해서 실천되었음을 살펴보겠다.

이스라엘 왕국 역사에 보면 국민 개인의 인권과 민권을 유린하는 왕권의 횡포에 항거하는 예언자들의 저항 정신을 찾아볼 수 있다. 다윗왕이 남북통일을 한 다음, 예루살렘을 수도로 정하고 중앙정부를 조직하고, 비로소 정치적 안정을 가져오고 왕권을 확립해 놓자 왕으로서 큰 실수를 저지르게 되었다. 다윗이 자기의 부하 장군 우리야의 아내가 예쁘고 아름다운 것을 보고 그의 아내 밧세바를 소유하고자 우리야 장군을 전쟁터에 내보내어 전사하도록 음모를 꾸미고 나서 우리야가 전사한 것을 확인한 뒤에 밧세바를 후궁으로 빼앗아 오고 말았다. 이것이 왕이 인권을 유린한 최초의 사건이었다.

이 사건을 지켜보고 있었던 감시자가 있었다. 그가 바로 나단이란 선지자였다. 나단은 다윗왕의 지도 고문으로서 왕실 예언자였는데 이 나단이 왕에게 간접적으로 왕의 큰 범죄를 인식하게 하여 왕을 회개시킨 일이 있었다. 사무엘하 12장 1-14절에 보면 나단이 왕에게 비유를 들어 왕의 재판을 요구한 이야기가 있다. 어떤 마을에 양들을 많이 가지고 있는 부자가 자기 집에 온 손님을 대접하려고 같은 동리에 살고 있으며 오직 양 한 마리만 기르고 있는 가난한 사람의 양을 빼앗아 와서 손님을 대접했다는 것이다. 이런 경우에 다윗왕은 어떻게 처리하겠느냐고 나단이 물었다. 다윗은 그 부자를 죽이고 양 새끼를 네 배나 갚아야 한다는 판정을 내렸다. 나단이 다윗에게 말하기를 "당신이 그 사람이라"라고 쏘아붙였다.

하나님의 대변자인 예언자가 민권과 인권을 옹호하면서 왕권과 부자들의 횡포가 백성을 함부로 죽이거나 남의 아내를 뺏거나 가난한 자의 것을 약탈하는 그런 부정, 불의에 대해서 정면에서 고발하고 항거하여 왕으로 하여금 회개하도록 책임을 추궁한 최초의 인권옹호 사건이었다. 다윗의 좋은 점은 일개 민간인 대법자인 나단 앞에서, 즉시 그 자리에서, 하나님 앞에서 큰 죄를 저질렀다고 회개했다는 것이다. 회개를 연기하거나 자리를 바꾸지 않았다. 이스라엘 역사가들은 이런 다윗왕의 책임적 사죄 결단에 대해서 높이 평가하였다. 후세 역사가들과 후세의 사람들이 다윗을 늘 존경하는 이유는 국민 앞에 사죄할 줄 알았기 때문이었다. 나단은 다윗왕의 이런 인권유린 사건을 하나님의 말씀을 업신여기고 하나님 보기에 악을 행한 큰 범죄 사건으로 고발하여 하나님의 징계를 받을 것이라고 예언하였다(삼하 12:9-12). 은밀히 비밀 속에서 인권을 유린했지만, 심판을 받을 때는 백주에 당할 것이라고 경고하였다(삼하 12:12).

이스라엘 왕국인 북왕국의 아합왕(869~850 B.C.)은 자기 아버지인 오므리 장군이 군사혁명을 일으켜 왕이 된 후 그를 계승하여 왕이 되었는데 국제 결혼으로 페니키아의 두로 왕녀인 이세벨을 데려와서 결혼하였다. 이세벨이 나봇이란 포도원이 탐이 나서 사람을 사서 나봇이란 사람이 하나님을 모독했다는 소문을 퍼뜨린 다음 나봇을 돌로 때려 죽이고 그의 포도원을 남편 아합왕으로 하여금 강탈, 몰수하도록 만들었다(왕상 21:1-16). 이방 여인이 유다 왕실에 들어와서 왕권을 이용하여 백성의 재산을 강제로 몰수하고 땅 주인에게 누명을 뒤집어씌워 비밀리에 암살해버린 끔찍한 인권유린 사건을 저질렀다.

성서 기자는 왕들의 큰 정치적 업적과 국제 외교를 통한 경제 진흥에 관심을 보이지 않고, 왕들이 국민 한 사람이라도 불법으로 죽이거나 강권으로 국민의 재산을 강탈하거나 하는 민권 유린의 범죄에 대해서는 크게 관심을 가져 그 사건을 다루어 기술하고, 그 시시비비를 판결해내는 데에 분명한 판단을 내리고 있다. 이번에는 예언자 엘리야가 이 사건을 예리하게 주시하고 책임이 있는 아합왕에게 나아가서 왕의 비행과 민권 유린 사건을 고발하고 아합의 집이 망한다고 경고하였다(왕상 21:17-20). "네가 죽이고 또 빼앗았느냐? 하나님 보시기에 악을 행하였으므로 내가 재앙을 내려 너를 쓸어버리리라"(왕상 21:19-21)라고 엘리야는 혹독하게 왕의 비행을 고발하는 심판의 말을 던졌다. 엘리야는 왕권이 민권을 짓밟는 데 대한 분노를 참지 못하여 민권 대변자로서 민권을 찾고 억울한 원한을 하나님이 심판한다는 하나님의 사랑과 주권을 천명하는 데 앞장을 섰다.

기원전 8세기부터 문서 예언자로 등장한 아모스, 호세아, 이사야, 미가, 예레미야 같은 예언자들도 실은 민중의 대변자이면서 인권을 옹호하는 데에 앞장선 투사들이었다. 하나님을 인식하고 철저한 사명 의식을 가지고 분명한 윤리적 판단으로 자기 나라의 역사의 방향을 바르게 인도하려고, 왕과 백성들에게 비판적인 건의와 충고와 경고를 하는 데에 이들은 용감하였다.

정의의 예언자로 알려진 아모스는 북왕국 이스라엘에서 750년경 예언 활동을 하였다. 여로보암 2세(786~746 B.C.) 통치 기간에 이스라엘은 정치적, 경제적 안정이 있었으나 사회의 부정부패가 극심하였다. 여기에서 당시의 인권유린의 사례만 들어보겠다. 은을 받고 의인을 팔며, 신 한 켤레를 받고 궁핍한 자를 파는 일(암 2:6), 가난한 자를 밟고, 저들에게서 부당한 세를 취하는 일(5:11) 등이 아모스에 의해서 고발되었다. 특권층 부자와 재벌들이 궁핍한 자를 삼키며, 땅의 가난한 자를 망하게 하는 일(8:47)이 많았던 당시의 사회적 부패가 결국은 권력층과 재벌들인 부자들이 무산자들의 권리와 재물까지 빼앗는 극심한 상태에까지 이르렀다. '공법을 사리사욕으로 변하게 하여 정의를 땅에 던지는 자들'(5:7)이 심판을 받아 멸망할 것이라고 대담하게 선언하고 있다.

아모스처럼 약자 편에 서서 약자와 가난한 자들이 부자와 권력 계급으로 말미암아 억울한 곤경을 당하는 것을 목도하고 정의를 강물같이 흘릴 것을 호소하며 하나님의 정의가 사회에 실현되기를 외쳤던 것이다. 이때의 도시 시민의 사회적 구조는 탄압적 구조였다고 한다. 즉, 계단식 착취를 했다는 것이다. 왕실, 공무원, 상인(재벌)들이 서민인 평민들을 착취했다는 것이다. 이런 구조 속에서 계단적으로 착취당했던 서민층의 인권이야말로 물건과 같은 취급을 받듯이 처참한 실정이었다. 더군다나 의인을 학대하며 뇌물을 받고 성문에서 궁핍한 자를 억울하게 한 일이(5:12) 비일비재하였다. 아모스의 외침은 살기 위하여 선을 구하고 하나님을 찾으며 선을 사랑하는 것이라는(15:4,

14-15) 인권선언을 대신한 외침이었고, 정의를 실천하라는 말이 곧 인권선언이었다.

호세아의 인권옹호는 자기 아내 고멜의 인격과 인권을 회복함으로써 이스라엘 전체의 인권을 되찾으려고 애쓴 공헌이었다. "이 땅에는 진실도 없고 하나님을 아는 지식도 없고 오직 저주와 사위와 살인과 투절과 간음뿐이요 강포하여 피가 피를 뒤트는"(호 4:1-2) 사회풍토 속에서 자기의 사랑하는 아내 고멜이 부정한 여자가 되어 여러 남자에게 팔려 넘어간 처지에 이르고 말았다. 음행한 일로 버림받은 처지에 빠진 가련한 아내를 고발하면서도 사랑으로 용서하며 다시 돈을 주고 고멜을 맞아들이는 예언자 호세아의 극진하고 자비스러운 용서의 사랑이 곧 호세아의 인권옹호의 실천이었다.

이사야도 유다의 아하스왕을 고발하기를 왕이 "불의한 법령을 발표하여, 불의한 말을 기록하며 빈핍한 자를 불공평하게 판결하며, 내 백성의 가련한 자의 권리마저 박탈하며"(사 10:1), "사람을 괴롭게 하고 그것을 작은 일로 여겨서 또 나의 하나님을 괴로우시게 하는"(사 7:13) 자라고 말하고 있다. 아하스왕의 횡포와 인권유린에 대해서 예언자 이사야는 하나님을 믿는 신뢰가 개인과 국가의 집을 굳게 세울 수 있다고 왕에게 강권하였다.

예레미야도 약자들의 인권옹호에 이같이 말하고 있다.

너희가 만일 길과 행위를 참으로 바르게 하여 이웃들 사이에 정의를 행하며 이방인과 고아와 과부를 압제하지 아니하며 무죄한 자의 피를 이 곳에서 흘리지 아니하며 다른 신들 뒤를 따라 화를 자초하지 아니하면 내가 너희를 이 곳에 살게 하리니 곧 너희 조상에게 영원무궁토록 준 땅에니라(렘 7: 5-7).

렘 26장 20-24절에 보면 여호야김왕(606~597 B.C.)이 불의로 집을
세우고(렘 22:13-18) 예루살렘이 죄악으로 멸망한다고 예언한 선지자
우리야를 공무원과 용사를 시켜 죽이려 했다는 것이다. 우리야가 이
집트로 도망을 가자 여호야김왕이 몇 사람의 정보원을 이집트로 보내
어 우리야를 납치해 오게 한 후 왕이 보는 앞에서 죽이도록 한 예언자
납치사건 기록이 있다. 예레미야는 이런 관권의 횡포를 고발하고 하
나님의 말씀을 지키지 않고 선지자의 말을 듣지 아니하면 멸망한다고
경고하였다. 이렇게 구약 예언자들은 언제나 약자와 가난한 자 편에
서서 강자들과 가진 자들의 횡포를 고발 규탄하고 약자들의 인권이
유린당할 때 제일 강한 노여움으로 민중의 편에 서서 약자의 인권옹
호와 강자들의 비행 규탄에 선봉을 선 선구자들이 되었다. 강자들의
인권유린은 저들에게서 하나님을 사랑하는 신앙이 떠나면서 비롯된
것임을 알고 회개하여 하나님에게로 되돌아갈 것을 왕들과 국민에게
호소하였다. 하나님께로 돌아가는 일이 인간을 인격으로 회복시키고
인권을 존중하는 바른길임을 예언자들은 부정, 불의에 대결하고 항
거하면서 주장하여 나왔다.

4

어린이, 문둥병자, 소경, 죄인, 벙어리, 과부, 간음한 사마리아 여인, 이웃
과 원수의 재발견은 커다란 인권 회복이었다.

예수의 인간화 운동은 일면 인권옹호 운동이었다. 어린이의 재발
견(마 18:1-5), 병자 치료와 죄인과의 대화, 과부의 원한을 들어주는 일

(눅 18:1-8) 등은 다 약자들의 인격의 회복과 인권의 인정에 관심을 두었던 말들이었다. "이웃을 네 몸과 같이 사랑하는 일이 더 큰 계명이라"(막 12:31)고 한 예수의 말씀은 바로 예수의 첫째 인권선언이요, "남에게 대접을 받고자 하는 대로 너희도 남을 대접하라"(마 7:12)란 말씀도 예수의 인권선언이라 할 수 있다. 예수는 십자가에서 돌아가심으로써 만민의 인권을 회복하는 정의와 자유와 평등에로의 길을 열어주었다. 민주주의의 원천은 결국 성경의 "인간은 하나님의 형상대로 창조되었다"는 기독교 인간관에서 발견되는데 인권옹호를 위한 투쟁과 실천을 위한 민주주의의 동력은 예언자들의 개혁 정신과 예수의 인간화 운동에서 발원되며 추진되어왔다.

역사의식과 신앙

역사와 신앙 사이에는 이중적 관계가 있다. 역사는 역사의 대상과 더불어 신앙을 공급하고 신앙은 예언자들을 통해 역사를 교육한다.

1

이스라엘의 강력한 생존권의 유지와 불굴의 새 역사 창조와 개척 정신은 하나님의 계시를 받고 있다는 태도에서 유래한다.

시대적인 요청에 따라서 자연과학과 사회과학이 더 중요시되고 인문과학은 인기를 잃어가고 있고, 경시되어 가고 있는 실정이다. 자연과학과 사회과학을 중요시하는 일은 물론 정당한 일이다. 그러나 그것 때문에 철학이나 윤리나 종교나 역사나 예술 같은 인문계 분야가 소홀하게 다루어진다고 하면 그 사회는 교양의 편견이 생기고 건전한 인간 형성에 차질과 편협을 가져오기 마련이다.

기술혁명으로 인한 사회 변천에서 물론 인간을 연구하고 인간의 사회문제를 해결하기 위한 구체적인 근대화 작업을 추진하는 것은 응당 있어야 할 일이지만, 인간의 정신적 방면의 이해가 결핍되거나 역사를 이해하고 바르게 해석할 줄 아는 역사적 전망을 갖지 못하게 된다면 그런 사회는 인간 생활의 내적 의미와 인간 역사의 의미를 평가하는 능력을 상실하게 되고 말 것이다. 다시 말하면 만일에 역사의식을 상실한 사회가 된다고 하면 고도의 편리주의와 외면 문화의 혜택을 받을 수는 있을지언정 인간의 역사적 생활의 내면적 가치와 현재와 미래에 '내가' 책임적 존재가 되어 역사의 바른 방향을 설정하고 주체적인 결단을 하는 그런 인격적 자아를 상실할 위험에 빠지게 될 것이다.

그러므로 오늘날 우리는 인문과학 중에서도 역사의 문제, 역사에 대한 해석의 문제, 위기의식으로서의 역사 이해 등에 보다 더 적극적인 관심과 이해를 가짐으로 물질이나 기계문명만으로 인한 정신문명의 빈곤과 위기를 극복해 나가야 하며, 올바른 역사의식을 가지고 근대와의 방향을 향해 역사 무대에 몰입해야 할 것이다. 나는 여기에서 주로 기독교 성경 중 구약성경을 중심으로 신앙과 역사의식의 문제를 다루어 보겠으며, 몰트만의『희망의 신학』과 카르의『역사는 무엇이냐』와 불트만의『역사와 종말론』을 주로 참고하여 역사 문제를 전개하겠다.[1]

역사를 보는데 있어서 역사의 밖에서 역사를 대상화해서 감상하는 태도가 아니라 역사의 안에서 실존해 사는 주체로서 과거와 대화하고 미래를 전망하는 역사와 대화를 하는 그런 역사 이해를 찾아보

---

[1] Jürgen Moltmann, *Theologie der Hoffnung. Untersuchungen zur Begründung und zu den Konsequenzen einer christlichen Eschatologie* (Gütersloh: Gütersloher Verlagshaus, 1964); Edward Hallett Ted Carr, *What Is History?* (Penguin, 1961); Rudolf Karl Bultmann, *History and Eschatology: The Presence of Eternity*, (Harper, 1962).

려면 구약성경에 나타난 이스라엘인들의 역사관에서 찾아볼 수 있을 것이다.

이스라엘 민족의 역사는 지리적 위치와 많은 관계를 가지고 있다. 사막을 동에 두고 서에 지중해를 두고 남북으로 통하는 국제도로 상에 위치하였기 때문에 남의 이집트와 북의 아시리아, 바벨론, 페르시아, 희랍, 로마 등 강대국들의 세력 확장과 중동지역 정복의 야욕의 틈바구니에 끼어 항상 침략과 약탈과 강점과 굴욕과 포로, 도피 등 위기가 불안 속에서 생존권을 누릴 수밖에 없는 처지의 역사가 이스라엘의 역사였다.

전 역사를 통해서 이 약소 민족의 운명은 사막과 대결한 집단생활을 할 수밖에 없었고 유목민족의 특성인 이동과 유랑과 늘 새 환경을 개척하며 살고 적응하는 개척 생활을 할 수밖에 없었다. 아브라함이란 조상이 가나안으로 이주한 일, 이집트에서 살다가 출애굽한 일, 가나안을 정복해서 정착한 일, 왕국을 세웠지만, 이집트와 시리아로 혹은 바벨론에 의한 침략과 지배 때문에 남의 나라에 포로로 잡혀간 일, 다시 고향에 돌아와서 재건사업을 했지만, 다시 희랍에 의해 정복당한 일, 이런 역사적 사건들은 다른 나라의 보편사와 마찬가지로 있을 수 있는 사건들이다. 하지만 원래가 기구한 운명을 타고난 이스라엘 민족은 위협과 협박과 침략과 정복의 발굽 아래 짓밟힌 역사를 과거에도 가졌고, 오늘날도 마찬가지의 운명을 타개해 가고 있다. 지금도 아랍과 대치하고 있고 아랍의 테러의 위협 하에서 생존권을 이끌어 나가기 위한 이스라엘인의 민족적 투쟁은 잠시라도 멈출 수 없는 자세를 보여주고 있다.

그러나 이스라엘 민족의 역사는 이런 위기 근성의 사건들과 불안의 소용돌이 속에서 겪은 사건들로만은 의미를 갖지 않는다. 사실의 연속이나 반복은 어느 나라에도 공통된 것이지만 구약성경에 나타난 이스라엘 역사의식은 그 역사 기록 속에 과거가 해석되고 현재가 비판되어 있고 미래가 전망되는 분명한 역사의식이 드러나 있음을 발견한다. 여기에서 말하는 역사란 사건의 나열로서의 역사가 아니고 역사를 어떻게 보고 어떻게 해석하였는가 하는 관점에서 역사가 있는 것이다. 이스라엘 민족의 강력한 생존권의 유지와 불굴의 새 역사 창조의 개척 정신은 저들의 역사가 하나님이 간섭하고 하나님의 계시를 통해서 자기들의 역사가 움직여진다는 신앙적 태도에서 유래된 것이다.

구약성경이 보여주는 역사는 역사를 통한 계시를 말하고 있는데 여기에는 두 가지 실재가 동반되어야 한다. 즉, 역사의 원자료가 되는 사실과 이 사실에 대한 해석이다. 후자의 해석이 전자의 사실보다 더 중요하다. 사실 이 해석은 사건의 진정한 의미를 보여주며 혹은 역사적 진리와 반대되는 사실을 보여줄 수도 있다. 구약성경은 사실 우선적으로 역사의 해석을 한 좋은 예인데 역사기술 안에 역사의 해석을 포함하고 있다. 그 이유는 성서를 쓴 기자가 하나님의 개입 활동을 기록한 기록 보관으로나 고고학자들이 사용하는 방법이 아니라 신앙을 통해서 관찰하기 때문이다. 사실 이스라엘인의 심리는 막연한 역사의식을 갖지 않았고, 역사 속에 있는 현존하고 약동하는 실재에만 관심을 가졌다.

역사와 신앙 사이에는 이중적 관계가 있다. 한편으로 역사는 역사의 대상과 더불어 신앙을 공급한다. 신명기 25장 5절 이하에 기록된 것은 가장 오래된 신앙고백인데 여기에 이스라엘의 과거 역사가 고백적으로 요약이 되어 순수한 역사적 신경(信經)이 되어 있다. 여기에는 하나님께 대한 어떠한 형이상학적 긍정도 적합하지 않다. 또 한편으로 신앙은 예언자들을 통해서 역사에다가 신앙으로 교육하고 있다. 예언자들은 하나님을 대신해서 사건을 일으키는 말씀을 가져오며 그들이 역사가들이 되어 하나님의 구원의 계획이란 관점에서 역사를 정시하였다. 불트만도 역사 안에서의 의미는 하나님의 교육 혹은 목표로 향하는 지시에 있다고 말한 바 있다.

역사가 신앙을 공급하고 역사에다가 신앙의 교육을 준다는 것은 대체 무엇을 의미하는가? 이스라엘 민족은 정치적 생존권의 안정을 위해서 늘 투쟁의 과정을 겪어왔을 뿐만 아니라 정신적 독립, 즉 종교적 신앙의 확립과 유지를 위해서도 늘 이방 종교와 우상 종교와 투쟁하는 과정을 겪어 나왔다. 이런 정치적, 정신적 주체성의 견지를 위한 양면 충돌의 과정에 이스라엘은 그 충돌 가운데에서 대결하고 투쟁하는 데에서 하나님께로부터 힘을 얻었고, 계시와 구원의 도움을 얻어 싸워 나왔다. 이런 대결의 역사 무대의 주인공들인 이스라엘에게 하나님은 약속의 신앙을 주었다. 약속의 하나님은 이스라엘의 위기를 방관자로서 그대로 보고만 있는 것이 아니라 직접 역사 무대에 개입해 들어오는 하나님이 된다.

2

약속의 하나님은 이주하는 하나님이며 함께 여행하는 하나님이며 몰트만이 말하는 실존의 다른 이해이다.

원래 유목민족이었던 이스라엘의 종교는 결국 약속의 종교인데 늘 이동하면서 살고 이주하면서 새 환경과 대결하는 이들의 하나님은 마찬가지로 이주하는 하나님이며, 함께 여행하는 하나님이며, 한 지역에 제약이 되어 고정되어버리는 하나님이 아니라 늘 뒤에서 밀어주고 앞에서 인도하고 새 미래를 약속하는 하나님이다. 그래서 하나님이 그들과 같이 여행하고 움직인다. 이런 결과를 몰트만은 『희망의 신학』에서 실존의 다른 이해라고 하고 여기에서 실존은 역사로서 이해되며 이 하나님이 단순히 반복이나 현재의 확증이 아니라 지금 일어날 사건의 목표인 미래로 사람을 인도한다고 하였다. 그 목표는 여행과 여행 중의 곤경에서 의미를 준다. 하나님의 명령과 부르심에 현재 신뢰하는 결단이 미래로 충만한 결정이 된다는 것이다.

그래서 이 목표를 보여주는 하나님을 신뢰하고 역사적 위기와 갈등 속에 이스라엘이 자신을 투입시키는 결단을 하는데, 이것이 신앙 결단에 의한 역사 참여이고 이들은 약속을 믿는 신념을 가지고 소망과 기대를 가지고 앞을 향해 전진해 나간다. 하나님의 약속은 아직 실현되지 않은 미래를 지적한다. 이런 약속의 계시는 이스라엘의 역사적 위기 때마다 하나님 자신의 역사 개입으로 나타난다. 이집트에서 탈출하여 가나안으로 이주하는 역사가 이스라엘 민족 역사의 시작인데 이 구원사건이 모세에게 나타난 하나님의 계시로써 선행되었고, 하나님의 오심과 그 오심을 표현하는 행동의 선언의 보장과 약속을 모세가 받았다. 행동 전에 말씀이 확인되어 말씀이 사건을 움직이는 것으로 모세에게 확신되었다.

그래서 하나님의 자기 자신 계시의 결과는 현재를 종교적으로 성별하는 것이 아니고 현재에서 미래를 향하여 탈주하는 것이라고 몰트만은 지적하였다. 신화의 세계에 등장하는 신들의 출현과 기적적인 제사 의식이 주기적으로 되풀이되는 반역사적 종교를 보여주는 것이라고 하면 이스라엘의 종교에서는 약속의 사건에서 약속하는 하나님은 처음부터 미래라는 범주에서 역사의식을 가능하게 하는 분이며 결과적으로 역사화하는 결과를 가진다. 이런 점에서 하나님은 하나의 유령신이 아니며 그의 출현의 뜻과 목적은 출현 자체에 있는 것이 아니고 하나님의 약속과 그 미래에 있는 것이다.

약속은 인간을 미래에 연결시켜(역사의식) 역사를 향한 감각을 주는 것이다. 약속은 인간을 희망 속에서 약속 자체의 역사로 들어 올리고 그렇게 함으로써 인간 실존을 특수한 종류의 역사적 특성으로 특징 지운다. 약속으로 시작하고 결정된 역사는 순환적 반복과 재기(再起)에 있지 않고 약속의 성취는 현저한 완성을 향해서 결정적으로 기울어지는 것이다. 몽롱한 힘이나 그 방향 자체의 법의 출현으로 그 방향이 결정되지 않고 하나님의 자유로운 힘과 진실로 우리를 지적하는 방향의 말로 결정된다.

이스라엘 조상들에게 땅을 주겠다는 방향의 약속은 후에 가나안을 점령함으로써 성취되고 창시된 것 같지만 성전(聖戰)에서의 이스라엘 군대를 위한 인도와 보호의 약속은 계속 남아있는 문제이다. 한 번 정복해서 정착했다고 해서 그 성취는 현금 지불 청산과 같이 혹은 영광스러운 과거 속에 집어 넣어두듯 그런 의미에서 약속의 성취가 아니다. 성취란 약속의 해석이고 확인이고 확대로서 취해진다. 그래서 한 성취와 완성은 더 큰 소망의 확증이 되며 해석과 자유가 된다.

3

참된 의미의 역사란 역사 그 자체의 방향 감각을 알아내고 그것을 믿고 있는 사람에게만 기록이 된다.

이러한 구약성경에서 역사의식에 대한 이해가 준비되었다가 기독교 신앙에서 더 발전하여 개화하였는데 기독교 신학자들 외의 다른 역사철학자들에 의해서도 역사 해설과 역사 이해에 관한 견해가 있다. 이탈리아의 철학자인 크로체(B. Croce, 1866~1952)나 영국 옥스퍼드대학의 콜링우드(R. C. Collingwood, 1899~1943)와 영국의 카르(E. H. Carr) 등 역사철학가들은 역사의 핵심을 인간의 행동으로 보고 소위 자기의식의 발전이 역사이고, 변화란 자기의식의 발전이라고 보았다. 헤겔도 역사적 변화를 인간의 자기의식의 발전으로 보고 역사의 발전은 자유 개념의 발전을 의미한다고 하였다.

카르는 『역사란 무엇이냐』(1961)[2]에서 역사란 그 본질에 있어 변화이고 운동이고 진보라고 하고, 참된 의미의 역사란 역사 그 자체의 방향 감각을 알아내고 그것을 믿고 있는 사람에게만 기록이 된다고 하였다. 또 카르는 미래를 향해 진보한다는 능력에 자신을 잃은 사회는 곧 과거에서부터 스스로 진화해 왔던 진보에도 무관심하게 된다고 하여 결국 역사의식에서 진보를 믿는 신앙을 강조하였다. 이 진보의 신앙 없이는 오늘까지 인간은 살 수 없다고 보았다. 카르 교수는 또한 역사란 과거와 현재 사이의 대화이며, 과거의 여러 사건과 미래에 일

---

2 Edward Hallett Ted Carr, *What Is History?* (Penguin, 1961).

어날 여러 목적과의 사이의 대화이며, 과거에 대한 역사가의 해설도 중요한 것과 의미 있는 것을 선택하여 나가는 가운데 새 목표가 차차 나타나면서 해석이 진행한다고 하였다. 그래서 미래만이 과거를 해석하는 열쇠를 준다는 것이다.

이들 역사철학자 중 특히 카르의 기본적인 태도는 역사가의 중요한 관심과 노작(勞作)은 사실의 기록만이 아니라 평가라고 하였고, 역사란 역사가와 사실 사이의 부단한 상호작용의 과정이고 현재와 과거의 부단한 대화라는 것이다. 그래서 역사를 기록하는 기술은 진보하는 과학이 되며 역사에 있어서 진보란 것은 사실과 가치와의 사이의 상호의존 및 상호작용을 통해서 실현된다고 하였다.

이런 역사의식의 태도는 발전과 진보를 믿는 신앙에 기초하는 것이기 때문에 오늘날 일어나고 있는 사회혁명과 기술혁명과 과학혁명 속에서도 인간의 합리화로 최대의 진보를 향해서 미래를 만들어나가야 한다는 역사의식이 생기게 된다. 20세기 혁명에 있어서 이성의 확대는 결국 우리를 단일한 자기 주변의 역사만을 보게 하지 않고, 세계역사에 관심을 기울이게 하고 세계 역사의 움직임 속에서 자기 민족의 역사의식이 형성되고 자기의식을 만들지 않을 수 없게 된다. 세계사 속의 민족사와 세계의 변화 속의 민족 사회의 변화와 세계 발전의 미래 속에 나 자신의 미래의식 등을 생각해 보아야 하는 것이 오늘의 새로운 요청이 아닐 수 없다.

4

현재 이 순간에 그리스도를 모셔 들임으로써 그리스도와 동시대적이 되면 시간과 세계의 역사는 극복된다.

20세기의 위대한 신학자의 한 사람인 불트만(R. Bultmann)은『역사와 종말론』(서남동 역, 1968)[3]에서 크로체나 쿨링우드 등 역사철학자들의 견해를 받아들이면서도 비평을 가했다. 역사적 인식을 자기 인식이라고 하는 역사철학자들의 의견은 옳지만 그것은 내 개인이 처해 있는 상황의 인식이며, 내가 그 상황에서 무엇을 할 수 있는가 하는 과제와 가능성의 인식밖에 지나지 않는다고 불트만은 비평하고, 그것으로는 불충분하다고 하였다. 인간의 자아는 자기의 역사성만으로써 다 규정되는 것이 아니고, 적어도 자기 결단, 즉 역사의 핵심이고 인격적 주체인 인간인 내가 역사(役事)한다고 하는 점을 분명하게 고려해야 한다고 주장하였다. 나의 삶은 항상 역사적인 것이고, 그 완성은 항상 자기 앞에 놓여 있다. 항상 새로운 결단의 주체는 항상 기억하고 의식하고 뉘우치고 개선하면서 성장해야 하는데 인격적 과단성 속에서 나 자신의 역사가 체험되어야 한다는 것이다.

왜냐하면 역사의 핵심인 인간 행동은 자연 과정과 기계적 과정과는 구별되는 의욕적인 행동을 요구하며, 그 의욕은 목적에 관한 표상을 전제한다. 또한 그 의욕은 모험을 요구하며 참으로 의욕적으로 모험하려는 것은 동시에 하나의 요청 아래 있기 때문이라고 불트만은 말하고 있다. 이렇게 요청된 의욕을 역사에서 구체화하는 데에는 결국 실존적인 인격적 결단을 요구하게 되는데, 이런 결단은 자유로운 자만이 할 수 있다는 것이다. 자유의 선물을 받은 자, 즉 예수 그리스

---

3 위르겐 몰트만/서남동 옮김,『역사와 종말론』(서울: 대한기독교서회, 1968).

도를 받아들임으로써 인간이 자기로부터 해방이 되고, 새로운 자아를 선물 받게 된 사람만이 인격적인 결단을 할 수 있다는 것이다.

이런 기독교적 실존의 패러독스는 이것이라고 했다. 즉, 그리스도를 믿는 자는 세계로부터 나와서 세계 밖에 있는 자로서 존재하며, 동시에 세계 안에, 자기 역사성 안에 머물러 있게 된다는 것이다. 역사적 존재는 장래로부터의 존재이기 때문에 믿는 자도 역시 장래로부터 존재하며, 또 한편으로는 믿는 자는 역사 안에 머물러 있기 때문에 장래는 인간에게 부단히 자유의 선물을 제시한다. 그리스도교 신앙은 이 선물을 포착하는 힘이라고 했다.

여기에서 불트만의 역사 이해는 현재 이 순간에 그리스도를 모셔 들임으로써 그리스도와 동시대적이 되고, 시간과 세계의 역사가 극복되며, 이런 그리스도의 오심은 역사적 사건으로는 계산할 수 없는 영원의 영역에서 발생한 사건이기 때문에 기독교적 실존은 하나의 종말적인 비세계적 실존이며 동시에 하나의 역사적 실존이라는 패러독스를 설명해 주고 있다. 불트만의 결론에서 의미는 현재에 있는데 이 현재가 그리스도교적 신앙에 의해서 종말론적 현재로서 파악될 때 역사의 의미는 실현된다는 것이다.

5

하나님의 질서를 이 땅 위에 세울 때 인류의 미래는 구원을 향하는 역사가 되고 전진을 기대할 수 있다.

이상에서 신앙과 역사의식의 문제를 다룸에 있어 일반 역사철학에서 보는 진보와 발전의 관점에서 역사를 보는 태도와 기독교적인 관점에서 역사를 보는 견해를 밝히었다. 기독교적인 견지를 떠난 입장에서도 진보를 믿는 신앙에서 역사의식을 가질 때 과거와 미래는 연결이 되어 미래를 향한 이성의 최대 개발과 역사 창조에 힘을 기울일 수 있고, 전쟁과 불행과 부정 등의 도전에 대해서 이성적인 반응을 보일 수 있을 것이다.

그러나 역사 안에서 나의 역사적 의미를 발견하려면 책임적 자아의 실존적 결단을 요청해야 한다. 그리스도의 구원의 은총에 접촉하여 나 개인이 죄를 회개하고 갱신한 사람이 되어서 역사 무대에 깔려 있는 모든 혼돈과 무질서에 신앙을 가지고 신앙적 대결을 하여 하나님의 질서를 세울 때 인류의 미래는 구원을 향하는 역사가 되고 구원의 성취를 향한 전진을 기대할 수 있을 것이다. 여기에서 역사는 의미를 가진 사건(event)이 되는 것이다.

현대 징조와 성서의 역사관

인간의 역사는 기성 권위에 대한 맹종에서 이탈하여 자유인으로
서 자유에 예속하려는 운동에서 새로운 발견과 진보를 보게 된다.

1

세계 인류가 미래를 위한 준비와 참여에 관심을 갖는 것은 발전적 징조를
역사 속에서 경험하기 때문이다.

오늘날 세계는 과거 50년간의 변화보다도 앞으로 20년의 발전과
변화를 보다 더 개혁적이고 혁명적인 변천 과정에서 보게 되었다. 과
학과 기술혁명은 오늘의 발전의 상징이요, 내일의 변화의 징조인 것
이다. 오늘날처럼 세계 인류가 미래를 위한 생동적인 준비와 참여에
깊은 관심을 가져 본 적이 전에 없었다고 하면 이는 미래에 나타날 상
상 이상의 발전적 징조를 오늘의 역사 속에서 경험하고 있기 때문이
라고 하겠다.

나는 여기에서 내일의 역사 창조에 발전적인 희망적 징조로 인류
의 행복을 위한 과학기술의 발전에 관해서는 언급하지 않겠고 아직도
인류 역사에 해독을 끼치고 평화와 행복을 위협하고 있는 정치 위기

의 징조와 사회 불안의 현상이 어떤 것인가를 상식적인 면에서 들여다보고 여기에서 비관적인 현상들과 현실들이 오늘, 내일의 역사에 어떤 영향을 끼칠 것인가를 살펴보겠다. 그리고 성서가 보여주는 역사관을 소개함으로써 오늘과 내일의 역사에 대한 새로운 해석과 전망을 하려고 한다. 성서적 역사관인 약속과 성취라는 관점에서 역사를 보려 한다.

2

오늘의 인류는 내일의 전쟁과 평화의 위협과 긴장 상태에 공포를 느끼고 있다. 기독교인들은 세계평화를 기도해야 한다.

어느 나라 역사이든 정치적 안정과 인간의 자유가 약속되고 보장되지 않는 한 발전과 성장을 기대하기란 어려운 것이다. 제2차 세계대전 이후 유엔의 탄생과 집단 안전보장의 공동 약속은 비참한 멸망과 파괴에서 인류를 구원하고 각기 민족의 자유와 독립을 성취하도록 한 희망적인 평화의 상징이었고, 세계평화를 위한 새 시대의 징조였던 것이다. 우리 한국도 유엔의 집단 안전의 약속과 보장으로 공산 침략에서 자유와 독립을 수호하고 근대화의 작업에 집중하고 있다.

그런데 유엔이 탄생한 이후에도 세계 도처에서는 자유가 유린당하고 공산 독재와 침략으로 인한 국부적인 전쟁, 선포 없는 전쟁이 있었고, 얼마 전에도 월남전 같은 장기간의 전쟁 상태가 계속되었다. 소련이 체코 자유화를 막기 위해서 군대를 투입하여 강점한 사태는 공산위성국가 안에서 일어나고 불붙어 오른 모처럼의 자유의 징조를 여지없이 꺾어버린 현대의 새로운 비극이 아닐 수 없다.

　오늘의 인류는 내일의 전쟁과 평화의 위협과 긴장 상태에 다시 공포를 느끼고 있다. 중동 지방의 냉전과 열전은 세계 긴장의 초점이 되어 있고, 동양에 있어서 중공의 핵무기 보유는 극동의 세력 균형에서 공산주의의 진출과 세계평화에 새로운 위협적인 징조로 나타나 있다. 더군다나 월남전쟁으로 인한 동남아의 자유 진영의 결속과 대공산 투쟁은 공산주의의 남하를 막는 적극적 태세였지만 기한 없는 공산 월맹의 도전과 도발 행위는 세계평화를 깨뜨릴 암적인 요인이 되지 않을까 하는 우려를 자아내게 했다. 핵무기 소유 국가들이 가진 냉전과 긴장 상태는 이에 대한 공동의 군축 약속과 관리의 보장 없이는 세계가 승자도 패자도 없는 멸망과 자멸 상태로 빠지게 될 것이라 한다.

　이상에서 말한 여러 가지 비관적인 징조가 오늘의 국제 정세 판단에서 예견이 된다고 하면 우리 인류와 특히 기독교인들은 어떻게 이 위기를 극복하고 세계평화에 이바지해야 할 것인가를 생각하지 않을 수 없다.

3

　갱신과 혁명을 요구하는 학생들의 호소는 기성의 권위적 사회에 대한 하나의 경종을 울리는 징조이다.

　현대 사회는 급속도로 변화해 가고 있다. 변화 중에서 제일 중요한 변화는 과거 전통적인 권위에 대한 도전과 권위의 부정과 권위의 평면화와 세속화라 하겠다. 인간의 역사는 결국 기성 권위에 대한 맹종에서 이탈하여 자유인으로서 자유에 예속하려는 운동에서 새로운 발전과 진보를 보게 된다. 이런 면에서 현대의 징조로는 세 가지 위기가 있다. 첫째는 인종 혁명으로 미국의 흑백 분규이고, 둘째로는 세계 각처에서 일어나고 있는 학생혁명이고, 다음으로 로마가톨릭 교황의 권위에 대한 가톨릭 신자들의 도전이라 하겠다.

미국의 흑인들이 부르짖는 흑인들의 완전한 자유와 인종차별이 없는 동등은 민권 행진과 마르틴 루터 킹 목사의 암살로 보다 더 새로운 진전을 보고 있다. 킹 목사의 죽음은 그리스도의 희생적 죽음의 현대판이라 할 수 있다. 인종차별이 법적으로는 철폐되고 개인의 자유가 보장되어 있다고 하지만 백인들이 누리는 자유의 권위는 여전히 자유의 독점화요, 흑인에게까지 사회생활의 완전한 자유의 보편화가 덜 되어 있다고 보겠다. 여기에서 파생되는 계속적인 민권운동은 인간을 갱신하고 혁명하는 희망적인 징조라고 할 수 있다.

또한 현대 문화 형성에서 현대 대학이 가장 힘 있는 세력의 하나가 되었는데 20대의 새 세대 대학생들이 세계 각국에서 일으키고 있는 학생의 힘의 과시는 기성세대에 대한 반항과 기성 권위 사회에 대한 도전과 대학생들의 새로운 권리 주장으로 나타나고 있다. 4·19혁명을 가져온 한국 대학생들의 혁명의 물결이 전 세계에 퍼져서 터키의 학생혁명과 프랑스 드골의 권위의 손상을 초래하였고, 미국 대학 캠퍼스의 혼란과 일본 대학생의 난동 등의 현실로 나타났다. 갱신과 혁명을 요구하는 학생들의 호소는 기성의 권위적 사회에 대한 하나의 경종을 울리는 징조라 하겠으며 심각한 세대 간의 간격을 보여주는 고민이라 하겠으나, 젊은 세대의 성생활의 문란과 혼잡한 남녀교제는 건강한 사회 건설과 시민사회 형성에는 아주 나쁜 징조가 아닐 수 없다.

또한 현대 사회가 미래 인류를 위협하는 폭발적 징조는 인구 폭발이라 하겠다. 개신교 측에서는 가족계획에 찬성하고 협력하고 있지만 제2차 바티칸공의회를 통한 로마가톨릭교회의 현대화 작업은 산아제한 문제에서 심각한 대립상과 분열의 위기를 조성하고 있다. 피임기구 사용을 통한 가족계획을 해서는 안 된다는 바울 6세의 인간 생명에 관한 주장은 천주교인들에게 큰 파문을 일으켜 루터의 종교개혁 후 4세기 반 만에 처음으로 보는 가톨릭교회의 권위와 교황의 권위가 흔들리기 시작했다. 「크리스천 센튜리지」(1968. 9. 25)에 의하면 바티칸의 고위 지도자인 추기경들에게 둘러싸인 교황의 이번 결정은 오늘 현대의 시대적 징조를 모르고 한 것이라고 평가하고 있다. 그래서 가톨릭교회의 권위의 위기는 공식적 교회가 자유 교회를 원하는 평신도와 신부들로부터 도전을 받는 데에서 조성되고 있다. 지난 1년간 463명의 미국 신부들이 신부직을 떠났고, 3,000명의 세계의 신부들이 신부직을 떠나려고 바티칸 당국에 신청서를 제출하고 있다고 한다. 보이지 않는 분파 작용의 징조가 일어나고 있다.

4

그리스도 안에서 새 인간성은 자유의 선물이다. 인간이 하나님의 협력자가 되어 평화를 성취해야 한다.

이상에서 대체로 비관적인 징조를 국제 정치와 사회 현실에서 보고 열거하였는데 여기에서 공통적인 문제성은 인간의 자유와 인간의 인간화를 위한 미래의 방향을 저지시키거나 가로막는 장애물들이 아직도 많이 남아있다는 것이다. 다시 말하면 인간을 인간 되게 하는 새 인간성을 추구하는 데 있어서 방해가 되는 나쁜 징조들을 어떻게 인류가 공동의 노력으로 없애고 희망적인 밝은 미래를 보여주어야 되는가 하는 것이 당면 과제가 될 수밖에 없다.

1968년 여름 웁살라에서 모였던 세계교회협의회(WCC)의 내용과 방향을 보아 알 수 있는 것은 "인간 역사에서 하나님이 인류를 사랑하고 완전하게 하려는 창조적인 행동에서 출발하여 역사 안에 영광스러운 완성을 향하는 생동적 요소가 있어야 한다"라는 점이 강조되었다. 그리스도 안에서 새 인간성은 자유의 선물이다. 인간이 하나님과 함께 일하는 협력자가 되어 평화(Shalom)를 성취해야 한다. 샬롬(Shalom, 평화, 잘 사는 일)은 공정과 정의의 사회에다가 참된 인간 실존을 성취하는 것을 뜻한다. 그러므로 기독교인의 역사 참여는 공평과 정의의 사회를 위한 투쟁에 참여함을 뜻한다. 기독교회는 그리스도의 세 가지 계속적인 사역인 제사적 중재와 예언자적 판단과 인류에게 희망과 양심을 안겨다 주는 목자적인 기능을 담당해야 한다.

WCC 제4차 대회를 위한 준비 초안을 보면 메시아란 이름도 샬롬(평화)이 될 수 있다고 해석되어 있다. 복음도 결국은 샬롬의 복음(엡 6:5)이다. 국제 관계에서 이 샬롬이 특별히 일어나야 하고 하나님이 주시는 성숙인 정의, 진리, 친교, 평화가 성취되는 세계에 이 샬롬이 사용되어야 한다. 하나님이 활동하시는 목적, 즉 그의 사명의 궁극적 목적은 샬롬의 건설이다. 이는 모든 창조의 충분한 가능성의 실현이다.

구약성경에서 모든 현재는 갱신하고 미래를 향한 새로운 개선과 개조는 먼저 전진하는 운동에 우리를 투입시켜 참여하는 것이고, 동시에 그것은 과거로부터의 해방이며, 죄악의 세력에서부터 자유를 의미한다. 구약성경에서 자기 갱신과 발전을 향한 예언자들의 소명은 늘 기성 조직과 제도와 교리와 인물이 우상화되어 간 것에 대해서 정면으로 부정의 태도를 취하고 투쟁한 '부정'(No)의 태도가 나타나 있고, 신약성경에서는 인간의 개조와 갱신의 길로서 그리스도 안에서 새 생활을 하는 신앙에의 복종을 하는 '긍정'(Yes)을 요구하고 있다.

이와 같은 세계교회협의회가 토의한 세계 역사의 방향 설정에서 미래의 샬롬의 건설은 평화와 안전을 위한 현재의 창조적 생동성의 발휘와 성취로 가능하다고 보았다. 국제간의 냉전과 열전을 통한 긴장 관계와 더욱이 공산주의자들의 인간의 자유 말살과 자유세계에의 침략 등 불안한 징조를 해소하는 데에는 용감하게 우상화된 독재공산 조직에 대해서 부정의 태도를 취하고, 하나님께로부터 받은 인간의 자유와 향유를 위해서 투쟁적인 자세를 가져야 한다.

전체주의적인 독재적 정권으로 인한 인간 기본 권리와 자유의 유린이 아직도 우리 역사에 지금도 남아있다고 하면 노예로부터의 해방, 억압과 강제로부터의 탈출, 자유로운 인간성의 회복 등을 위한 인간의 노력에는 전진밖에 다른 아무것도 없다. 흑인들의 민권행진도 인간의 자유 평등과 인간의 인간화 운동의 일단이라고 볼 수 있다.

대학생들의 학생운동에도 일리가 있다. 대량 시장 대학 같은 양적인 증가로 인한 대학과 전문화로 인한 기술 전달은 한 대학생을 인격체, 인격 주체로 보지 않고 대학 공장의 생산품으로 보게 되기 때문에 대학은 점차 비인격적인 공동체가 되어가고 있다. 여기에 학생 난동과 항거의 주원인이 있고, 세대 간의 간격에서 일어나는 질문은 30세 이상을 신뢰할 수 없다는 것이고 보면, 젊은 세대의 요구가 결국 자기들을 인간으로 인격적 접촉을 통해서 인격적 대우를 해달라는 데 있음을 짐작하게 된다. 즉, 대화의 공동체를 요구하는 것이다. 여기에서도 기독교는 미래의 역사의 주동적 창조자들을 위한 새로운 관심을 가지게 된다. 즉, 인간의 성숙성에 관한 기독교의 관심과 기독교의 성숙성은 젊은이들을 인격으로 대하고 생성의 과정에서 사회적 책임을 다할 수 있도록 도와주어야 한다. WCC대회 토의 초안에서도 세대 간의 긴장을 해소하기 위해서 성인 교육도 실시해야 하며, 젊은 세대에게 희망과 기대를 충족시켜주려면 젊은이의 미래를 소망으로 볼 것이 아니라 젊은이의 소망이 미래가 되도록 기회를 약속해주어야 한다고 되어 있다.

가족계획에 대한 찬반의 문제는 신학적인 견해에 따라 다르겠지만 가톨릭교회의 피임기구 사용금지는 현실적으로 가족계획을 하고 있는 가톨릭 교인들에게 도리어 교황의 권위에 대한 도전을 낳게 하였다. 교회의 하지 말라는 정언적인 명령과 교인들이 해야 되겠다는 명령에 갈등과 차질이 생긴 것이다. 권위의 낡은 모델에 대한 불신임이 싹트기 시작한 것이다. 교황청에 대한 불만은 신부의 대표와 평신도의 대표가 참석하지 않고 최고 추기경들만의 발언이 용납된 데에도 그 원인이 있으나 더 근본적인 관심은 교회가 20세기에서도 아직 과거에 살고 있고 앞으로의 20세기에 살지 않고 있는 데에 불만을 표시하는 것이다. 교회의 명령에 의한 복종이냐, 미래 설계와 계획을 위한 자유 결단이냐, 이 갈림길에서 자유 결단의 길을 취하고 결혼하는 신부의 수가 증가하고 있다. 고정된 교리와 제정된 법률주의와 교회 전통에 의한 정죄와 심판 등에서 벗어나서 교회에 예속된 종이 아니라 하나님께 예속된 자유인을 바라는 경향을 보게 된다. 가톨릭교회의 역사의 방향의 이런 경향도 징조를 보는 데에 예민해야 될 것이다.

5

구약의 기초적인 추진력은 원초적으로 행동하시는 하나님의 이야기가
구원의 역사와 관계되어 있다.

그러면 오늘과 내일의 변화의 징조 속에서 미래를 향한 인간의 적
극적 자세를 취하게 되는 성서적인 근거가 무엇이겠는가를 살펴보겠
다. 성서의 역사관에서 현대의 징조에 대처할 원리를 찾고자 하는 것
이다.

기독교인의 생활은 변화를 요구하는 의지를 요구한다. 하나님 백
성의 역사에는 두 가지 경향이 있었다. 즉, 하나님의 백성은 가끔 저항
과 프로테스트를 통한 변화를 경험하고 또 변화의 주동적 주인공들이
되어왔다. 이런 두 가지 경향은 히브리 민족 역사에 여러 번 나온다.

히브리 민족 역사에서 아브라함, 모세, 가나안 정복, 사사들, 왕들,
예언자들, 바벨론 포로, 포로로부터의 귀환 등은 변화의 역사요 변화
의 인물들이다. 이 역사를 기록한 구약성경의 역사 기록자들의 중요
한 관심은 알지 못하는 미래의 지평을 향하게 하고 바라보게 하여 약
속을 낳는 하나님의 약속과 성취에 집중되어 있다. 즉, 약속의 신앙으
로 역사가 기록되었고 해석되었다.

현대 구약학자들 특히 폰 라드(von Rad)를 중심으로 한 전승사적
관점에서 보는 구약학자들은 출애굽 사건이 이스라엘 역사 이해와 해
석에 있어서 근본적으로 중요한 전승이 되었다고 의견을 모으고 있

다. 출애굽기 3장 7-8절에 나와 있는 야웨문서 기자가 보여준 약속의 성취로서 이집트의 노예 생활에서 해방되어 가나안 땅으로 보낸다는 이 선언 안에 야웨 하나님과 이스라엘 민족의 동적인 관계의 시작이 표명되어 있다.

출애굽의 사건은 적극적인 말로 신명기 26장 5-9절에도 하나의 역사적 신앙고백으로 선포되었다. 하나님의 말씀이 구원의 행동에 필수적으로 나타난다. 이스라엘 민족의 구원을 보장하고 약속하는 하나님의 말씀이 역사 무대에 개입되었다. 그래서 히브리어의 말씀의 뜻인 '다바르'(daber)는 동시에 사건(event)을 의미한다고 볼 수 있다. "당신의 종 예언자들에게 속을 털어놓지 않으시고는 주 야웨, 아무 일도 하지 않으신다"(암 3:7) 한 예언자 아모스의 말에 비추어서도 하나님의 뜻이 이 세상에 개입되는 데에서 사건이 생긴다고 할 수 있다. 이 사건에서 우리는 역사란 말을 생각할 수 있다. 예레미야 1장 12절에도 "내 말을 지켜 그대로 이루려 함이니라" 한 말이 있다.

베스터만(Westermann) 교수는 "구약을 통한 약속의 길"이란 글에서 하나님의 구원의 보장에 관한 언급은 완료태 동사로 되어 있고, 다음에 구원의 선언은 미완료태 동사(미래형)로 되어 있다고 지적하면서 이사야 43장 2절의 구원 선포의 예를 들었다. 이스라엘 역사의 시작에서 약속한 하나님의 구원 약속은 과거지사로만 남는 것이 아니라 미래지사로 선포되어야 한다. 이사야 7장 14절에 나타난 임마누엘 예언도 아하스왕에게 통고한 새로운 징조였던 것이다.

자유를 박탈당하고 억압을 당하던 이스라엘 민족이 모세의 지도로 가나안으로 탈출할 수 있었던 것은 이스라엘을 구원하기 위한 하나님의 출현이 있었기 때문이다. 이스라엘 민족은 원래 한 곳에 고정되어 살지 않았고 유목민으로서 이동 거주하는 세계에서 살았기 때문에 하나님도 그들과 같이 여행하는, 살아 움직이는 하나님이셨다. 역사 안에서 활동하시는 하나님은 늘 이스라엘의 미래의 지평을 향하여 약속하시는 약속의 하나님이셨다. 『소망의 신학』을 쓴 불트만은 "약속과 역사"란 항목에서 왜 하나님의 출현은 곧 하나님의 약속의 말과 직접 관계되고, 야웨의 출현의 의미와 목적은 그 자체에만 있지 않고 약속과 미래에 있고, 움직이는 관점에서 역사를 보면 역사는 흘러간 뒤에 흔적을 남기기도 하지만 아직 미지의 새 지평을 향하여 앞으로 나가는 것이라고 하였다.

구약학자들의 의견의 일치를 보는 가장 뜻있는 발견은 구약의 기초적인 추진력은 원초적으로 행동하시는 하나님의 이야기가 구원사와 관계되어 있다는 것이다. 이런 점에서 판넨베르크 교수는 역사란 기독교 신학 전부를 포용해 들이는 포괄적인 지평이라고 하고, 이스라엘 종교사에서 이스라엘의 특별한 위치를 찾으려고 하였다. 즉, 하나님이 세계 창조에서 그의 실재를 한꺼번에 노출시킨 것이 아니고 자기의 창조의 코스에 돌입하여 예측할 수 없는 방법으로 역사 속에 새 사건을 영구히 일으켜 나간다. 그 하나님은 거듭거듭 약속하고 새 행위를 약속하는 살아계신 하나님인데 역사의 최종 목표를 향하여 움직이는 직선적인 역사를 만들어나간다고 보았다. 그래서 약속과 성취라고 하는 구조의 긴장이 역사를 만든다(신 7:8 이하)고 판넨베르크는 "구속사건과 역사"란 논문에서 언급하였다.

여기에서 이스라엘의 역사는 종말론적인 성격을 가진다. 시작에서의 약속과 종말에서의 성취는 순환적으로 돌고 되풀이되다가 중지하는 것이 아니라 이스라엘 역사 전체에서 창조와 구원을 연결하는 직선 선상에서 종말은 새 출발이 되어 새로운 약속을 낳고 약속의 성취라는 종점은 새로운 미래의 지평으로 또 연장되어 나간다. 불트만이 본 것과 같은 신·구약 관계에서 보면 이스라엘 역사는 약속이 실패한 역사인데 신약의 그리스도에 의해서 옛 약속이 성취된 것이라고 보게 된다. 그리스도의 출현은 하나님의 새로운 역사 개입의 새 소식이므로 새 구원사가 시작된 것이다.

불트만은 약속과 성취의 긴장은 이스라엘 역사의 간단한 진보로 남는 것이 아니고 이스라엘 역사 진보의 더 강력한 창조적 추진력이 되었다고 말하였다. 우리의 소망은 하나님께서 약속을 지키시는 성실성이 나타나는 것을 믿는 것이며, 하나님 자신이 자기 약속을 지키시는 진실과 성실을 역사에서 보이기 때문에 인류 역사에서 하나님의 출현을 기대하고 아직 미완성된 세계가 역사에서 발전할 가능성을 가지고 있기 때문에 우리는 미래를 위하여 봉사할 수 있고, 약속된 진리와 정의와 평화를 달성하기 위해 봉사할 수 있다고 했다.

성서가 보여주는 역사관은 결국 하나님께서 역사의 시작과 종말에서 주권자가 되며, 약속과 성취 사이의 긴장 관계에서 인간의 보다 나은 자유와 보다 나은 행복과 보다 오랜 평화를 인간에게 약속하시고, 이 실현을 위하여 중개자인 지도자나 예언자나 혹은 하나님의 종을 시켜서 미래의 지평을 향하여 역동적인 행진을 하도록 하며, 종국에 가서는 오실 자 하나님의 출현과 이루어야 할 구원의 세계를 기다리도록 하는 데 있음을 알게 되었다. 그래서 오실 자 하나님은 위에 계시기보다는 앞에서 인도하는 하나님이시고, 역사를 뒤에서 돌보아주고 보호하는 분이기보다는 역사 앞에서 역사의 진전을 이끌고 개척하여 이 세속 사회와 세계에 평화를 세우시는 것이다. 우리가 이 하나님을 믿는 이유도 세계가 미래를 향한 전진과 발전에 있어서 추진력과 원동력이 역사 앞에서 인간에게 약속하는 하나님에게서 비롯되기 때문이다.

6

우리의 사회 구원은 영혼의 구원에 그치지 않고 피조물의 평화가 실현하는데까지 이르러야 한다.

이상에서 살펴본 성서적인 역사관을 기초로 하여 오늘날 인류가 당면한 모든 위기적이고 비극적이고 실망적인 징조에 대치해서 이 역사에 개입해 오시는 하나님을 기다리며 그리스도에게 나타난 하나님의 계시를 근거로 하여 기도하고 모든 정치적, 사회적 긴장 관계를 풀수 있는 투쟁자와 중개자가 되어야 한다.

우리의 사회 구원이 다만 영혼의 구원이나 악의 세계에서 개인을 해방하거나 상처받고 고민하는 사람들을 위로하는 데에만 그치지 않고 종말론적으로 정의가 실현되며 인간이 인간화되며 인간의 자유가 공평하게 사회에서 실현되며 모든 피조물의 평화가 최종적으로 실현되는 데에까지 이르러야 한다. 아브라함에게 약속한 축복의 약속은 (창 12:3) 그리스도에게 성취되어 소망과 평화로 가득 찬 충만한 생으로 진전되어야 한다.

세계 평화(샬롬)의 실현이 구약성경의 구원의 현대적 의미이며, 그리스도가 역사의 종말이고 그리스도 안에 종말이 나타난다는 것은 종말의 구원과 평화의 실현이라 하겠다.

현대 이스라엘과 구약

유대인은 무엇에 미친 민족이다. 미친 민족이 역사를 창조한다. 사막은 갈릴리호수와 함께 일어나 녹색의 기적을 방방곡곡에 불러온다.

1

6일전쟁 후 이스라엘은 시나이반도와 가자 지역을 이집트에서, 사마리아를 요르단에서, 골란을 시리아에서 회복했다.

영국에서 1년간 연구하고 나오던 길에 이스라엘 예루살렘에 있는 유대교신학교(자유파)인 히브리유니온대학의 성서고고학 학교에서 6~8월 두 달 동안 성서고고학 세미나에 참석했다. 이스라엘 최북단의 단(Dan)에서 최남단인 시나이반도와 시내산 답사까지 할 수 있었고, 성서와 관계된 고고학적 발굴 장소를 탐사할 수 있었던 것을 감사하게 생각한다.

성서고고학의 최근 동태에 관해서는 다음 기회에 소개하기로 하고, 우선 이번에는 현대 이스라엘의 현황을 간단히 보고 읽고 들은 대로 소개해보려고 한다. 현대 이스라엘의 당면 문제를 전문적으로 다루지는 않았지만, 구약의 전통을 가진 이스라엘인이 어떻게 사막의 기적을 만들어나가고 있는가를 들추어보고 다음에 현대에 이르기까지의 이스라엘 역사를 줄거리 잡아 소개하겠다. 오늘의 이스라엘의 정치, 사회, 종교 문제를 다룸에 있어서 우선 1967년 6일전쟁 이후의 이스라엘의 현실 당면 문제를 다루어보겠다.

6일전쟁 전의 이스라엘 영토는 1948년 독립 후의 면적인 20,700평방 킬로미터에서 1967년 6일전쟁 승리 후 약 4배가 넘는 85,359평방 킬로미터로 늘어났다. 시나이반도와 가자 지역을 이집트에서 회복했고, 유다 사마리아 지역을 요르단 측 점령에서 회복했으며, 갈릴리호수 동북방의 골란 고원지를 시리아로부터 회수하였다. 예루살렘의 옛 성과 베들레헴도 요르단 측에 속해 있었던 것을 회복하였다.

인구의 성장을 보더라도 1946년에 유대인이 625,000명, 아랍인 150,000명, 도합 775,000명이었던 것이 1950년에는 도합 1,370,000명으로 늘어났고, 1971년(9월 27일)에는 3,062,000명(그중 유대인이 2,610,000, 비유대인이 452,000명)으로 증가되었다. 비유대인의 대다수는 모슬렘교도인 아랍인계가 약 30만 명이나 된다. 1967년 전쟁 후 점령하에서 이스라엘의 행정 관할하에 있는 아랍인 수가 약 91만 명이나 된다.

2

70개 나라에서 귀국해 오는 유대인들을 한 언어로 통일시키는 작업은 첫째 이디쉬말 히브리어를 현대화하는 것이었다.

이스라엘은 제2차대전 후 탄생한 55개의 신생 국가들과 자연히 비교된다. 유엔의 결의를 얻어서 탄생했지만, 유엔을 통한 국제적 결속 블록에서도 제외되어 있다. 남아메리카, 아프리카, 아시아 지역에 있는 신생 국가들 중에는 지역적, 지리적 인연과 공동 이해관계로 결속된 나라들이 있는가 하면, 사상적 유대로 인한 공산권 국가들이나 다분히 종교적 배경의 통일로 인한 아랍권 국가들도 있다. 혹은 세계 여러 나라들은 경우에 따라서는 기독교를 가진 국가들끼리 피차 상호 원조와 친교를 가질 수도 있다. 그런데 이스라엘만은 이런 어느 블록이나 공동동맹체 속에도 가담되어 있지 않고 외로이 생존권 유지를 위한 싸움을 이어나가고 있다. 이스라엘을 후원하고 동정하는 사람들이 있다고 하면 세계에 흩어져 살고 있는 유대인들(디아스포라)이며 같은 정신적 전통과 유산을 상속하고 사는 계약 백성, 이스라엘 백성들이다.

이 디아스포라들의 역사와 운명은 기구했다. 길게 잡아서 유대인이 자기 나라에서 추방되어 남의 나라로 유랑하는 신세가 되기는 기원전 586년부터이었고, 더 짧게 잡아서는 기원후 70년 로마에 의한 멸망 이후라고 하겠다. 그러니 기원후 70년부터 치더라도 약 1,900여 년간 세계 각 나라에 흩어져 살고 있다는 것이다. 전 세계에 흩어져 있는 유대인은 이스라엘에 있는 약 256만 명을 합쳐서 13,875,000명(1969년도 통계)인데, 미국에 587만, 소련에 262만, 영국에 약 50만 명이 있다. 이 유대인들이 이스라엘 재건과 국토 개발과 녹화를 위해서 물심양면에서 원조와 후원을 하고 있다. '세계여성시온협회'란 단체가 예루살렘에 있는 큰 규모의 종합병원을 세우고 후원하고 있으며, 히브리대학교의 건물과 시설 등도 거의 다 해외 유대인들의 기부금으로 충당되어 있다.

유대인 정착 사업기관(Jewish Agency)이란 민간단체는 이스라엘 독립 전부터 해외에 교포 유대인들의 본국으로의 귀환 정책을 주선하고 취직을 알선해주며 본국 이스라엘의 모든 민간, 정부 사업에 필요한 경제적 원조의 자원을 해외 거주 유대인들에게서 받아내는 사업을 적극적으로 추진하고 있다. 본국으로 이민 온 사람들의 수가 늘어남에 따라 주택, 아파트를 짓고 직업 알선과 기술 원조, 융자, 훈련을 하는 등 유대인 본국 정착 사업을 위한 이 유대인 정착 사업 기관의 사업과 정부의 사업은 어느 곳에서나 훌륭하게 진행되고 있음을 볼 수 있다. 예루살렘의 신시가지와 구시가지(점령 지역)에 세워지고 있는 모든 석조 고층 아파트는 다 이 기관에 의하여 건립, 운영되고 있다.

유대인 정착 사업 기관과 세계시온협회는 1917년에 팔레스타인에 10만 명 미만이었던 유대인을 제2차대전 종전 시에는 65만 명으로 늘렸다. 귀환인 정착 사업은 1948년 독립 후 70여 국가들로부터 10년간 70여만 명의 유대인 귀환민을 이스라엘로 받았다는 것이다. 현대 이스라엘의 기적이 이루어지기까지에는 이 정착 사업 기관과 세계시온협회의 적극적 사업 추진과 후원이 절대적이었다.

프리티(T. Prittie)가 쓴 『이스라엘』(사막에 나타난 기적, 1967)이란 책 안에는 현대 이스라엘이 형성되기까지의 여섯 가지 기적을 다음과 같이 소개하고 있었다.

첫째 기적: 본국 귀환과 정착의 시작. 말라리아가 득실거리는 늪지대와 모래와 돌만이 있는 언덕과 산에 정착한 사람들은 처음에 말라리아로 많이 죽었기 때문에, 아랍인들이 유대인 정착인들을 '죽음의 자손들'이라고 부르기까지 하였다. 저들 최초 귀국자들의 본국 고향

으로의 이민 결정은 신앙의 행위에서 시작된 것이다.

둘째 기적: 세계시온운동의 탄생. 1897년 바젤에서 설립된 최초의 시온주의자 대회가 팔레스타인에다가 이스라엘 국가를 세울 것을 결의한 데서부터 독립 국가 탄생을 위한 공작이 시작되었다. 그때만 해도 팔레스타인에는 35,000명의 유대인이 살고 있었다.

셋째 기적: 1917년 영국의 신탁통치 선언과 이스라엘 국가 수립의 암시. 1917년 영국 외무장관 발포어(Arthur Balfour)는 유대인을 위한 민족적 고향을 팔레스타인에 세우고 신탁통치를 이양하겠다고 선포하고 어느 정도 유대인의 자치활동을 허용했었다. 이것이 기초가 되어 신생 이스라엘이 1948년에 탄생하게 되었다.

넷째 기적: 히브리어의 부활. 70여 개 나라에서 귀국해 오는 유대인들을 한 언어로 통일시키는 작업이 필요했었다. 소련, 폴란드 및 중부 구라파의 유대인들이 사용한 중세기 독일어에 기초를 둔 '이디쉬'(Yidish)말 히브리어를 이스라엘에서 현대화하여 현대 히브리어로 만들어나갔다. 지금도 히브리대학교에는 히브리어 학교가 있어 유대인 귀국자들에게 먼저 히브리어를 가르쳐 직장에 내보내고 있다.

다섯째 기적: 1948년의 이스라엘 독립. 31년간에 걸친 영국 신탁통치를 끝내고 유엔의 후원으로 신생 이스라엘 국가가 아랍국가들의 반대를 무릅쓰고 1948년 5월 14일에 탄생하였다.

여섯째 기적: 1948년의 독립전쟁 승리. 1948년 5월 15일 영국군이 철수한 뒤 이집트, 요르단, 시리아, 레바논, 이라크, 사우디아라비아 등 나라의 군대가 이스라엘을 침공하자 이스라엘 군대는 조직된 정규군대를 가져보지 못한 채 평소 비밀리에 훈련되어 있었던 정착민들과 함께 싸워 전세를 승리로 이끌어 나갔다.

이런 여섯 가지 기적들 외에도 1956년의 시나이반도 회수를 위한 이집트와의 7일간 전쟁에서 역시 이스라엘이 유리한 위치를 유엔 감시하에서 받았다. 그러나 시나이반도는 다시 이집트에 돌려주었다. 1967년 6일전쟁에서 시나이반도를 완전히 이스라엘이 확보하였다. 이런 전쟁 승리에서 팔레스타인 거주 아랍인들이 이스라엘에서 밀려나 피난민으로 아랍 세계에 흩어지게 되었고 이로부터 아랍인들의 이스라엘에 대한 적대 감정과 복수심이 강해졌고, '파타'같은 게릴라를 이스라엘에 침투시켜 소위 팔레스타인 해방을 위한 싸움에 투입시키고 있다. 어쨌든 아랍과의 대치 속에서 신생 약소국가인 이스라엘이 1948년 후 현재까지 생존권을 유지할 수 있었던 것이 비록 기적 같은 일로 해석되지만 이런 성취는 그들의 손으로 이룩된 것이며 신앙과 백절불굴의 투지와 절망하지 않는 굳센 용기를 통해서 이룩된 것이다.

3

시온주의의 기본 이념은 구라파에서 이주해온 중산계급을 견지하고 '함께 잘 살기'라는 민주주의 실현이다.

이스라엘은 독립 후 24년이 되었건만 한 번도 국내 혁명이나 정변 같은 것이 없이 민주국가의 한 정부 형태를 계속 지속해왔다. 이들 이스라엘 국민은 제2차 세계대전 후 탄생한 다른 발전도상에 있는 55개 국가들이 군사혁명이나 일당독재나 기타 외부간섭 등으로 정권 변동을 가졌던 것에 비교하여 자기 나라에는 한 번도 그런 일이 없었음을 자랑한다. 더욱이 아랍 세계와 대치해 있는 위협 아래서 전쟁 없이는 평화를 누려보지 못했던 약소국가에서, 더군다나 17개의 정당이 난립해 있는 정치 판도와 강력한 군사력을 가지고 있는 현실에서 한 번도 쿠데타로 인한 정변이 없었다는 것은 자랑할만하다.

그러면 이렇게 된 이유와 원인이 무엇일까 하는 것이 우리의 관심사이다. 이스라엘 정부는 연립내각으로 운영되고 있음이 특색이다. 국회의원 구성이 양당정치가 아니고 17개의 정당에서 나온 120명의 국회의원으로 국회가 성립되어 있기 때문에 한 당의 주도 아래 정부 조직이 있을 수 없고 늘 국회의원 당선율에 의한 각료 분배를 정당끼리 하기에 연립내각이 된다. 수상도 국회 인준을 얻어야 한다. 대통령은 국가를 대표한 상징적 존재이고 정부의 실권은 수상이 가진다.

총선거를 1949년 이후 일곱 번까지 했는데 1959년에는 24개 정당이 난립했었고, 1961년에는 14개 정당, 1965년 이후에는 17개 정당이 있다. 17개 정당은 사회주의계 정당과 종교정당, 군소정당 등으로 나누어져 있는데 4년마다 가지는 비례대표제에 의한 일반 선거에서 대략 12개 정당의 출신들이 정당을 상대로 한 무기명 투표의 지지율에 따라 의석을 배정받는다. 정당마다 120명의 명단을 서열로 공고한다. 선거 때마다 3분지 1선을 다소 넘는 의석을 차지하는 당이 노동당계이다. 종교적 성격을 가진 당으로는 민족종교당과 종교노동당이 있다. 그 밖에 자유주의 정당, 공산당(소련에 반대하는)도 있고, 극단 정통파로서 이스라엘 정부도 인정하지 않는 극단의 소수 그룹도 있다.

이스라엘 정부의 연립내각의 정책은 대개 사회주의적 원칙과 실제를 따르려 하고 있다. 사회주의 정당들의 연립내각은 정책을 수립하는 데 있어서 노동 계층의 이익을 우선으로 하고 있다. 사회주의 정당들은 종교 정당들을 싫어하는데 그 이유는 종교 정당들이 모세오경의 율법 준수와 안식일의 철저한 준수를 고집하기 때문이다. 사회주의 정당들이 합쳐서 1969년 선거 때 120석 중 56석을 차지하였다.

이스라엘 국가에 단 한 번의 정변도 없이 민주주의 정부가 계속되어 내려온 이유를 좀 더 살펴보면 우선 동구라파의 민주주의 전통이 동구라파에서 이민해 온 이민자들에 의하여 상속되었기 때문이라고 말한다. 영국 신탁통치를 받고 있던 때에 1922년 이후 이스라엘인들의 정당 활동이 허용되어 반(半)자치적 의회 활동을 해왔고, 1933년 이후 유대인 정착 사업 기관인 주위쉬 에이젠시가 땅을 사서 공유지로 만들어 이민을 받아들이는 사업을 벌여 왔었기 때문에 정치적, 경제적 독립을 위한 기초가 준비되어왔다. 농토 개발을 위한 집단농장인 키부츠운동이 1909년 이후 60여 년간 230개의 부락을 형성하고 있다.

그러는 동안에 종교적 권위에 대해서는 반대하는 입장을 취하면서 정치적으로 시온주의를 이상으로 삼았다. 키부츠의 배경에는 시온주의의 기본 이상인 황폐한 땅을 복구 개간하고 노동의 윤리적 가치와 농업기술에 기초를 둔 개인 혁명을 이룬다는 것이 있었다. 키부츠의 창시자들은 1900~1920년 사이에 제정 러시아에서 돌아온 시온주의 혁명가들이었는데 개척 개간사업과 함께 주변 지역이 불안하고 위협을 받을 때는 총을 들고 나서는 방위태세도 취했었다. 오늘에 키부츠의 집단생활 수준은 도시 중산층에 비해 손색이 없을 정도이다. 시온주의의 기본 이념은 중산계급을 견지하자는 것이었다. 구라파에서 이민해 온 중류 유대인들이 대개 문화적, 경제적으로 중류인데 중류 이하로 사는 이스라엘 본토의 유대인이나 귀국한 시민계급의 생활 수준을 가급적 중류로 끌어올리는 경제정책을 시도하는 것이다. 그래서 70여 개 나라에서 이민해 온 유대인 중 아랍 세계에서 살다가 고향을 찾아온 이민이 약 50%가 되기 때문에 유대인 사회의 재구성을 위해서 경제정책을 국가가 55%를 운영하고, 나머지는 조합에 의한 관리 운영을 함으로써 덜 가진 자를 더 가진 자의 생활로 끌어올리고 있다. 그래서 경제정책의 기본 이념은 사회주의적이어서 국영과 공동 경영관리를 시행하여 국민 생활 수준을 중산급으로 유지하고 있다. 예를 들면 전국 에개드 버스회사는 사기업체가 아니라 전국에 걸친 버스 운행 사업을 종업원과 운전사들로 조직된 노동조합이 공동 경영관리를 한다. 경영직에 있는 사람이나 운전사나 정비사나 다 생활 수준이 거의 같고 퇴직 보장도 다 같이 잘 되어 있는 것을 보았다.

그래서 이런 '함께 같이 잘 살기' 위한 정치적, 사회적 구조와 제도를 형성하기 위하여 그 많은 정당은 정치적 권력만을 잡기 위한 단체로서가 아니라 연합세력으로서 절충과 타협의 정치를 해나간다. 노동자계급은 거의 다 본토 출신이거나 아프리카 아랍 세계에서 온 유대인들인데 이들의 직업 알선과 사회보장을 위한 인간화 작업을 위해서 각 정당은 자기들 주장만을 고집하지 않고 공동관심사에서 협조, 타협한다고 한다.

이런 협동과 타협의 전통은 어디서 어느 때에 유래되었는가? 영국 신탁통치 하에 있었던 유대인들과 아랍인들 중 유대인에게는 선거는 허용되지 않았지만, 반(半)자치 독립적 자유가 허용되었기 때문에 유대인의 특별한 사회체제가 형성되기 시작했었다. 소련에서 이민해 온 유대인들은 1900년대 초기 제정 러시아의 종교적 교회 구조와 종교 우월의 사회 구조에 반대하는 일종의 특수한 유대적 민주 체제 사회를 이스라엘에서 만들어보려고 시도하였다. 구체적으로 예를 들면 유대 교회당에서는 10명 중에서 랍비를 선출하고, 다음에 회당 책임자와 교육담당자와 무덤 책임자를 뽑고, 회당 재정도 회원들이 공동 결정을 해나갔다. 여기에서 유대인 공동체 의식이 성장되어 나갔으며, 정부를 형성한 후에도 일반 국민의 생활 수준 향상을 위하여 집단 협동력을 기르는 데 힘썼다. 그러기 때문에 이스라엘 사회는 처음에는 지도자들이 사회제도를 만들었지만, 오늘의 이스라엘 민주주의는 사회제도들이 지도자들 만들어 내어 민중과 사회와 호흡을 같이하는 정부 행정이 되고 있다는 것이다.

그래서 다원 정당정치에서 국회가 정책에서 지향하는 일당독재나 다수당의 횡포 같은 것이 없이 여러 정당의 연합전선에서 연합된 힘을 발휘하도록 나가기 때문에 정부의 수상도 권력을 흔드는 자리라기보다는 연합 연립내각의 조정자로서 민주주의 정치를 견지해 나간다. 1948~1951년 사이에 구라파 지역과 그 밖의 지역에서 입국한 이민수가 각각 33만 명씩이었으며, 1951~1961년 사이에는 구라파 유대인이 13만 명, 그 밖의 지역의 유대인이 20만 명이 입국했으며, 1962~1965년 사이에는 이민해 온 총수 25만 명 중에서 구라파에서 온 이민 7, 8만 명이었다. 이런 이민 숫자에서 동구, 서구에서 온 이민들은 서구적 민주주의 사고와 생활방식과 자본과 기술을 가지고 들어왔기 때문에 이스라엘 정당, 정부, 국회에서 거의 주도권을 가지게 되었고, 중동지역에서 온 이민들보다 먼저 생활 근거와 기술활용을 마련했기 때문에 서구적 생활구조와 정치 생활을 지속할 수 있었다.

1965년에 정부 각료 16명 중 14명이 서구에서 온 이민 출신이고 2명이 본토 출신이며, 국회의 120석 중 16명이 본토 출신이었으며, 1969년의 국회 의석에는 6명의 아랍인 의석이 120명 안에 들어갔다.

서구 출신 유대인들의 우월의식과 본토 출신 및 소위 중동 출신 유대인들의 열등의식과의 마찰이 있었으나 교육을 덜 받았거나 노동자 계층인 본토 및 중동 출신 유대인들의 생활 향상과 교육 향상과 주택을 중류까지 끌어올리는 정책과 노력으로써 해소되고 있다.

4

히브리대학의 모든 건물 시설과 의과대학 병원인 하닷사도 모두 해외 주재 유대인들의 기부로 이루어졌다.

현대 이스라엘의 힘이 어디에서 어떻게 길러지느냐 하는 것을 교육 면에서 살펴보겠다. 72만 학생 중 67만 명이 공립학교 교육을 받고 있는데 5살부터 16살 중학교까지는 의무교육이며, 18세부터 군 복무 의무를 남자는 26개월간, 여자는 20개월간 가진다. 교육자료, 시설, 교사 훈련을 위한 미국 유대인 모금회가 1964년에만 해도 매년 일정한 송금액 외에 5개년간 목표로 1억 2천 7백만 불을 모금해서 보내기로 했다는 것이다. 남쪽 네게브 사막지대의 학교 교사 배치는 여자 군인들로 대치시켜 교육하게 하기도 한다.

대학교의 현황을 보면 예루살렘에 있는 국립 히브리대학교는 근 1만 5천 명의 학생이 있으며, 예루살렘 구시가지의 옛 캠퍼스와 신시가지의 새 캠퍼스를 확장하고 있다. 금년 여름에만도 3천 명 수용의 기숙사를 완공했으며 앞으로도 기숙사 시설을 확장해 나갈 계획이다. 히브리대학의 모든 건물 시설들도 거의 해외 주재 유대인들의 기부로 충당된 것을 기록으로 볼 수 있다. 히브리대학교 의과대학 병원인 동시에 거의 국립의료원이라 할 수 있는 하닷사병원은 신시가에 옮긴 지 10년이 되었는데 세계여성시온협회가 모금한 돈으로 운영되고 있다. 그 규모 크기가 한국의 종합병원 여러 개를 합친 것보다 더 큰 것으로 보였으며, 최근 투자액만도 550만 불이었고 앞으로 20년간 현재의 배로 확대시킬 계획이라고 한다. 히브리대학교 중앙도서관은 시민과 학생들의 공동 사용을 허락하고 있다.

약 20만 명의 청년들은 각종 청년단체에 들어가서 체육, 문화, 사회활동에 참여하여 단체활동을 배운다. 그래서 저들은 자기들의 젊음은 집단공동체의 꽃이라 하고 그 꽃이 피어나는 것으로 생각하고 있다. 1927년에 시온주의자인 레만 박사가 30명의 고아를 데리고 '어린이 마을'인 '벤 쉐멘'을 팔레스타인에서 시작하여 오전에는 공부하고 오후에는 농사를 짓는 사업을 시작하였다. 모토는 "흙을 통해서 회수하자"는 것이었다. 지금은 6~14세 사이의 아동들을 누구나 원하면 받아들여서 25개의 집에 수용하고 있으며, 그 이상의 나이에 해당하는 청소년들은 50개의 집에 수용하고 있고, 50명의 교사가 함께 기거하며 지도하고 있다. 구라파에서 들어온 청년들도 받아들이고 있다. "내 이웃을 네 몸과 같이 사랑하라"는 정신으로 교육받고 있으며, 모든 일을 자율적으로 하는 자치활동을 훈련시켜 나간다. 배우는 교과 교정과 재정문제 외에는 다 아동들, 청년들 자치로 결정, 운영하도록 한다. 어릴 적부터 습득한 집단생활과 기술교육을 통해서 후에 어떤 종류의 직업에도 종사할 수 있는 일꾼이 된다고 한다.

한편 청년운동의 과정을 마친 다음에 키부츠에 가서 훈련을 받고 전국 키부츠 연합회의 후원하에 독자적 키부츠를 창설하도록 권장을 받는다. 자원해 들어온 청년들은 기초 군사훈련을 마친 다음에 키부츠에서 일하도록 허가받는다. 군 복무 기간이 끝나면 일부 집단들이 키부츠에 남아서 민간인으로서 그 수비 지역을 개발하기로 하고 새 키부츠를 개척하는 경우도 있다. 재정 지원은 정부와 정착 사업 기관에서 받는다. 키부츠 안에서 아이들은 축소판 키부츠라고 할 수 있는 실습과 훈련을 받으며, 키부츠의 중고등학교는 공업과 노동을 학과의 필수로 하고 있으며 시험 없이 고등학교에 진학한다. 키부츠에서 태어난 2세의 83%가 현재의 키부츠에 남아서 살고 있다는 것은 그만큼 설립 이념과 교육 방법의 쇄신을 계속해 나가고 있는 산 증거인 것이다.

5

메아 쉐아림이란 정통보수파 유대교인 지역에는 미니스커트, 단발, 맨발, 포장된 도로는 허용되지 않는다.

유대인들의 종교는 거의 다 유대교에 속한다. 약 250만 명의 유대교인, 수백 명의 사마리아인, 30만의 회회교 집단과 72,200명의 기독교인이 있다. 기독교인들은 아르메니안교, 희랍정교, 로마가톨릭, 개신교에 속한다. 모세의 장인 이드로의 무덤을 매년 순례하는 3만 명의 드루즈(Druses)인이 있는데 11세기에 회회교에서 이탈하였다. 1967년 전쟁 후 이스라엘 행정 관리하에 있는 아랍인 지역에도 91만 명의 회회교도, 32,000명의 기독교인과 수천 명의 드루즈인이 살고 있다.

이스라엘에서 종교는 매일 생활과 밀접한 관계를 가지고 있는데 출생, 결혼, 장례만 아니라 안식일과 유대교의 종교 절기 등이 다 국민

의 종교 생활과 밀접히 결부되어 있다. 유대교 회당이 전국적으로 5,000
개나 되며 매 금요일 저녁부터 토요일 저녁까지의 안식일에는 회당이
만원을 이룬다. 유대교 회당은 예배 장소만 아니라 사회문제와 종교
문제를 토의하는 전체사회 집단의 회합 장소가 되기도 한다. 예루살
렘에만도 약 40개의 회당이 있으며 유대교의 최고 랍비 회의와 종교
재판소가 있다. 그리고 정부에는 종교부 장관이 있어 종교 문제를 관
장한다.

이스라엘에서 종교 문제로 사회문제가 되고 있는 화제는 극단 정
통파 유대인들로 빚어지는 극단 보수신앙이라 하겠다. 예루살렘 신
시가지의 메아 쉐아림이란 지역에 이들 정통보수파 유대교인들이 모
여 사는데 건물이나 도로가 신시가지의 다른 지역의 건물과 도로에
비해 구태의연하고 수리, 개축 포장을 하지 않는 것으로 보인다. 이 지
역에 들어가는 여자들은 긴 소매나 긴 치마를 입어야 한다. 미니스커
트를 입거나 어깨까지 드러낸 옷을 입고 지나가는 여자들에게는 통과
를 허락하지 않고 욕을 얻어먹게 된다. 거리에서 노는 어린 소녀들도
그 더운 여름에 긴 양말을 신고 논다. 소년들도 얼굴 양쪽에 머리털을
길게 땋아서 내리고 건을 쓰고 그 위에 검은 모자를 쓰고 검은 양복으
로 긴 저고리를 입고 다닌다.

안식일을 준비하기 위하여 수요일에 장날이 서는데 안식일이 되
면 이 지역으로 자동차가 지나가면 안 되고, 집안에서도 모든 일을 멈
추고 선다. 전기냉장고도 꺼야 한다. 지난 7월에 이곳 주민들이 토요
일 해가 진 다음에 거리로 나와서 지나가는 버스에 돌을 던지는 데모
를 한 일이 있었다. 버스회사는 안식일이 끝나고 토요일 해지는 시간
전에 운전사와 정비사를 출근시켜 차를 정비, 검사한 다음 해가 지면

차를 운전해 나가도록 한 데 대한 불만을 표시한 것이다. 그들 극단 보수파들의 주장은 해가 넘어간 다음에 출근하여 차를 운행하기를 요구한 것이다. 안식일을 철저히 지키라는 것이다. 이에 맞서서 유대교를 신봉하지 않은 무종교의 유대인들이 나서서 극단 보수파 사람들에게 항의 데모를 벌여 시대에 뒤떨어진 낡은 보수 태도를 버리라고 실력 대항해 나서기도 했다. 이런 투쟁 사건의 해결은 결국 종교부 장관의 중재로 버스회사가 당분간 양보하기로 하였다. 회사 측은 토요일 저녁에 버스를 빨리 운행하여 교통 소통을 빨리하려고 하는 것이다.

메아 쉐아림 밖의 다른 지역에서는 안식일이 점차 진보적으로 해석되어 세속화되고 있으나 공휴일로서의 안식일은 완전히 휴무가 된다. 주일에는 모든 사무가 정상화된다. 무종교의 유대인들은 관습상 안식일에 쉬는 것이지만 극단 정파의 분자주의적 모세 법률 준법에는 동의하지 않고 있다. 극단 보수파 안에도 더 극단 소수파로서 내투래이 칼타파가 있는데 이들이 소위 실력행사 집단으로서 자기들의 모세법 해석에 맞지 않은 랍비 회의나 종교집단에 대해서 행동으로 투쟁을 하고 나선다. 이들은 여자 참정권도 부인하고 시온주의에 반대하고 심지어 이스라엘 정부도 인정하지 않는다. 메시아가 와서 통치할 날이 오기를 기다리는 것이다. 그러나 대부분 온전한 정통 유대교인들은 정부를 인정한다.

그러나 어쨌든 유대교는 집단공동체에 대한 관심에 중점을 두기 때문에 집단공동체의 종교이며, 하나님의 목적을 성취하기 위한 공동체로서 메시아 소망을 가지고 약속의 땅에서 살 수 있는 용기와 기대를 주는 종교라고 보고 있다. 유대인들이 종교 훈련과 성경 연구를 하지만 종교적 법에 얽매이지 않은 융통성을 가지고 나가려는 넓은 마음의 자세도 많이 늘어나고 있다. 그러나 교육받은 키부츠 청년들은 키부츠에서 꼭 종교적으로 하지 않더라도 관대할 수 있는 교양을 가지게 된다고 한다.

이런 점에서 이스라엘의 유대인 사회에서는 양극화하고 있는 유대교 종파들이 공존하고 있다고 할 수 있다. 극단 정통파와 온건 보수파와 자유파와 무종교 유대인들이 함께 살고 있는 것이다.

어쨌든 이스라엘 민족은 '책을 낳은 민족'이라고 하여 구약성경을 가지고 세계 정신문명과 종교들에게 큰 공헌을 하고 있다고 자랑한다.

6

무엇이 어떤 요인이 유대인으로 하여금 수많은 멸종 위기 속에서 건져지고 살아남게 만들었는가?

책 중의 책인 성경을 낳은 이스라엘의 북단인 단(Dan)에서 남쪽의 브엘세바와 시나이반도 및 시내산을 답사해 보면 신·구약성경과 관련된 여러 도읍을 보게 되고 특히 구약성경에 나오는 옛 역사적 도읍의 고고학적 발굴 유적을 보게 된다. 안내하는 지리학 교수인 제브 빈래이 박사의 정열적이고 고무적인 설명을 통해서 듣는 사람은 기원전 2천 년부터 시작하는 약 4천 년간의 역사를 탐색해야만 한 장소의 옛 고적과 발굴물을 이해하게 된다. 실상 이스라엘 전국 각지의 중요한 성서적 유적을 남긴 지역을 다녀보거나 예루살렘에 있는 이스라엘 박물관과 록펠러 박물관을 두루 살펴보아도 물질적인 유물로서 히브리인이 세계에 내놓을 만한 건축, 축성, 전략무기, 예술작품 같은 것은 찾아보기 어렵다. 단, 구약성경이란 기록만을 남겼다는 것에서 헤브라이즘의 세계적 공헌이 어떠함을 실감하고도 남음이 있다.

구약성경을 기록하기 시작하면서 그 기록의 보존과 계속적인 복사 작업과 그 기록이 가진 역사와 전통과 정신의 상속과 보존을 위한 히브리인의 강인한 투쟁은 4천 년간 히브리인이 어떻게 살아남아 왔는가 하는 생존 역사를 기억해보면 더 뚜렷이 드러난다. 우선 히브리인의 역사를 성서 시대부터 시작하여 어떤 흥망성쇠의 역사를 가지고 그들의 땅을 어느 정복자가 밟고 지나갔는가를 열거해 보겠다.

① 성서 시대(1700~445 B.C.)

　족장 시대(1700~1400 B.C.)

　출애굽(1400~1350 B.C.)

　가나안 정복(1300~1250 B.C.)

　사사 시대(1200~1020 B.C.)

　사울왕·통일 왕국 시대(1020~922 B.C.)

　분열 왕국·이스라엘(922~722 B.C.)

　　　　유다(922~587 B.C.)

② 바벨론 포로 시대(586~538 B.C.)

③ 페르시아 정복 시대(538~333 B.C.)

④ 희랍 통치 시대(332~168 B.C.)

⑤ 마카비 독립운동 시대(167~163 B.C.)

⑥ 로마 통치 시대(63 B.C.~355 A.D.)

　예루살렘 멸망(70 A.D.)

⑦ 비잔틴 통치(기독교) 시대(395~638 A.D.)

⑧ 아랍·모슬렘 통치 시대(638~1099 A.D.)

⑨ 십자군 시대(1099~1291 A.D.)

　예루살렘의 라틴 왕국

　8차 십자군 진주(1248~1250 A.D.)

⑩ 회교국인 메미룩의 통치 시대(1250~1516 A.D.)(이집트, 카이로가 수
　도임)

⑪ 토이기 통치 시대(1516~1917 A.D.)

⑫ 영국 신탁통치 시대(1917~1948 A.D.)

⑬ 이스라엘 독립(1948 A.D.)

　이렇게 히브리 민족 역사에는 그들의 독립 왕국 시대(1020~587
B.C.)이후 망국 백성이 된 다음부터 약 2,500년 동안 거의 11차에 걸친
강대국들의 무력 지배하에서 신음했던 피로 얼룩진 굴욕과 고난의 역
사가 있음을 볼 수 있다. 히브리인을 정복하고 괴롭혔던 바벨론인, 페
르시아인, 페니키아인, 헷족속, 블레셋족 등은 후에 사라져 버렸고,
중국인, 힌두족, 이집트인은 자기 나라에서 살아남았지만 유대인들
은 남의 땅에서 유리방황하면서 살아남아 왔다. 그렇게도 강한 무력
과 문화를 가지고 유대인을 짓밟았던 희랍과 로마도 유대인들과 그들
의 문화와 종교와 히브리어를 말살시킬 수는 없었다. 도리어 정복자
들의 문화권 속으로 깊숙이 피정복자의 정신문화가 침투해서 영향을
주게 되었다.

　유대인을 정복했던 정복자들은 그들의 문화적 유산을 물질적으
로 전승 기념비나 석조 방어 축성이나 큰 석주 등으로 이스라엘 땅에
남겨 놓고 물려가 버렸지만, 유대인들은 그런 전쟁 승리의 기력을 자

랑할 만한 유물을 남기는 일 없이 오히려 이념(아이디어)과 사상을 남겨서 타민족 문화에 영향을 주면서 살아남아 왔다. 그 이념과 사상이 무엇이냐 하면 물론 유대인으로서는 구약성경을 내용으로 하는 종교적, 도덕적, 사회적 이상과 교훈이라 할 수 있다.

그러면 이런 이념과 사상이 어떻게 살아남아 왔는가? 어떤 도전과 위협 속에서 그 이념을 살리고 생존권을 유지해 나왔는가를 세계사적인 관점에서 살펴볼 필요가 있다. 우선 이스라엘 민족의 생존을 위협했던 여섯 가지 도전을 설명함으로써 "어떻게 오늘날까지 살아남았느냐"를 이해하는 데 큰 도움을 받을 수 있다. 다시 말하면 세계 역사는 이스라엘 민족에게 여섯 가지 도전과 투쟁으로 생존을 위협했지만, 그 민족은 살아남았다는 것이다.

(1) 유대인 생존을 위협한 첫 번째 도전은 유대인이 이방 세계에서 유랑하면서 기착해 사는 동안 받은 것이다. 고대 근동 세계에서 포로민으로 혹은 피난민으로 이주하는 동안 강대국들의 정치적 충돌의 틈바구니에서 멸망되는 줄로만 생각되었지만 근 17세기 동안 남의 나라 땅에서 푸대접을 받으면서도 살아남았었다. 강대국들인 바벨론, 아시리아, 페니키아, 이집트, 페르시아 등이 근동 세계의 맹주가 되려는 야욕을 가지고 군사적 대결을 할 때 그 틈바구니에 끼인 유대인은 이리 쫓기고 저리 끌려다니는 약소 민족으로서 생존마저 거의 없어지는 것 같은 상황에 빠졌었다. 그러나 유대민족의 사상과 민족정신이 그들을 멸망시키려는 도전 속에서도 굴하지 않고 살아남을 수 있게 만들었다.

(2) 두 번째 도전은 희랍 로마 통치하에서 받은 위협이다. 희랍 통

치하에서는 히브리 종교문화를 말살당하고 희랍 문명만을 강요당했었다. 희랍의 종교와 예술과 건축이 강제로 이스라엘 풍토에 이식되었고 로마의 군단과 법과 행정이 이스라엘을 짓밟았지만, 이스라엘은 살아남았다. 로마의 군단이 패망하자 이 희랍문화도 시들고 패망하였지만, 유대인들은 자기들의 종교문화를 이어나갔다. 유대인들이 살아남은 것은 그들의 큰 무력의 힘 때문이 아니라 저들을 결합시키는 이념과 생각의 힘 때문이었다.

(3) 세 번째로 유대인들의 생존을 위협한 도전은 이방 종교문화가 유대교를 몰아내고 없애버리려 했던 도전이었다. 유대인이 바벨론으로 포로로 잡혀간 기원전 6세기로부터 구라파의 유대인 거리(Ghettos)에서 풀려 나온 기원후 19세기에 이르기까지 유대인들은 이방 문화권 속에서 산산조각으로 격리되어 살거나 혹은 갈래 갈래의 여러 문화생활 속에서 적응해 살 수밖에 없었다. 이런 장구한 기간 동안에 유대인들은 새 주인으로 들어선 정복자들의 정신과 종교에 흡수 동화되어 버리느냐, 그렇지 않으면 동화되지 않고 유대교의 전통을 살려 나가느냐 하는 갈림길에 선 적이 많았다.

유대인들은 이런 갈림길에서 두 주류의 유대교를 만들어나갔다. 하나는 팔레스타인 본토의 유대교이고 다른 하나는 흩어져 사는 유대인 디아스포라들의 유대교인 것이다. 이들 두 주류의 유대교는 구약성경의 기록 보존과 모음의 발명과 발음 보존과 내용 해석 등 계속적인 사업을 추진함으로써 유대교 전통을 상속해 나갔다. 그 결과로 탈무드 같은 유대교의 새 법전을 완성하여 유대인 생활의 지침이 되도록 하였다. 그래서 소위 탈무드 시대(Talmudic Age)가 유대인 역사에서 약 15세기 동안 계속되었다.

(4) 네 번째로 유대인의 생존을 위협한 도전은 7세기에 유대교에서 파생한 회회교라 하겠다. 모하메드 제국이 세워짐으로써 회회교 세력하에 들어간 유대인과 유대교가 어떻게 연명하여야 하는가가 큰 문제이었다. 더욱이나 회회교와 기독교의 갈등 사이에 끼어서 유대인은 미움을 받으면서도 이 시대의 정치가, 철학자, 과학자, 무역가, 자본주가 되면서 살아남아 왔고 아랍어를 부득불 사용하지 않을 수 없었다. 700년간의 이런 회회교 통치 시대가 붕괴되자 회회교 세계와 연관된 유대인 문화도 붕괴되고 말았다.

(5) 다섯 번째로 당한 도전은 중세기란 것이었는데 이 시대는 유대인과 서구인에게 다 암흑시대이었다. 유대인은 12세기 동안 자기 민족의 멸종 위기에서 멸종이 안 되기 위한 싸움을 계속하였다. 기독교의 십자가 이름 아래 패망 당한 모든 비기독교 국가들이 십자가 아래 굴복 개종하는 판국에 유대인만큼은 중세기 기독교 세력 아래 굴종 개종하지 않았다. 신성로마제국 판도 아래에서 유대인의 거리인 게토(Ghettos)가 생기고 그 게토의 그늘 속에서도 서구 문명을 형성하는 데 중요한 인적, 지적 자원이 되기도 하였다. 구라파 자국에서는 유대인 중에서 정치가, 상업인, 군 지도자, 지식인들이 나서 서구의 사고를 다시 구성하는 데에 선봉을 달린 선구자들이 되었다.

(6) 마지막 여섯 번째 도전으로는 19, 20세기의 현대 민족주의, 산업주의, 공산주의, 나치주의 등이 유대인 생존을 위협한 도전들이었다. 거기에 새로 등장한 서구인들의 병적인 편견인 반(反)유대주의는 유대인 생존을 말살시키려는데 한몫하였다. 나치 독일 하에 희생당한 600만 명의 유대인과 소련에서 자유를 못 보고 있는 유대인을 생각하면 현대에 들어와서 유대인이 당한 생존의 위협이 얼마나 심했

던가를 짐작할 수 있다.

이상에서 본 이런 여섯 가지 단계의 세계사적 도전을 유대인들이 받고서도 4천 년간 팔레스타인 영토에서만 아니라 전 세계적인 판도에서 살아남아 왔다는 것은 실로 기적에 가까운 일이 아닐 수 없는 일이다. 그러면 무엇이, 어떤 요인이 유대인으로 하여금 멸종에서 건져지고 살아남도록 만들었는가? 그리고 어떤 이념이 오늘의 새 이스라엘의 기적적인 재건을 가능하게 하고 있는가? 이런 질문에 대해서 우리는 유대인 철학자요 신학자인 마틴 부버의 역사관에서 해답을 찾을 필요가 있다.

마틴 부버는 이스라엘 역사를 통해 흐르고 있는 중심 주제는 이스라엘의 하나님인 야웨와 백성 이스라엘 사이의 관계라고 보고 하나님이 인간에게 행동의 자유를 주었다고 보았다. 인간은 하나님께로 향하는 능력과 혹은 하나님에게서 떠나는 능력을 가지고 있기 때문에 인간은 하나님을 위할 수도 있고 반역할 수도 있다는 것이다. 그런데 이런 하나님과 인간 사이에 일어나는 일이 곧 역사라고 보았다.

이런 신인(神人) 관계 사고는 4천 년 전 이방 세계에서 이스라엘인을 구별시키기 시작했던 사고의 특징이었다. 이방 종교의 신관은 인간을 그들의 신들에게 묶어 놓은 것이었다. 그러나 이스라엘인들의 하나님과의 관계는 하나님이 인간으로 하여금 독립적 행동을 할 수 있도록 풀어두었다는 것이다. 아브라함이 이스라엘인의 믿음의 조상이 된 이유는 그가 숙명과 운명의 신에 묶인 예속된 인간이 아니라 역사를 움직이며 인간에게 독립된 길을 걸어갈 수 있도록 아브라함을 움직인 야웨 하나님의 뜻을 따라 독립된 행동과 모험을 할 수 있었기 때문이다.

사실 서구인도 마틴 루터가 교황에게 예속하기를 거부하고 하나님과 인간과의 관계를 다시 회복하고 하나님 앞에서 진정한 자유인이 되기를 바란 종교개혁 때까지는 이런 종교적 자유에 도달하지 못했다. 루터의 이런 프로테스탄티즘도 결국은 인간의 독립적인 하나님과의 관계에서 나온 것이고 이 관계가 새 역사를 창조하였다. 구약성경에 나타난 이스라엘 역사에는 여러 가지 정치적 굴곡이 많지만, 역사 기록 전체가 제시하려는 중심 주제는 다 하나님과 인간과의 올바른 관계 수립이었음을 발견하게 된다.

여기에서 현재 이스라엘을 이해하기 위해서는 4천 년간 그들을 움직여온 이념과 사상을, 4천 년간 그들을 생존하게 만든 역사의식을 이해해야만 한다.

그 이념은 다름 아닌 구약에 나타난 하나님과 인간과의 관계를 보여주는 역사이며 그 역사 안에는 항상 인간이 '비과학적 개념'을 믿어 왔고 그 비과학적 개념인 종교적 신앙이 역사를 꾸며나간 참된 '사실'이었음이 증거되어 있는 것이다. 이념이 없는 사회는 역사를 갖지 못한 사회이다. 현대 이스라엘 사회는 4천 년간 역사를 통해서 자란 이념을 통해서 살아남아 온 사회이다.

7

문명된 세계의 3분의 2가 이미 유대인의 사상으로 정복되도록 디아스포라는 전 세계를 통하여 응답했다.

기원전 2천 년간 기원후 2천 년간 4대륙에 걸쳐서 6대 문명을 거쳐

지나오면서 모든 역경을 이기고 악전고투하면서 살아남도록 만든 구체적인 이념인 비과학적 개념들이 무엇인가? 그것은 그들이 하나님의 선민이라는 굳건한 신념이다. 그 신념과 확신이 그들을 생존하여 살아남는 일에 동력이 되었다. 그리고 모세의 율법이 생존 의욕을 길러주었고, 그들의 지식 있는 지도자들이 백성들에게 강인한 인내심과 절망하지 않는 희망을 주면서 기다리는 용기를 가지도록 지도하였다. 그래서 그들의 살려고 하는 의지는 기다리는 용기와 결부되었다. 메시아를 기다리는 미래 소망 의식을 가지고 수천 년 국내, 국외에서 현실을 이기고 극복하여 나갔다. 유대인의 이런 생존을 위한 투쟁은 결코 무력적인 대항이나 군사적인 대결로 이루어지지 않았다. 구약 역사에서 받은 신앙적 전승을 가지고 새 환경과 처지에서 그 정신적 유산을 새롭게 해석하며 지켜야 할 율법 전통을 지킬 수 있도록 조상들이 백성을 지도해 나갔다. 저들이 물려받고 늘 새롭게 해석한 종교적 사상은 하나님께 관한 사상이었다. 창조자인 하나님이 현재와 미래에도 역사를 창조하고 살아 움직이는 하나님으로서 이스라엘인에게 용기와 희망을 주는 하나님으로 고백이 되었다. 고대 근동 세계에 흔히 많았던 우상 신들은 고정된 장소에서 인간을 예속시켜 숭배를 받은 결과 그런 우상 종교는 역사적 유물로서 신상이나 제의물을 많이 남겼을 뿐 죽어버린 종교가 되고 말았다. 그러나 이스라엘의 야웨 하나님은 보이지 않는 유일한 하나님으로 자기 백성과 함께 이동하는 하나님으로서 늘 새로운 약속을 주는 하나님으로 신봉되었다. 그러면서 약속 성취를 위해서 인간에게 독립적이고 창조적인 반응을 요구하였던 하나님으로 믿었던 것이다.

4천 년간의 도전과 반응의 역사는 유대인에게 늘 새로운 반응을 하도록 한 새 기회를 준 역사의 연속이었다. 이런 점에서 유대인이 살아남은 이유 중의 중요한 하나는 그들이 남의 나라에 흩어져 사는 디아스포라로서 남의 땅에서 적응하여 살 수 있는 길을 일찍부터 배웠다는 것이다. 이 디아스포라라는 유대인을 결코 남의 나라의 노예로 사는 포로민으로서가 아니라 새 자유를 획득하는 도전자를 훈련시키고 길러내는 구실을 하게 만들었다. 남의 땅에 떠돌아다니다가 없어져 버리는 절망의 방랑 민족이 아니라 자기 민족혼과 민족 종교문화를 가지고 다니면서 남의 종교문화의 문명권 속에 융화를 시도하면서 자기들의 문화를 드러내곤 하였다. 그러므로 디아스포라라는 유대인은 한 문명의 흥망성쇠와 함께 같은 운명 속에서 없어져 버리는 동화인이 아니라 기울어져 넘어간 문명들을 넘나들면서 헤쳐나와 살아남는 독립인이었다. 그 증거의 하나로는 물리, 화학, 의학 부문의 노벨상 수상자들의 12%의 수가 유대인이며, 그밖에 종교, 과학, 문학, 음악, 철학, 경제 등 각 분야에서 세계적으로 이름난 유대인들이 많이 나왔음을 들 수 있다. 이들은 거의 다 구미에 흩어져 있는 디아스포라 출신들인 것이다.

그러므로 현대 이스라엘을 이해하기 위해서는 전 세계에 흩어져 있는 1,200만 명의 유대인 디아스포라를 제쳐놓고서는 생각할 수 없다. 유대인들의 문화적 생존이 종교와 풍습과 문화적 배경이 다른 대륙의 각 풍토 속에서 어떻게 연명되어 왔는가를 아는 데에는 이 디아스포라의 존재가 필수적인 요인이 되어왔던 것이다. 그들이 외국으로 망명을 하지 않고 팔레스타인에만 남았다면 오늘의 세계 역사에서 아무 문화적 세력이 될 수 없었을 것이다. 유대인들이 앞으로도 계속 살아남았겠는가? 만일 그들이 유대인으로 살아남기를 바라고 새로운 외부로부터의 생존권 위협의 도전에 응해서 살아남으려고 새 기술을 사용하고 디아스포라가 세계 역사에서 계속 영향을 주는 창조적 구실을 해나간다면 유대인들은 문화를 만들어 내는 민족으로 살아남을 수 있을 것이다. 그러나 생존하려는 의지와 위협에 대치하려는 능력도 영존하는 디아스포라가 없이는 결코 충분할 수가 없을 것이다. 디아스포라는 유대인의 역사에서 필수적인 성분이 되어야만 한다는 것이다.

오늘의 이스라엘 나라의 건설과 아랍과의 대결에서 국토의 방위 등 건설과 국방이란 과제를 안고 1948년 독립 후 3차에 걸친 단기 전쟁에서 승리를 거두었지만 이런 결과가 있기까지에는 디아스포라들의 적극적 지원과 본토 정착 사업의 공이 큰 것임을 목격할 수 있다. 이스라엘의 독립 20주년을 맞이한 1968년에 과거 20년간 이스라엘 국가가 생존해 온 것이 기적이었다고 하고 앞으로 20년간 역시 생존할 수 있다면 그것도 기적으로 생각할 수밖에 없다고 하였는데 이제 앞으로 2천 년간 유대인이 이스라엘 국가와 함께 생존할 수 있는가 하는 질문은 여기에서 무리한 질문일 수밖에 없다. 그러나 세기를 거듭하면서 성장하여 내려온 야웨 하나님, 모세의 율법과 이스라엘의 예언자를 기축으로 하는 삼위일체적인 종교 신앙이 유대인으로 보존해 오고 인류를 인간으로 보호해오는 데에 기본적 동력과 이념이 되어온 것을 생각하면 유대인의 생존을 기대할 수 있을 것이다.

이스라엘 백성이 전 세계에서 차지하고 있는 영토의 소유를 볼 때는 너무나 작은 면적이고 현 이스라엘에 살고 있는 유대인의 수가 아랍 세계와 비교해 볼 때 비교가 안 될 정도로 소수이지만 이것이 유대인을 과소평가하는 선입주견이 되어서는 아니 된다. 문명된 세계의 3분의 2가 이미 유대인 사상으로 정복되어있음을 재인식해야 한다. 즉,

모세의 종교, 예수의 새로운 개혁적 종교 신앙, 바울의 신학과 세계선
교, 스피노자의 철학, 마르크스의 사상, 프로이드의 정신분석학, 아인
슈타인의 상대성원리 등은 따지고 보면 다 유대인에게서 비롯된 것이
고 이들의 사상이 동양과 인도를 제외하고서 한때 온 세계에 지배적
인 영향을 주었으며, 오늘에 와서는 전 세계에 여전히 큰 영향을 주고
있는 것이다.

8

이스라엘 민족은 '책을 낳은 민족'이라고 하여 구약성서를 가지고 세계에
큰 공헌을 하고 있다고 자랑한다.

예루살렘에 머물면서 두 달 동안 성서고고학 관계 발굴지역을 답
사하면서 안내하는 노 교수의 인상적인 말을 잊을 수 없다.

우리들은 무엇에 미친 민족이다. 미친 민족이 역사를 창조한다. 아랍인
들은 우리 유대인을 마치 태양 빛 아래 말라 시들어버리고 죽는 풀과 같은
죽어가는 민족이라고 한다. 그러나 우리는 모든 고난을 이기고 나왔다.
고난이 역사를 창조하도록 만들었다. 시편의 찬양과 찬송은 고난에서 나
온 결산이다.

현대 이스라엘은 갈릴리호수의 기적을 만들려고 남쪽 사막의 땅
을 녹색으로 만드는 녹색혁명에 미치고 있다. 푸른 기적을 만드는 데
에 모두 타고나고 물려받은 불모의 땅과 싸우며 고난을 극복해 나가

고 있다. 자연적 혜택이 거의 없는 땅에서 당하는 식수난, 생산난과 숨을 곳이 전혀 없고 감출 곳이 전혀 없는 자연 풍토에서 국토를 방위한다는 국방난, 이 모든 것이 극복되어야만 할 고난인 것이다. 그러기에 현대 이스라엘의 유대인은 골리앗을 돌로 쳐 죽인 다윗왕과 같이 국방에도 총력을 기울여야 되고, 동시에 찬양의 시편을 쓰고 음악을 좋아한 다윗왕과 같이 문화적인 건설사업에도 최선을 다해야 할 처지에 있다.

유다의 피와 불이 떨어졌으나 유다의 피와 불이 살아난다.

이 말은 '텔 하이'란 곳에 있는 이스라엘 국군 묘지에 새겨진 글이다. 생존을 위한 희생을 통해서 생존권의 회복과 영속을 확신한 비문이라 하겠다. "내 백성이 화평한 집과 안전한 거처와 조용히 쉬는 곳에 있으리니"(사 32:18)라고 한 예언자 이사야의 열망이 오늘의 이스라엘과 세계에 성취되기를 기원한다.

성서에 나타난 대중의 의미

예수의 오심은 생명 잃은 형식적, 외형적 종교 전통에 포로가 된 대중들을 해방시켜 새 구원의 길로 이끌 수 있는 길을 보여주셨다.

1

오늘의 매스 미디어는 대중을 쟁탈하기 위한 흥미 본위의 프로로 독자와 청취자를 유혹하고 있다.

매스 미디어가 발달하는 현대 사회는 지식 대중이든 일반 대중이든 대중 전체를 마음대로 이끌어 나가면서 대중문화를 형성해 나간다. 모든 언론기관이 펴내는 각본과 편집에 따라 대중은 춤추며 끌리기 마련이다. 돈을 낸 스폰서와 검열을 당하는 편집인에 의해 짜여지는 화면과 기사는 대중의 비위에 맞추어서 대중문화를 다량 생산해 내고 있다. 싫건 좋건 언론기관들이 만들어 내는 말과 글과 그림에 장단 맞추어 매스컴의 노예가 되어 가고 있고, 유행, 인기몰이 대중문화에 사로잡혀가고 있다.

기독교회가 이런 대중문화 형성에 어떤 위치를 차지할 것인가? 대중의 가치관 확립과 문화 의식 향상에 교회가 구심적 미디어가 되었던 적도 있었지만, 오늘의 매스 미디어는 대중을 쟁탈하기 위한 인기몰이 흥미 본위의 프로로 독자와 청취자를 유혹하고 있다. 성경 안에 이런 대중문화 문제를 다룬 것이 있는가는 자못 의문이지만 대중의 가치관과 윤리의식을 높여주고 대중의 잘못된 행동을 비판해주고 지도자와 백성 사이를 연결 짓는 건전한 비평 세력들의 발언이 대중의 비판의식을 높여준 실증을 찾아볼 수 있겠다.

2

시대적 감각이 역사의 방향 감각에 예민했던 예언자들은 무산대중의 권익 옹호를 위해 앞장서서 투쟁했다.

우선 신·구약성서 자체가 이스라엘 대중사회에서 어떻게 공유물로서 전달되어 내려왔는가를 간단히 설명해 보겠다. 구약성서의 경우를 보면 우선 이스라엘의 족장 시대부터 왕국 시대에 이르기까지 전해 내려온 여러 전승이 있었다. 신화, 설화, 전설, 무용담, 조상들의 이야기로서 아브라함, 이삭, 야곱 이야기와 모세 이야기로 출애굽전승, 여호수아전승, 사사들의 이야기 등은 이스라엘의 옛 역사에서 어떤 특정인, 사회계층인, 지식층, 상류층에게만 전달된 것이 아니었다. 옛 전승 이야기들을 전달하는 공동 장소인 성소(세겜·헤브론)에서 전체 부족들에게 대대로 이야기로 전달된 공동소유 유산들이었다. 다시 말하면 부족 전체 대중들에게 널리 알려진 전승 이야기들이었다.

이런 전승들이 왕국 시대에 들어와서부터 다윗, 솔로몬 시대에 등장한 최초의 이스라엘 지혜인이고 지식인이라 할 수 있는 성서 기자들(모세 오경을 쓴 역사가들로서 야웨문서 기자, 엘로힘문서 기자, 신명기법전, 제사법전 기자)이 대중 속에 전해 내려온 기억된 전승들을 문서화하여 기록으로 옮기면서 비로소 문화적 기록유산으로서 역사 기록들을 남기기 시작했다. 다윗, 솔로몬 왕실 주변에 등용된 공무원들이나 고대 근동 세계 왕실마다 있었던 서기관들이 새로운 지식층을 형성했으며, 더욱이 무명의 성서 기자들이 야웨종교 신앙에 근거를 두고 과거 역사를 이상화시키면서 대중 속에 널리 퍼졌던 문화적 가치가 있는 설화와 전설과 조상 이야기들을 수집하여 역사 기록으로 남김으로써 확실하고도 영구한 정신적, 역사적 유산으로 남도록 하였다.

그러면서 모세오경의 형성 과정을 보면 바벨론 포로로 잡혀간 포로민 대중 속에서도 옛 기억을 다시 기억해 내고, 심지어는 율법 의식이 법조문으로 형성되어 내려오던 일반 대중 시민의 권익과 보호를 위한 법률(신명기) 정신에 의해서 모세오경 자료들을 편집한 사람들이 나타났다. 이 신명기적 편집자(550 B.C.)는 포로시기에 활동하면서 전기 예언서인 여호수아, 사사기, 사무엘, 열왕기를 편집해 내었다. 이런 성서 편집자들도 누구인지는 모르지만, 이스라엘 민족 선민의식과 신앙을 가지고 포로민 대중 속에서 같이 기거하면서 이스라엘 역사 보존을 위한 기록 활동을 하였다. 대중문화에 큰 타격을 준 바벨론 포로 기간에 실의와 절망에 빠져 있는 대중에게 이스라엘 종교문화의 주체성과 전통을 다시 확립하려고 노력했던 성서 편집자들이 있었다는 것은 실로 다행스러운 일이었다.

구약의 예언 문화 형성 과정을 보면 포로기 전 왕국 시대에 새로 형성된 사회의 부조리와 빈부의 격차와 집권층의 권력 남용으로 인한 민중들의 민권 침해와 왕들의 국제 정치 외교의 흥정으로 수입된 가나안 종교의 허용과 무지한 백성들의 실리적인 적응으로 가나안 바알종교에로의 전향 등 여러 문제가 일어났을 때 예언자들이 나타나서 하나님의 바른 말씀과 역사의 바른 방향과 사회 정의 실현을 외치고 나섰었다. 남보다 위기의식이 강했고 시대적 감각은 역사의 방향 감각에 예민했던 예언자들은 실제로 근로 대중, 농민 대중, 무산대중들의 권익 옹호를 위해서도 앞장서서 투쟁했고, 소수의 종교지도자, 왕실 공무원, 유산층들의 비행을 들추어내어 그들의 윤리적 각성을 촉구했으며, 일시적 실리에 눈이 어두웠던 일부 서민 대중들의 무자각한 신앙의 변절 등도 고발하여 시정을 촉구했다. 그러니 예언 문학도 이스라엘 민중의 울부짖음의 대변을 반영하고 있는 것이다.

　시가 문학, 지혜 문학은 더욱이 이스라엘 대중의 생활 깊이와 넓이에서 생겨나온 노래들과 기도문과 격언들과 문학들을 수집하여 둔 것이다. 잠언의 인생 처세술은 완전히 이스라엘인의 산 인생 철학에서 나온 격언들인 것이다. 이렇게 해서 완성된 구약성경은 민중의 책이 되고 대중의 신앙, 윤리, 도덕을 지도하는 지침서가 된 것이다.

　신약성경에 예수의 생애와 교훈에 관한 복음서도 예수의 제자들과 예수를 보았던 일반 대중들의 예수상과 신앙고백이 문서화된 것이다. 그래서 복음서나 사도행전이나 바울 서신 등이 예수에 대한 신앙고백을 대중화시킨 기록들이라고 볼 수 있다. 예수를 따라다녔던 소수자들의 예수로 부각시키지 않고, 예수를 직접 따라다니거나 예수의 교훈을 들었던 군중 틈 속에 비친 예수의 모습과 군중들 틈에 끼인 병자들, 환자들, 세리와 죄인들, 제자들과 대화하고 병 고치는 예수의 모습 등을 보여주고 있다. 당시 종교와 사회 지도자들의 생활 변혁에만 관심을 가진 것이 아니라 일반 민중 백성들의 생활과 윤리와 처세술의 새로운 방침과 해석을 보여주려고 했다. 바울 서신도 지식층이나 대중을 막론하고 전체 민중에게 전도될 수 있는 설명으로 예수를 고백하고 변증하였다.

이런 여러 가지 점에서 볼 때 성경 구성이 특수 귀족층의 문화적 작품으로서가 아니라 대중들의 생활문화권 안에서 호흡을 같이한 신앙적 지성인들의 창작물이요, 그 창작물이 일반 민중들의 생활로 밀접히 연결된 역사 문학, 법률집, 예언 문학, 지혜와 시가 문학, 예수의 생활과 교훈, 예수에 대한 변증과 고백들이다. 구약성서만 하더라도 유대인 생활 전체를 지배하는 지침서가 되어 온 것이다.

3

이스라엘 사회에는 귀인과 서민, 자본가와 무산자라는 대립적 사회계급 간의 투쟁 같은 것은 없었다.

성경 안에 나타난 지도자와 대중과의 관계를 살펴보자. 가족 단위의 유목 생활을 하던 이스라엘 조상들이 가나안에 들어와서 왕국을 세우고 살 때 자연적으로 생활에 변화가 생기고 도읍(도시)들을 중심으로 한 사회생활로 바뀌게 되었다. 신명기법은 대개 국내법으로서 각 도읍에서 일어나는 사회적인 비행과 부정과 사고를 막기 위한 규정들을 가지고 있다.

왕국 행적의 중앙집중화로 생긴 사회 변천은 지배층과 피지배층이 생기고 가족 간의 균등이 깨어져서 가진 자와 덜 가진 자가 생기기도 하였다. 그러나 이스라엘 사회에는 '귀인'과 '서민', '자본가'와 '무산자'라는 대립적 사회계급이 생겨서 백성들을 분열시켜 놓는 계급 간의 투쟁 같은 것은 없었다. 지도자로 마을 사람들의 공회를 대표해서 활동한 나이 든 장로들(삼상 30:26-31)과 다스리는 자로 방백들(민 22:7, 삿 8:6), 천부장(군대 장교, 삼상 8:12, 17:18), 신하(왕상 4:2), 지방 방백(왕상 20:14, 22:26)들이 있었는데 이 사람들이 왕을 둘러싸고 지위를 확보하여 백성들에게 영향을 주는 사람들이 되었다. 왕이 신하들에게 밥과 포도원과 감람원의 제일 좋은 것을 주기도 하였다(삼상 8:14). 사마리아와 예루살렘 수도에서 왕에게 영향을 주는 압력 세력이 된 적도 있었다(렘 38:24-25). 왕국 시대에 결국 이런 지위를 가진 행정가들이 자리를 누린 사람들이었는데 가끔 '존귀한 자'(왕하 10:6, 11, 렘 5:5)들이라고 불리고 있다. 예레미야 때 이 '귀인들'은 하나님의 길과 법을 알고 있었으나 비천한 무리는 하나님의 길과 법을 알지 못하고 있었다(렘 5:4-5).

기원전 8세기 아모스 당시에는 부익부, 빈익빈의 사회현상이 생겨 권력을 배경으로 한 부자들의 횡포가 심했고, 가난한 약자들을 착취하는 일이 있었으며, 사치를 부리는 생활을 하였다. 예언자들은 이런 일부 권력층의 부정부패에 대해서 맹렬히 공격하였다.

다음에 대중이란 말을 찾아보기란 어렵지만 '암 하이레츠'(백성이란 뜻)란 말의 사용을 보면 평민을 뜻했던 것을 짐작할 수 있다. '백성'은 바벨론 포로기 전에 왕과 왕자와 구별되었고(왕하 16:15, 겔 7:27), 왕과 왕의 종들인 공무원들과도 달랐으며(렘 37:2), 방백과 제사장들과도 구별되었고(렘 1:18, 34:19), 방백들과 예언자들도 구별되었다(겔 22:24-29). 백성들은 백성 중 다른 계급에 속한 백성들과 구별되었다는 것은 전혀 없었다. 느부갓네살이 예루살렘을 점령하고서 백성(공무원)

과 방백과 용사를 잡아가고 '백성 중 가장 가난한 사람들'만 남겨두었다(왕하 24:14). 가장 가난한 사람들이라고 해서 빈민계급을 말하는 것은 아니었다. 하나님이 예레미야를 불러 예언자로 삼을 때에 온 땅과 유다 왕들과 그 족장들(각 지파 대표를 의미함)과 그 제사장들과 그 땅 백성 앞에 견고하고 강한 예언자로 삼겠다고 했는데(렘 1:18) 여기에서도 지도자들과 평민 대중인 백성을 구별하고 있고, 결코 계급적 차별을 두고 백성이란 말을 쓴 것은 아니었다.

레위기 4장에 있는 범한 죄 때문에 바치는 제물 규정을 보면 제사장이 범죄 했을 때와 이스라엘 온 회중이 범죄 했을 때는 수송아지를 잡아 제물로 바칠 것이며, 족장이 범죄 하면 숫염소를, '평민의 하나'가 범죄 하면 암염소를 바치도록 규정하고 있다. 여기에서 평민의 하나는 일반 국민 백성 중의 하나를 가리킨다.

'땅의 백성'이란 말이 시민 전체를 가리키는 경우도 많다. 유다의 모든 국민이 요시아의 아들 여호아하스를 왕으로 삼았다든가(왕하 23:30) 국민이 '아몬'왕을 반역한 사람들을 죽이고 그 아들 요시야로 왕을 삼았다든가(왕하 21:24), '온 국민들'이 바알의 당을 파괴하고 혁명을 일으켜 6년간 통치권을 행사했던 아달랴를 죽이고 요아스를 왕의 보좌에 앉히고(왕하 11:14, 18) 기뻐했다든가 하는 경우에는 지도자들과 백성들을 통틀어서 온 국민이라고 번역이 되어 있다.

가난한 사람들을 보호하고 돕는 규정이 신명기에 많이 나오는데 빈민층 사람들이 따로 된 사회적 계급으로 천시받거나 천대받은 일은 없다. 개인이 가난한 사람으로서 소외된 적은 많이 있었다.

야웨의 백성으로서 이스라엘 시민 외에 외국인으로 이스라엘 사회에 오래 살면서 적응하는 사람들이 있었다. 그들을 '개립'(타국인 혹은 객)이라고 부르는데 그들도 안식일을 지키고(출 20:10, 신 5:14), 속죄제사를 드려야 했다(레 16:29). 종교적 절기인 칠칠절에는 자녀와 노비와 레위인과 너희 중에 있는 객과 고아와 과부가 함께 하나님 앞에서 즐거워하도록 되어 있다(신 16:11, 14). 노예들도 같은 대우를 받으면서 종교 행사에 참가하도록 허가받고 있다(출 20:10, 23:12, 신 12:12, 18, 출 12:44). 노예해방에 관한 규정도 희년에는 노예와 그 아이들까지 본족에게 귀가시키고 있다(레 25:41, 54). 자유롭게 해방된 노예를 '호프쉬'라고 하는데 6년 종살이 후에 값없이 내보내어 자유롭도록 했다는 규정(출 21:1-11)도 있다. 구약은 해방된 노예들이 나가서 다로 사회계급을 형성한 일이 없었음을 보여주고 있다. 해방과 동시에 다시 '땅의 백성'에 소속되었던 것이다.

신약성경에서도 '백성'이란 말이 가끔 '허다한 무리'(마 4:25, 9:33)로 사용되어 있다. 무리가 예수를 옹위하여 하나님의 말씀을 들었다(눅 5:1)든가, 예수님이 산에서 내려오시니 큰 무리가 맞이하여 병자를 고쳐주기를 기대했다든가(눅 9:37), 무리 수만 명이 모여 서로 밟힐 만큼 되었는데 예수께서 먼저 제자들에게 교훈했다든가(눅12:1-12) 모든 무리가 다 일어나 예수를 빌라도에게 넘겼다든가(눅 23:1), 무리가 일제히 일어나 예수를 없애야 한다고 했다든가(눅 24:18) 하는 표현에서 무리인 군중 속에 둘러싸인 예수의 모습을 볼 수 있다. 그리고 이 군중, 모여든 무리인 군중은 곧 일반 대중을 가리키는데 신약에서 이들 무리와 달리 유대 사회의 지도층으로 대제사장, 서기관, 바리새인, 율법사, 헤롯왕, 빌라도 총독 등이 언급되어 있는데 이들 당시 지도층에 대해서 예수는 늘 비판적인 태도를 취했었다. 군중 속에 끼어든 병자들, 약자들을 도와주려고 애쓴 것으로 보아서 예수는 늘 군중인 대중과 호흡을 같이 하면서도 대중의 우매함과 몰지각에 대해서는 늘 비유로 교훈을 전하기도 했다. 인종차별같이 이방인으로 대우를 받은 사마리아인들에 대해서도 예수는 차별 대우를 하지 않고 동등 대우를 하며 대화를 하였다.

4

대중교육을 위해서 이스라엘에는 율법교사도 있어 왔다. 예수 자신도 훌륭한 교사였다.

성서의 형성 과정이 이스라엘 전체 역사와 전체 백성의 생활 상황 속에서 대중문화의 유산과 유물로서 대중 백성의 공유물로 성장해 왔고 그 공유물인 성서가 보여주는 사회계층이 사회계급 사회가 아니라 지도자와 대중이 상호비판, 보충, 향상을 도모하는, 대화하는 사회로서 성장해 왔다고 하면, 실제로 대중사회에 관심을 가지고 누가 어떻게 대화의 길을 트고 대중의 생활 향상과 교육을 담당해 왔는가 우리의 관심이 될 수밖에 없다.

이스라엘 백성은 가나안에 정착하면서부터 새로운 농경문화 사회에 적응하면서 살 수밖에 없게 되었다. 가나안의 바알신을 섬기는 농사 종교 문화권 속에 정착해 살 때 어떻게 유목 종교인 야웨종교의 특색을 살려갈 수 있는가 하는 문제가 종교지도자들의 중요 관심사였다. 경제생활 자체가 필연적으로 농사 생활로 변경될 수밖에 없는 처지여서 자연 농민 대중은 가나안의 농사 방법을 배우고 농사 종교의식도 배우게 되고 농산물 제물을 야웨 하나님께 바칠 수밖에 없게 되었다. 그러한 적응 속에서 일부 대중은 바알신을 땅의 주인으로 믿고 다신교적인 신들을 우상으로 만들어서 예배드리는 다신교적 종교현상 속에 말려들어 갔었다.

이런 정신적 위기 속에서 이 위기를 극복하고 정치적으로도 이스라엘 독립 국가를 만들고 종교적으로도 야웨종교의 독립을 지키려고 사무엘을 중심으로 한 예언운동이 등장하였다. 엘리야의 종교개혁운동은 바알 우상 종교로의 동화를 막고 보이지 않는 살아계신 유일한 하나님이 윤리적인 정의의 하나님이심을 보여주는 데 노력하였다. 대중의 일부는 늘 실리적인 계산을 하여 이로운 것으로 기울어져 눈에 보이는 신상들에게 제물을 바치는 현실주의자들이었다. 그러나 이스라엘 예언운동은 아모스 이후에 줄곧 모세의 출애굽의 구원사건을 이룩하신 야웨, 유일하신 하나님의 역사 지배와 미래 창조를 보여주는 예언운동을 함으로써 사회 정의의 실현에 앞장서기도 하였다.

지도자들과 국민 사이에 다리를 놓는 역할을 한 지도자들이 예언자들이었다. 소수인 지배 부유층의 자본주의적 부정부패를 통박, 공격했으며, 다수의 약자인 대중 시민들의 신앙의 무절제와 변절을 공격하여 시정하려고 했었다. 다수의 대중은 권력의 앞잡이가 되어 있는 어용 지도자들(예를 들어 거짓 예언자들)의 달콤한 이야기에 쉽게 넘어갔다. 거짓 예언자들은 대중의 귀에 듣기에 달콤하고 잘 돼간다는 좋은 이야기만 들려준다. 위기가 없고 멸망이 없다고 하여 집권자와 대중에게 아첨만 하는 것이다(겔 13:1-16). 그래서 대중들은 거짓 어용 예언자들의 낙관적 소리의 포로가 되어 올바른 예언자의 비판적 호소에는 귀를 기울이지 않았다. 예레미야는 결국 거짓 어용 예언자들과 손잡은 왕실 관리에 의해서 유언비어 죄로 잡히기까지 했다. 예레미야는 예루살렘 멸망을 예언하고 유다의 죄를 공격 고발했다. 유다의 죄는 음란의 죄였고 예루살렘은 음란한 성의 유희장이 되었다. 호세아도 백성들이 음행하고 하나님께 정조를 지키지 아니했던 것을 지적한 바 있다(호 5:7). 대중문화가 성의 난무와 음행의 노예가 된 것과 같이 종교적으로도 야웨 하나님께 대한 신앙의 정조를 지키지 못하고 바알신 같은 우상신에게 절하는 변절된 종교문화로 타락한 적이 있었다. 그러나 이런 대중의 무절제와 거짓 예언자의 선동에도 불구하고 이스라엘 지도자와 국민 전체에게 하나님께로 돌아갈 것을 권고하고 부정부패의 결과는 심판이라고 외친 예언자들의 지도이념이 살아있었다.

대중교육을 위해서 이스라엘에는 율법 교사가 있어 왔다. 예수 당시에도 율법사가 있었다. 예수 자신도 훌륭한 교사이었다. 모세율법 교사들이 예언자들을 일으키면서 서민들의 영혼을 위로하고 서민 생활을 지도하는 데 헌신했다고 막스 베버가 지적한 바 있거니와(『고대 유대교』, 218) 대중들인 서민들이 접촉하고 영향을 받은 미디어가 율법사와 예언자들이었다고 볼 때 결코 버려진, 소외된 대중이 없었다는 점이 특기할 만한 사실이다. 예언자들은 이스라엘 공동체의 집단적 책임 의식을 길러주려고 힘썼기 때문에 대중에게 비판적인 세계관과 사후관을 보여주는 데 공헌하였다. 무비판적인 대중을 무기력하게 두려고 하지 않고 올바른 윤리적 판단을 보여줌으로써 대중의 비판 능력을 길러주었다. 바리새파와 서기관들에게 맹종했던 군중들에게 예수님은 그들의 종교지도자들의 형식주의적 종교관을 비판하여 듣는 청중들에게 비판적 판단을 하도록 보여주었다. 십계명의 하나님께 대한 태도는 사람끼리의 태도를 '하라', '하지 말라'는 식의 명령으로서 지도자나 평민 백성들을 교육시키고 이 계명에서 어긋난 생활을 하는 백성들에게 잘못을 지적해 주고 시정을 요구한 비평 세력의 대변자들을 성서 안에서 찾아볼 수 있다는 점이 성서가 보여주는 가장 강력한 힘이 되는 것이다.

5

지도자와 국가 여론이 비판적 대변이 함께 소개될 때 지식 대중과 서민 대중이 함께 성장할 수 있을 것이다.

오늘날 매스컴이 영향을 주어 만들어 내는 대중문화에는 듣기 좋고 보기 좋은 구경거리만 담겨 나와 국민의 비판력을 무디게 만들고 있다. 지도자와 대중의 잘못된 면은 가급적이 숨기고 선전효과가 있는 것만 골라 국민에게 달콤한 말만을 들려주는 것 같다. 전시효과와 상품 가치만 나가는 프로와 기사와 읽을거리만 대량 생산해내고 스폰서와 검열관이 바라는 대로만 편집 각색해서 보도해내는 이런 현실에서는 진정한 대중문화의 향상이란 기대하기가 힘들 것이다. 지도자의 대변과 국민 여론의 비판적인 대변이 함께 소개될 때 지식 대중이나 서민 대중이 다 함께 건전하게 성장할 수 있을 것이다.

성서 시대에는 하나님과 백성 사이를 중개하는 미디어로서 교육받은 율법 교사와 제사장과 예언자들과 현인들이 있었다. 준법정신을 고취하며 하나님이 요구하시는 정의의 뜻을 선포함으로써 부패한 지도층과 대중을 고발하고 항거했던 지도자들이 있었기 때문에 하나님이 이스라엘을 버리지 않았고, 이스라엘이 하나님의 선민이 될 수 있었던 것이다. 예수의 오심은 생명 잃은 형식적, 외형적 종교의 전통에 포로가 된 대중들을 해방시켜 새 구원의 길로 이끌 수 있는 길을 보여주셨다. 민중을 무기력하게 만드는 오늘날 한국의 매스컴은 대중문화 의식의 향상을 위해서 내용 있는 메시지를 전달하는 매스 미디어가 되어야 할 것이다.

예수 그리스도는 하나님과 인간 사이를 연결시키는 미디어인 동시에 대중의 비판 능력을 길러주면서 대중 구원의 메시지를 전달하였다.

성서에 나타난 죄

만일 네 손이 너를 범죄케 하거든 찍어버리라. 불구자로 영생에 들어가는
것이 두 손을 가지고 지옥 꺼지지 않는 불에 들어가는 것보다 나으니라.
(막 9:43)

1

죄의 정복, 죄로부터의 탈출, 해방이란 주제를 기독교 성서는 우리에게
어떻게 가르쳐 주고 있는가?

4월이 오면 양심의 명령에 복종하기 위하여 죄악의 세력과 대결해
싸우다가 쓰러진 사람들을 기독교인들은 새삼 기억하게 된다. 흑인
해방의 선구자인 링컨이 괴한의 흉탄에 쓰러진 날이 4월 15일(1865),
일제 치하에서 신사참배에 항거하다가 투옥된 주기철 목사가 옥사를
한 날이 4월 21일(1944), 독일의 독재자 히틀러를 암살하려던 음모에
참여했던 본회퍼가 사형장의 이슬로 사라진 날이 4월 9일(1945)이다.
한국의 수많은 젊은 학도들은 이승만 독재와 3.15부정선거에 항거하
는 4.19의거(1960)에서 희생의 제물이 되었다. 미국의 흑인 인권지도
자인 마틴 루터 킹 목사는 4월 4일(1968), 인종차별 철폐의 최후의 무

저항 싸움에서 역시 암살당하고 말았다.

4월에 희생된 위에 열거한 사람들의 죽음은 사회악의 희생제물같이 보이지만 하나님의 뜻과 인간 양심의 최후 승리를 보여준 모델이기도 하다. 희생당한 무대가 미국이든 독일이든 한국이든 그들 사회가 알고 있었던 죄악의 세력이 한때 역사를 혼돈과 파멸로 몰고 갔었지만 이런 죄악에 용감히 대결해 싸운 소수의 양심 세력이 있었고, 그들에 의해서 인류 역사는 혼미 속에서도 정도와 질서를 되찾아 낼 수 있었던 산 증거를 역사에서 발견하게 된다. 죄악의 세력과의 대결 내지 죄의 정복을 종교는 인간이 근본적으로 해결해야 할 문제로 삼는 것이다.

죄의 정복뿐 아니라 죄에서부터의 탈출과 해방이란 인간의 근본적인 종교적 주제를 특히 기독교의 성서는 어떻게 가르쳐주고 있는가? 죄 자체를 성서는 어떻게 보는가? 이런 문제들을 여기에서 간단히 살펴보려 한다. 성서에서 죄가 무엇이냐 하는 신학적 문제와 죄의 결과인 사회악이 인간 역사 현실 속에서 어떻게 작용하고 있으며 이 죄악의 정복을 위해 죄 자체를 어떻게 이해하고 있는가를 찾아보려 한다.

2

하나님과 사람 사이의 관계를 깨뜨리는 최초의 죄악은 인간들이 육에 따라 살기 시작하는 것에서 생겼다.

창세기 3장의 에덴동산 이야기는 인간에게 죄가 어떻게 시작되었는가를 보여주는 신학적 중요성을 가지고 있다. 즉, 인간 타락의 이야기에서 유혹과 범죄를 심리적으로 묘사하고 있다. 뱀이 하와를 유혹할 때 '선악을 알게 하는 나무'인 금단의 열매를 따 먹지 말라고 한 하나님의 명령에 불복종하도록 유혹하면서 이를 따 먹으면 네 눈이 밝아 "하나님과 같이 될 것이다"라고 했다. 최초의 인간이 범죄한 이유는 하나님과 같이 되고자 하는 욕망 때문에 선악과를 따 먹고 에덴에서 쫓겨났다는 것이다.

하나님과 같이 되고자 하는 욕망은 곧 인간이 피조성의 한계를 넘어서서 하나님의 위치와 동등한 자격과 권리를 가지려는, 다시 말하면 인간의 자기 절대화를 바라는 욕심이라 하겠다. 이런 욕심은 최초의 사람에게만 있는 것이 아니라 사람이라고 하면 누구에게나 있는 인간성의 일면임을 보여준다. 그래서 죄가 무엇이냐고 물을 때 죄를 교만이라고 해석하는 신학자가 있다. 라인홀드 니이버의 해석을 따르면 성서의 죄란 교만인데 인간의 교만과 권력에로의 의지가 피조물의 인간성을 파괴한다고 보고 죄의 종교적 차원을 '하나님께 대한 인간의 반역, 하나님의 자리를 빼앗으려는 시도'라고 설명하였다.

구약에서 인간은 하나님과의 관계에서 존재함을 보여준다. 창조자와 피조자란 관계로서만이 아니라 인간은 하나님께 응답할 수 있도록 만들어진 하나님의 동반자인데 죄는 하나님을 선택하기를 거절하고 결과적으로 신인(神人) 관계를 깨뜨리는 결과를 초래하고 말았다. 에덴동산에서 인간은 하나님의 음성을 정상적으로 들을 수 있었고 들어야만 했는데 뱀의 유혹에 넘어가 반역하고 말았다. 그래서 죄는 하나님의 금지의 명을 어긴 것인데 하나님 편에서 보면 불복종의 행위가 되었던 것이다.

하나님의 명령에 불복종하고 반역한 아담과 하와의 죄를 원죄라고 교리화할 만한 근거는 창세기에 없다고 구약학자 침멀리(W. Zimmerli)는 보았다. 어거스틴은 원죄라는 표현을 썼지만, 교리화된 원죄론보다는 창세기 1~11장의 원(原)역사 혹은 태고사가 인간의 일련의 타락사 전체를 보여주고 있기 때문에 에덴의 타락 설화는 카인과 아벨 이야기, 홍수 설화, 바벨탑 이야기 등 전체 문맥에서 인간의 교만의 죄가 어떠한 것이며 어떤 결과를 초래했는가를 밝힐 필요가 있다.

하나님은 인간을 창조하여 생명을 주어 살도록 약속을 하면서 인간과 관계를 맺으려고 했지만, 인간은 자기의 유한성의 불안을 극복하기 위해서 '힘 혹은 권력을 가지려는 의지'의 지배를 받아 하나님께 불순종함으로써 피조성을 망각했기 때문에 하나님께 범죄하고 에덴에서 추방되었던 것이다. 죄는 이렇게 하나님과의 관계를 깨뜨리는 결과를 가져왔다. 죄 때문에 사망이 온 것으로 이해된 구약의 관점은 신약의 바울에게서도 "한 사람으로 말미암아 죄가 세상에 들어오고 죄로 말미암아 사망이 왔다"(롬 5:12)란 말로 동일하게 이해되어 있다.

인간의 교만으로 인한 죄는 카인과 아벨 이야기(창 4장)에서 카인이 아벨을 죽이는 폭행 살인사건으로 나타났고, 노아 홍수 설화에 보면 "사람의 죄악이 세상에 가득 차고 사람의 마음이 항상 악하여(창 6:5) 강포(폭력)가 땅에 충만하였다"(6:11, 13)라고 기록되어 있다. 이런 폭행과 폭력의 난맥상이 땅에 가득 찬 것을 본 하나님이 홍수로 심판을 하려고 했는데 이것 역시 인간이 죄 때문에 하나님과의 우호 관계를 깨어버리는 것을 보여준다. 그러기에 제3이사야로 불리는 예언자는 "오직 너희 죄악이 너희와 너희 하나님 사이를 만들었고 너희 죄가 그 얼굴을 가리워서 너희를 듣지 않으시게 하였다"(사 59:2)라고 말하여 죄가 신인(神人) 관계를 깨뜨리고 있다고 믿었다.

죄란 히브리어 단어들을 살펴보면 거의 전부가 신인 관계를 깨뜨리는 근본적인 양상을 드러내고 있다. 죄란 단어인 '하타트'란 말의 뜻은 "목표물에 맞추지 못하고 빗나간다"는 뜻과 '잘못되다', '죄를 범하다'는 뜻을 가지고 있는 목적과 정도에서 벗어나는 것이 죄라는 것이다. '아온'이란 말도 '옆으로 빗나간다'는 뜻에서 나온 말로 불의, 허물을 지적한다. '마알'이란 말은 '불신'을, '폐샤'란 말은 허물과 드러난 반역행위를 가리킨다. 이 모든 단어의 뜻이 말하는 죄란 뜻은 올바르게 정확히 겨누어야 할 하나님과의 정상적 관계에서 벗어나 빗나감으로써 인격적 신·인 관계에 금이 가고 인간이 하나님의 보호권에서 벗어났음을 가르쳐 준다.

예수님께서도 인간은 다 죄인이라고 보았다. "너희 중에 죄 있는 자가 먼저 돌로 치라"(요 8:7)고 하여 간음한 여인을 구출하였고, "죄를 범하는 자마다 죄의 종이라"(요 8:34)고 하여 진리가 인간을 자유롭게 하기 전에는 인간이 죄의 노예라고 하였다. "예수께서 비로소 전파하여 가라사대 회개하라 천국이 가까웠느니라 하시니라"(마 4:17)란 말씀으로 예수님께서 이 세상이 죄악으로 가득 차 있었음을 인정하고 있다.

바울은 죄라는 개념을 육의 개념과 거의 동일시하면서 '네 속에 거하는 죄'(롬 7:20)의 자리로서 육을 들었는데 육은 결국 인간 자체이며 부분이 아님을 뜻했다. 모든 사람은 남김없이 죄인인데(롬 1:18 이하, 3:9-20, 행 17:30, 롬 5:12), 유전적인 죄의 전달보다는 만인이 죄인이라는 입장을 취하고 "하나님께서 모든 사람을 불순종 아래에 가두어 두었다"(롬 11:32)고 말했다.

"믿음에 의하지 않은 것은 죄다"(롬 14:23)라고 하여 사람은 믿음이 아니면 죄 안에 존재하는데 믿음이 관여하는 곳은 하나님의 행동이며 죄는 반신적 세력이라고 보았다. 이것을 이기는 것이 '그리스도 안에 있는 것', 곧 믿음이라고 확신하였다. 그러므로 바울이 본 죄 개념에도 그리스도를 믿는 믿음에서 벗어난 육의 생활이 죄가 됨을 보여주고 있다. "당신들이 육에 따라 살면 반드시 죽을 것이지만 영으로써 몸의 행실을 죽이면 살리라"(롬 8:13). 신인 관계가 깨어진 죄의 상태를 바울은 그리스도를 믿는 믿음으로써 극복하고 신인 관계가 회복될 수 있다고 믿었다. 예수의 복음 전도도 결국은 죄로부터의 해방을 위한 회개를 가는 곳마다 강조함으로써 하나님과 인격적인 교제를 회복할 수 있는 구원의 진리를 가르쳐 주신 것이다.

3

예수의 사회적 죄관은 외면에 나타난 행동의 죄보다 내부에 도사리고 있는 내면적 교만의 죄를 중시하였다.

성서의 역사는 인류 죄악사를 다루고 있다. 교만이란 근본 죄(sin)는 인간 사회와 역사 속에 죄악(evil)을 초래하였다. 그 죄악은 폭력으로 나타났다. 노아 홍수 이야기에서도 세상에 폭력이 가득 찼었다고 지적하고 있는데 유목사회 생활을 했던 이스라엘 민족이 가나안 농경 문화권에 들어가서 왕국 정치 사회를 형성하면서 이 폭력의 행위를 저지르게 되는 것을 성서 역사에서 발견하게 된다. 이런 사회 변천 속에서 그 사회질서를 유지하기 위한 사회윤리가 성장해 나간다. 이동하는 유목 생활에서 가나안 정착까지에 이르는 부족 단위 생활과 통일왕국을 세우고서 왕을 중심으로 한 정치 생활, 도시화 현상에 따른 사회문제, 강대 국가들의 침략과 간섭의 틈바구니에 끼여서 민족생존권을 유지하여 나가는 국제 관계 문제, 가나안 농경 문화권의 농업 종교를 비롯한 고대 중동 세계의 종교 문화 교류 속에서 이스라엘 종교 주체성의 확립 문제, 신약 시대에 와서 이미 형성되어 있는 로마 통치하의 유대교와 유대 사회에서 새로운 종교운동을 일으킨 예수와 제자들의 전도운동 등, 이스라엘 민족의 사회 역사적 현실의 변천을 볼 수 있다. 그런 사회 변천 속에서 죄의 문제가 어떻게 다루어졌는가를 이해하려는 문제는 이스라엘의 소위 사회 질서 의식의 성장과 밀접한 관계가 된다.

막스 베버는『고대 유대교』란 책에서 죄의 개념을 다루려면 필연적으로 사회윤리 의식의 규범인 윤리적 규정의 확대를 관찰해야 한다고 보았다. 그것이 곧 이스라엘 윤리의 본질적 내용인 윤리적 계명인 것이다. 가나안 땅을 정복하고서 사유재산을 가지게 되면서부터 빈부의 차별이 생기고 정치 권력을 배경으로 한 권력층의 구조악이 나타나 강자들이 약자를 폭력으로 억압하고 약탈하는 불의와 상업적 부도덕, 부조리가 생기게 되었다. 예루살렘, 사마리아 등 도시를 중심으로 한 사회적 부조리 현상이 왕국 통치 시대에 줄곧 계속되었다. 한편 이스라엘의 야웨종교가 이방 종교인 가나안의 바알 우상 종교의 영향을 받아 정신적인 침략을 당하고 종교적 주체성을 망각하는 위기의 현상까지 일어났던 것이다. 이런 종교적, 도덕적 위기를 극복하기 위해서 십계명(신 20:2-17, 신 5:6-18)이 법제화되어 나타났다.

십계명 윤리는 하나님께 대한 범죄와 이웃에 대한 범죄를 예방하기 위한 윤리적 계명이다. 안식일을 지키면서 야웨 하나님께로만 경배를 드리고 섬기라는 종교적 규정과 인간들끼리 서로 해치지 말고 사랑할 수 있어야 한다는 사회 도덕적 규정을 요청하고 있다. 이 열 가지 조항을 어기는 것은 곧 죄를 저지르는 것으로 이해되었다. 지성인들로 만들어진 초교파적 에큐메니칼 윤리를 보여준 것이며, 이 법이 기독교윤리를 늘 새롭게 보충하고 있는 것이다.

신명기 27장 15-26절은 소위 저주받아야 할 죄목을 규정한 법과 함께 성적 죄악을 저주한 12개의 죄목을 나열하고 있다.

　　1) 우상을 만들어 은밀히 세우는 자

　　2) 부모를 천대하는 자

　　3) 남의 땅 경계를 침범하는 자

　　4) 소경에게 길을 잘못 인도하는 자

　　5) 객이나 고아나 과부의 고소 사건을 억울하게 하는 자

　　6) 계모와

　　7) 짐승과

　　8) 누이들 및

　　9) 장모와 간음행위를 하는 자

　　10) 이웃을 암살하는 자

　　11) 무죄자를 죽이려고 뇌물을 받은 자

　　12) 이 율법의 모든 말씀을 실행하지 않는 자

이런 자는 모두 저주를 받을 것이라고 규정하고 있다. 이 12가지 죄목들을 보면 이스라엘 사회의 도시화 현상에 따른 모든 사회적 죄악을 규탄하고 처벌하기 위해서 죄 개념이 확대된 사회윤리를 발견하

게 된다. 즉, 죄의식을 고쳐시키는 윤리적 명령들이다. 특별히 남녀의 성적 범죄 중 근친상간이나 동물과의 성행위를 금지하고 있다.

출애굽기 21장의 계약법을 보면 고도로 발달된 도덕의식의 강조가 반영되어 있다. 토지를 가진 지주와 소작인 사이, 상전과 종 사이, 가진 자와 못 가진 자 사이, 꾼 자와 꾸어준 자와의 사이 등에서 일어나기 쉬운 불공평, 착취, 학대, 침범, 약탈, 살인 행위 등을 금지하고 있다. 신명기 12~26장은 계약법을 재수정한 도시법인데 사회적 범죄나 사회적 부조리를 막기 위한 법이며 형제 사랑의 인도주의적 의무를 강조하고 있다.

> 가난하기 때문에 품을 파는 사람을 억울하게 다루어서는 안 된다. 너희 나라, 너희 성문 안에 사는 사람이면 같은 동족이나 외국인이나 구별없이 날을 넘기지 않고 해지기 전에 품삯을 주어야 한다. 그는 가난한 자라 그 품삯을 목마르게 바라고 있는 것이다. 너희를 원망하며 외치는 소리가 야훼께 들려 너희에게 죄가 돌아 오지 않도록 해야 한다(신 24:14-15).

노임을 당일에 지불하는 소위 일당제를 어기고 노임 지불을 연기하거나 착취하는 주인이 없도록 하는 약자 우대의 원칙을 내세우고 있다.

이스라엘 왕국 시대에 등장한 예언자들의 사회악 부조리에 대한 비난과 고발과 정죄의 예언을 보면 이스라엘의 사회 역사적 부정과 불의 현실이 어느 정도이었는가를 짐작할 수 있다. 기원전 8세기 이스라엘의 사회적 현실은 권력 구조 악의 부조리가 판을 치던 때였다. 아모스에 의하면 이런 현실이 고발되어 있다. "공법을 인질로 변하고 정의를 땅에 던지는 자들"(암 5:7), 성문에서 바른말을 하는 자를 미워하고 정직히 말하는 자를 싫어하고, 가난한 자를 밟고 착취하고, 의인을 학대하며, 뇌물을 받고 재판을 하며, 궁핍한 자를 삼키며 가난한 자들을 망하게 하는 자들을 고발하고 있다. 그래서 아모스는 사회 정의를 부르짖는 정의의 예언자가 될 수밖에 없었다.

호세아의 경우를 보면 야웨 하나님을 버리고 바알신을 섬긴 범죄 행위를 고발하고 있다. 이스라엘 사람들이 "바알로 인하여 범죄하므로 망하였다"(호 13:1)고 지적하면서 하나님을 아는 지식이 없으므로 망한다(4:6)고 경고하였다.

> 이스라엘 백성들아, 야웨의 말씀을 들어라. 야웨께서 이 땅 주민들을 걸어 논고를 펴신다. 이 땅에는 사랑하는 자도, 신실한 자도 없고 이 하느님을 알아 주는 자 또한 없어 맹세하고도 지키지 않고 살인과 강도질은 꼬리를 물고 가는 데마다 간음과 강간이요, 유혈 참극이 그치지 않는다(호 4:1-2).

호세아는 근본적인 죄를 야웨 하나님을 배신하고 우상을 숭배하는 일로 보고서 그 우상숭배가 곧 간음행위와 같다고 보았다. 미가란 예언자가 고발한 권력형 구조 악의 현상은 이렇게 지적되어 있다.

> 이것은 내 말이다. 야곱 가문의 어른들은 들어라. 이스라엘 가문의 지도자들은 들어라. 무엇이 바른 일인지 알아야 할 너희가 도리어 선을 미워하고 악을 따르는구나! 내 겨레의 가죽을 벗기고 뼈에서 살을 발라내며, 내 겨레의 살을 뜯는구나. 가죽을 벗기고 뼈를 바수며 고기를 저미어 남비에 끓이고 살점은 가마솥에 삶아 먹는구나(미 3:1-3).

이런 예언자들의 사회적 죄악인 사회의 부정의 고발을 보면 죄의 도덕적, 사회적 차원이 불의와 불공정에 있음을 알 수 있다. 그래서 예언자들의 죄관은 하나님으로부터의 이탈로 인해서 빚어지는 사회적 불의와 부정을 죄악으로 본 것이며, 통치자인 왕들 자신의 권력과 교만이 흔드는 정치적 범죄행위나 왕권을 둘러싼, 가진 자들의 권력형 구조 악을 고발하고 하나님의 심판을 예언하였다. 이 점에서 예언자들의 메시지는 정치적이 될 수밖에 없었고, 사회정치적 권유와 경고를 통한 사회개혁을 부르짖게 된 것이다. 사회 정의의 회복이 사회적 죄악을 씻는 유일한 길임을 명시하고 있다. 여기에서도 예언자들은 죄의 회개와 하나님께로 돌아가는 것을 강조할 수밖에 없었다(호 6:1).

예수의 윤리관에 비친 죄관도 구약적인 전승을 이어받아 당시 유대교 지도자들의 형식주의적 교만과 외면적 위선 행위에 대해서 맹렬히 공격하고 있다. "사람의 모든 죄와 훼방은 사하심을 얻되 성령을 훼방하는 것은 사하심을 얻지 못한다"(마 12:31)고 예수님이 말씀하시면서 하나님 모독죄, 성령의 모독을 가장 큰 죄로 보았다. 바리새인들을 독사의 자식들이라고 하면서 그들의 형식에 얽매인 가식적 죄악을 규탄하였다. 예수는 사회에서 버림받은 간음한 죄인 여자로부터 기름으로 발을 바르는 대우를 받으신 적이 있는데(눅 7:38-40) 바리새인들은 그를 죄인으로 취급하여 가까이하지 않았다. 사회적 죄악에서 예수 당시에 두드러지게 드러난 것이 간음죄였다. 서기관들과 바리새인들이 간음 중에 잡힌 여인을 예수께 끌고 와서 돌로 치자고 했을 때 예수는 "너의 중에 죄 없는 자가 먼저 돌로 치라"(요 8:7)고 하여 그 여자를 구원하셨다. 이는 예수께서 바리새인 등 유대교 지도자들의 위선적 가면을 깨우치고 교만의 죄를 공격한 것이다. 예수의 사회적 죄관은 외면적으로 표현된 행동적 죄보다도 내부에 도사리고 있는 내면적 교만의 죄를 더 중요시하였다.

신약에서도 교만한 자와 권세 있는 자들이 비천한 자와 주리는 자들을 탈취하고 억압하는 사회적 불공정의 죄악상을 들추어내고 있다. 누가복음 1장 51-53절에 보면 교만한 자와 권세 있는 자를 하나님께서 흩으셨다는 기록이 있다. 바울도 하나님께서 세상의 미련한 자, 세상의 약한 자, 세상의 천하고 멸시받고 있는 자들을 선택하여 지혜 있는 자를 부끄럽게 하고, 강한 자들을 부끄럽게 하고, 있는 것들을 폐하려 하신다고(고전 1:27-29) 지적하시고 가진 자들의 횡포의 죄가 심판을 받는다고 하였다.

이와 같이 성서가 보여준 사회적, 역사적 무대에서 사회악이 얼마나 인간을 괴롭히고 또 하나님을 노엽게 만들었는가를 찾아보았다. 예나 오늘이나 인간의 죄가 저지르는 사회적 부정과 불의가 인류를 멸망으로, 심판으로 이끈 역사의 교훈을 성서에서 발견한다.

4

성서의 역사는 인류 죄악의 역사인 동시에 죄의 문제 해결을 위한 하나님의 구원의 역사를 보여준다.

구약성서가 이스라엘 민족의 죄악의 역사를 노출시켰다면 그 죄악의 노출만으로 만족한 것이 아니라 죄의 문제 해결을 위한 하나님의 구원의 역사를 동시에 보여주고 있다. 하나님의 구원 의지는 인간의 죄를 우선 심판하는 것으로 나타난다. 심판을 통해서 인간을 각성시키고 하나님께로 돌아가는 회개를 독촉하고 있다. 그러기에 하나님 앞에서 참회할 줄 아는 인간을 높이 평가하고 자랑스럽게 다루고 있다.

카인과 아벨 이야기에서도 아벨을 죽인 폭력을 저지른 카인의 고민상을 이렇게 표현하고 있다.

> 그러자 카인이 야훼께 하소연하였다. "벌이 너무 무거워서, 저로서는 견디지 못하겠습니다"(창 4:13).

이것이 죄책감의 표현이고 죄를 의식한 사람의 영적 고민과 회개하는 모습이다. 카인과 아벨 이야기는 최초의 살인죄를 저지른 죄악의 고발도 있지만, 성서 기자의 더 중요한 관심은 죄책감으로 참회하고 있는 카인의 참회적 인간성을 높이 평가하여 결국 그 참회로 카인은 죽음을 당하지 않고 하나님의 보호적 사랑을 입게 된다는 하나님의 구원의 행위를 보여주고 있는 것이다.

노아 홍수 설화에서도 죄에 대한 심판, 폭력죄가 가득 찬 사회악에 대한 심판을 보여주고 있지만, 하나님이 보시기에 의인인 노아에 의하여 인류 역사가 다시 용서를 받고 구원을 얻는다는 하나님의 구원역사를 제시하고 있다. 구약의 예언자들은 철저하게 사회적 죄악을 규탄한 심판 예언자들이었지만 인간의 회개를 각성시켜 회개를 통한 하나님의 용서와 구원의 행동을 보여준 희망의 예언자들이기도 하다. 호세아의 '슈우브' 사상은 곧 '돌아가라', '하나님께로 돌아가라'는 회개를 주장한 사상인데, 죄의 회개를 전제하지 않는 용서와 구원은 보여주지 않았다. 더욱이 기원전 8세기의 예언자들인 아모스, 호세아,

이사야, 미가, 예레미야, 하박국 등은 죄악의 세력에 대해서 기피적, 도피적 태도를 취하지 아니하고 용감하게 사회악을 고발하고 구조 악과 싸우면서 하나님의 정의의 질서를 회복시키려고 힘썼던 것이다. 권력층의 교만 죄를 고발하였던 나단이란 예언자는 다윗왕의 회개를 직접 듣고서 궁전에서 물러섰던 것이었다. 이스라엘은 결국 자기 죄악으로 하나님을 저버리고 우상을 섬긴 죄로 파멸을 당하고 말았다는 역사의 증언을 열왕기와 예언서 등에서 볼 수 있다.

죄를 회개해야 한다는 참회적 인간성의 강조는 예수의 교훈에서 절정에 이른다. "내가 하늘과 아버지께 죄를 얻었도다"(눅 15:18) 하면서 회개하면서 용서를 빈 탕자의 비유는 회개로 인한 신인(神人) 간의 떨어진 관계의 회복을 보여주고 있다.

> 손이 죄를 짓게 하거든 그 손을 찍어 버려라. 두 손을 가지고 꺼지지 않는 지옥의 불 속에 들어 가는 것보다는 불구의 몸이 되더라도 영원한 생명에 들어 가는 편이 나을 것이다. 발이 죄를 짓게 하거든 그 발을 찍어 버려라. 두 발을 가지고 지옥에 던져지는 것보다는 절름발이가 되더라도 영원한 생명에 들어 가는 편이 나을 것이다. 또 눈이 죄를 짓게 하거든 그 눈을 빼어 버려라. 두 눈을 가지고 지옥에 들어 가는 것보다는 애꾸눈이 되더라도 하느님 나라에 들어 가는 편이 나을 것이다(막 9:43-47).

이 말은 죄에 대한 준엄한 자기 반성과 자기 희생을 통한 회개를 예수님이 말씀하신 것이다. 그러나 예수는 자기 포기적인, 자학적인 자기 부정과 자기 희생을 바란 것이 아니고, 하나님께로의 귀의, 정상 관계의 회복을 전제로 한 하나님 나라를 위한 자기 부정과 회개를 요청한 것이다.

구약에서는 죄에 대한 심판을 거쳐서 회개와 용서를 보여주는 면이 강하게 드러나 있지만, 신약성서에서는 예수 그리스도의 사죄의 은총에 의한 사랑으로 말미암아 죄인된 인간이 인간으로서 대접을 받고 용서받은 인간으로서 죄의 종에서 벗어나 자유인이 된다는 것을 가르쳐 주고 있다. 탕자의 비유는 완전히 하나님을 떠났던 인간, 자기 교만으로 사회악 속에 빠졌던 인간이 하나님의 사랑에 의하여 회개하고 관계를 회복한 한 죄인의 회개를 모델로 보여주고 있다. 그리스도는 고백함으로써 참회적 인간성을 회복하는 길을 기독교 복음이 가르쳐 주고 있기 때문에 기독교는 인간구원의 소망을 확실히 보여주고 있는 것이다.

그리스도의 진리를 알게 되고 받아들이면 죄의 종에서 벗어나 자유인이 된다는(요 8:31-36) 교훈은 우리를 그리스도 앞에 겸손한 자세를 취하도록 요구한다. 인간의 교만 죄가 저지르는 사회적 모든 죄악과 대결하고 정복하는 데 있어서도 하나님이 역사의 주가 되고 예수 그리스도가 우리의 주가 되신다는 것은 확실한 신앙의 터전 위에서 가능한 것이다.

구약성서에 나타난 신화의 의미

신화의 역사화와 역사의 신화화 작업은 출애굽을 위시한 구약 속의 사건으로 잘 나타나 있으며 이것은 한 민족의 역사 창건에 필수적 요소인 것이다.

1

성경의 신화적 설화인 창세기의 창조 설화를 단순히 신화라고 해서 과소평가하는 사고방식은 버려야 한다.

오늘날 성서학계에서는 성경에 나타난 신화 부분을 어떻게 해석하느냐 하는 문제가 많이 논란되고 있다. 성경 중 일부 기록을 신화라고 하면 현대 지성인들은 과학적 사고방식을 가지고서 그런 기록은 무가치하니 고려의 대상이 되지 않는다고 평한다. 예를 들면 창세기의 창조 설화를 신화라고 하면 성경의 진리가 의문시된다는 것이다. 왜냐하면 보통 믿을 수 있는 진리란 것은 역사성을 띤 역사적 진리라야만 된다는 기준에서 보기 때문이다. 그러나 인류 사상사에서 중요성을 가진 역사적 진리만이 진리라고 단정하는 것은 지나친 속단이다. 성경의 에덴동산 이야기를 신화라고 한다고 해서 우리는 단순히 신화라는 이유로 그 이야기가 내포하고 있는 진리를 부정하지 못한다. 도리어 우리는 그 에덴동산 설화가 가진 뜻이 역사적 확실성이 있는 문서적 증거를 가진 특별한 진리보다 더 깊은 뜻을 가지고 있음을 인정한다. 그러므로 성경의 신화적 설화인 창세기의 창조 설화를 단순히 신화라고 해서 그 가치를 과소평가하려는 사고방식을 버려야 하며, 또한 신화라고 해서 성경의 권위가 손상된다는 지나친 걱정도 버려야 할 것이다.

한편 고대인의 사고방식과 종교사상을 이해하려면 신화의 의미와 기능을 재고해야 한다. 희랍의 신화나 근동 지방의 신화나 한국, 일본 등의 개국 신화나 다 그 자체대로의 의미와 진실을 가지고 있는 것이다. 다시 말하면 고대인의 사고방식의 유일한 과학적 표현 방법은 신화를 통해서 형성된 것이다. 그들의 우주관 등이 신화의 형식을 통해서 표현되어 있다. 그러므로 신화는 하나의 사상 표현 형식이라 하겠다.

2

구약에서는 이방적 신화의 언어가 역사화되고 비유적으로 표현되었으며 신화의 역사화 첫 시작은 출애굽이었다.

그러면 신화는 어떻게 해서 시작되고 형성되었는가? 신화가 처음으로 생기기는 농사 순환의 기원에 대한 신비와 대차에서 시작되었다. 히브리 민족이 역사 무대에 나타나기 전에 유프라테스강과 나일강가에는 위대한 문명이 존재했는데 그때 인류는 농업의 신비를 배우고, 공동생활 방법을 배우고, 기구 사용법도 배웠다. 그러는 동안에 고대인들은 자기들이 모르는 숨은 세력이 자기들의 생활을 지배하고 있음을 알았는데, 즉 심은 씨가 어떻게 싹 터 올라오는가를 몰랐고, 씨가 썩어 새싹이 난다는 기적을 이해하지 못했으며, 나일강의 홍수는 땅을 비옥하게 만들고 유프라테스강의 홍수는 비옥한 땅을 파괴해버리는 이유를 몰랐었다. 그래서 고대인은 황무지와 미개간지에는 악의를 가진 어떤 힘이 있어 그 땅을 저주한 때문이라 생각해서 동물이나 사람을 잡아 제사를 드리는 일을 하였다. 이런 제사 의식은 일정한 기일에 일정한 방법으로 집행되어 공동사회의 복리를 구했었다.

이런 공동사회 복리를 위한 의식 집행은 바벨론 종교의 신년 축제(The New Year Festival)에 잘 나타나 있다. 이 바벨론의 신년 제사 의식에서 신화의 처음 의미가 발견된다. 만물이 소생하고 과실을 맺는 생사의 신비로운 과정이 봄과 가을에 진행되기 때문에 봄과 가을을 신년의 시작으로 보고, 십이 일간 제사를 드려 이듬해에도 물질적 축복이 있기를 기원했다. 이 의식에서 가장 중요한 행사는 토지 산출력의 조건을 구체적으로 재현시켜 보이는 신의 죽음과 부활을 연극으로 표현하는 것인데, 왕이 신이 되어서 공동사회 복지를 방해하는 적, 가상의 괴물과 싸워 이기는 연극을 올리는 의식을 집행한다. 이런 의식은 결국 농작물, 가축, 인구 모든 분야의 풍부한 번영과 번성을 촉진시키는 마술 행위였다.

이러한 고대 종교의식은 행동만으로 된 것이 아니라, 말과 노래와 주문으로도 진행되었는데 이런 마술적 효과가 의식의 중심적 부분이었다. 즉, 의식에는 행동적인 면과 언어 사용 면이 있는데 이 언어 사용 면을 희랍인은 신화라고 불렀다. 이와 같이 신화가 의식에 있어서 언어 사용 분야라고 하면 마술적 언어의 반복은 말이 내포하고 있는 정황을 가져오게 하고 재현시키는 힘을 가지고 있다. 예를 들면 창세기의 창조 설화는 바벨론의 창조 설화의 영향을 받은 것인데 바벨론의 창조 신화는 바벨론의 신 '말둑'이 혼돈을 상징하는 용(龍)인 '티아맡' 여신의 몸을 두 동강으로 잘라서 하나로 하늘, 하나로 땅을 만들어 질서 있는 세계를 창조했다는 것이다. 이런 내용의 창조 시를 바벨론의 신년 제사 때 암송하여 그 창조의 장면을 연극으로 재연하여 의식을 집행하였다.

여기에서 우리는 신화의 특별한 기능을 네 가지로 구분해 낼 수 있다. 첫째로는 신화가 취급하는 사건에는 반드시 신이 나타나서 신의 간섭으로 사건의 해결을 본다는 점이며, 둘째로는 신화에 묘사되어 있는 사건의 정황은 해마다 순환적으로 반복될 수 있다는 점(신년 제사 때마다 창조의 장면을 재연시킨 예)이며, 셋째로는 신화의 시간 관념은 시간을 넘어선 영원의 영역에서 사건이 진행된다고 보나, 옛날 영원에 속한 사건이 언제나 현재 현세에도 재현될 수 있다는 점이며, 넷째로는 사회 공동체의 복리와 번영을 위해서 신화가 의식에 사용되었다는 점이다. 이런 네 가지 관점에서 보면 신화에 역사적 진리가 있느냐 하는 문제가 생기지 않고 그 독자적인 의미와 기능을 가지고 있음을 인정하게 된다.

이와 같은 신화의 의미는 예부터 전승으로 계승이 되어 문학적 형식으로 기록화되는 단계에 이르렀다. 기록으로 옮겨졌다 함은 곧 신화의 역사화를 의미한다. 단순히 기록으로서만 아니라 그 신화가 지닌 의미는 후세에 의식을 통해서 전달됨으로써 역사화되어 가는 중에 그런 이방적인 신화의 의미가 히브리 민족으로 말미암아 채택되어 구약성경에 이방의 신화적 요소가 개입되게 되었다. 바벨론의 신화의 언어와 사상 형태는 히브리 성경 기자들이 자기 민족의 역사적 사건의 기원을 설명하는 데에 인용되었다. 그러나 성서 기자들이 이방적인 신화의 의미와 언어를 받아들이되 그 의미는 이스라엘 종교적 입장에서 이스라엘 종교화된 의미로 해석이 되었던 것이다.

바벨론 창조 신화의 중요한 사상은 '티아맡'이란 혼돈의 용의 몸을 잘라 천지를 만들어 결국 혼돈에서 질서를 만들어 내었음을 창조라고 보았는데 이런 창조 개념이 창세기(1:2)와 시편(74:13)에 나타나 있으며, 특히 히브리 민족이 이집트에서 나올 때 홍해를 건넌 사실에 하나님의 창조의 개념이 적용되었다(사 51:9-10). 즉, 하나님이 역사적 사건 속에서 승리의 결과를 가져온 사실에는 대개 비유적으로 혼돈에서 질서를 가져오는 창조의 사상을 적용시켰다. 그러므로 구약성경에서 이방적 신화의 언어가 역사화되고, 비유적으로 사용되었다고 말할 수 있다. 이스라엘 역사의 새 창조와 시작은 출애굽 사건이었다. 이 사건 설명에도 하나님의 창조 사상이 적용되어 사건을 의미화하고 역사화하였다.

3

구약에서는 역사적 사건을 신화화함으로써 종교적, 정치적 의미를 재발견하고 재해석하도록 해주었다.

구약성경은 남의 나라의 신화를 히브리 종교적 입장에서 순화하여 받아들여 그 의미를 역사화하였지만 동시에 역사를 신화화하기도

하였다. 구약에서 역사가 어떤 방법으로 신화화되었는가를 살펴보겠다. 출애굽 사건을 앞서 지적한 신화의 네 가지 특징과 비교해보면 아주 밀접한 유사점이 있음을 알게 된다.

1. 출애굽 사건은 사람의 소원과 노력으로 결정되고 성취된 것이 아니라 하나님의 결정과 행동으로 이루어진 것이다. 이는 모세란 지도자의 소명과 행동이 하나님의 명령에 의해 성취되었던 것이다. 그 사건은 역사적 사건이지만 그 사건의 기원과 시작은 초역사적이었다. 원인과 결과에 대한 역사가의 양면 관심이 충분히 신화화되었다고 볼 수 있다. 출애굽의 유일한 원인은 하나님의 말씀이며 그 사건의 과정과 결과도 하나님의 말씀의 성취라고 성서 기자들은 생각했다. 하나님의 말씀은 직선적으로 역사의 방향과 목적을 제시해주지만, 사람의 말은 순환적이어서 되풀이되기 때문에 그 역사도 결과 없이 되풀이된다. 그러므로 구약적 견지에서 보면 사람의 말은 혼돈이지만 하나님의 말은 질서를 의미하는 것이었다.

2. 출애굽 사건의 진정한 의미는 그때만으로 국한되는 것이 아니라 계속적으로 이스라엘 민족 생활에서 해마다 기념되었다. 유월절 절기를 통해서 출애굽의 사건을 새로 발견하고 그 의미를 재발견하여 나갔다. 그러므로 히브리 민족 역사에서는 출애굽 사건의 기념이 없이는 민족적 생활이 불가능한 것이었다.

3. 신화적 시간 관념도 역시 이스라엘 국가를 창조한 사건에 대한 대조에 잘 나타나 있다. 즉, 출애굽 사건은 역사상 단 한 번 일어난 사건이지만 그 옛 사건이 이스라엘 역사를 통해서 계속적으로 재현되고 그 옛 사건의 의미를 현재에 다시 구체화시킴으로써 하나님의 구원의 의미를 다시 발견하고 감사하였다. 다시 말하면 하나님의 구원의 승

리는 모세에게만 허용된 것으로 믿지 않고 자기 당대와 자기 후손에게도 계속적으로 주어진다고 믿은 것이다.

4. 출애굽은 사실 이스라엘 민족의 공동체인 국가 생활을 형성해 주었다. 국가 공동체로서의 생활을 하는 데에는 이스라엘 종교의 의식이 중요한 역할을 담당하였었다. 사회 공동 복리를 위해서 옛 출애굽의 구원을 기념하는 예배 의식도 필요했었지만, 그 의식은 둘째 문제이고 공동 복리를 위한 도덕적 반응이 더 필요했다. 출애굽 사건에서 경험한 중요한 요소는 이집트로부터의 해방과 구원이 하나님의 이스라엘에 대한 선택적 사랑을 보여주었다는 점이다. 하나님이 사랑을 베풀었으므로 이스라엘도 하나님에게 충성을 바쳐야 한다는 것이다. 외면적인 의식도 필요했지만, 그보다 더 중요한 것은 내면적인 반응이었다. 즉, 국가적 공동체를 허용받아 이를 유지하는 데에는 이스라엘 민족이 공의와 거룩함과 사랑과 충성을 실행함으로써 가능했던 것이다.

이상의 네 가지 관점에서 볼 때 신화의 네 가지 특징이 출애굽 사건을 중심으로 이스라엘 역사에 잘 구현되어 있어 출애굽 사건이 신화화되고 있음을 알 수 있다.

이렇게 이스라엘 민족의 생활과 사상 등은 역사를 구성하는 최초의 이념과 도덕과 문화를 상속해서 그 원형을 변화시키지 않고 후세에 전달하여 나갔다. 또 특별한 역사적 사건을 신화화함으로써 종교적, 정신적 의미를 재발견하고 재해석하여 나갔으며 외래 문화적인 요소를 취사선택하여 자기 역사를 순화하고 의미화하기 위하여 역사를 신화화하여 나갔다.

4

민족의 역사를 창조해나가는 데는 신의 사건을 역사화하고 일상의 일을 종교적으로 의미화할 줄 알아야 한다.

이상에서 우리는 이스라엘 민족이 어떻게 남의 신화를 받아들여 자기 입장에서 순화하여 적용해서 역사화하였는가 하는 신화의 역사화와 이스라엘의 출애굽 사건을 어떻게 신화화하여 의미화하였는가를 간단히 살펴보았다. 즉, 신의 세계의 이념을 이 세상에 구체화시키고 영원의 세계를 시간의 세계로 옮기고 정신적, 종교적 세계를 실제 생활에 구현시킬 줄 안 위대한 히브리 민족의 사고방식을 찾아볼 수 있다.

그뿐만 아니라 반대로 이 지상적 세계 및 시간의 사건을 천상의 세계 및 영원의 사건, 즉 신의 사건으로 의미화하고 일상생활 경험을 정신적으로, 종교적으로 해석하여 의미화할 줄 아는 사고방식도 발견한다. 우리가 역사를 보는 눈도 이 양면에서 볼 수 있어야 하며 한 민족 국가의 역사를 창조해나가는 데에도 이 양면적 세계관에 기초를 두어야 할 것이다.

성서와 역사의식
— 김찬국의 평화·인권 사상과 예언자 신학

2021년 8월 19일 초판 1쇄 펴냄

지은이 | 김찬국
엮은이 | 김찬국기념사업회
펴낸이 | 김영호
펴낸곳 | 도서출판 동연
등 록 | 제1-1383호(1992. 6. 12)
주 소 | 서울시 마포구 월드컵로 163-3
전 화 | (02)335-2630
전 송 | (02)335-2640
이메일 | h-4321@daum.net / yh4321@gmail.com
블로그 | https://blog.naver.com/dong-yeon-press

ISBN 978-89-6447-680-2 93230